東大闘争・確認書五〇年編集委員会 編

# 東大闘争から五〇年

## 歴史の証言

花伝社

写真１　1968 年 6 月 20 日、機動隊導入に抗議する 6.20 全東大総決起集会。8 学部が
1 日ストライキで参加。安田講堂前広場

写真２　1968 年 11 月 19 日、統一代表団準備会による加藤総長代行との公開予備折衝。法文 25 番教室（主会場）にて

写真３　公開予備折衝につめかけた学生たち

写真４　1968年12月13日、教養学部代表団選出のための代議員大会当日。開催を阻止しようとする全共闘とこれを三方から囲む圧倒的多数の学生。駒場の銀杏並木にて

写真5　1969年1月10日、確認書を取り交わした七学部代表団大衆団交。秩父宮ラグビー場にて

写真6　1969年1月11日、確認書承認を決議した教養学部代議員大会。全共闘の阻止攻撃に備えて駒場寮北寮屋上で開催

東大闘争から五〇年——歴史の証言◆目次

はしがき　7

## 第1部　一・一〇討論集会報告

1　開会の挨拶に代えて／柴田章　11
2　世界の一九六八年と東大闘争、そして現代／川人博　15
3　東大闘争の真実――闘う民主主義者たちの統一戦線の形成と東大確認書の獲得／三浦聡雄　32
4　一社会科教師として東大闘争の宿題を若い世代と一緒に解いた四〇年／目良誠二郎　42

## 第2部　〈寄稿篇〉東大闘争五〇年に寄せて

### I　東大闘争という経験と人生

5　一医学生の経験した東大闘争とその後／菱田明　56
6　東大闘争――その後の人生／権守光夫　65

7 継続する東大闘争——私にとっての東大闘争は現在進行形である／**増子忠道** 67
8 私にとっての「東大闘争」／**宮崎康** 78
9 力の限り生きた七四年——理想を忘れずに、目標を見失わずに／**三浦聡雄** 89
10 自己変革の軌跡——最大学部から最小学部へ／**梅原利夫** 99
11 東大闘争と私／**高橋祐吉** 106
12 躁鬱病の中の青春／**若菜俊文** 112
13 東大闘争の「周辺部の人」の経験した駒場時代／**佐原雄二** 117
14 東大闘争は何をもたらしたのか／**永尾廣久** 124
15 五〇年前の良き体験と心の引っ掛かり／**三木俊博** 133
16 一月一〇日討論集会に参加した人、参加しなかった人／**吉川富夫** 136
17 東京二〇一九年一月一〇日——有形の歴史／**フロリアン・クルマス** 142
18 六〇年安保から東大紛争を経験して思うこと／**畑野研一郎** 144
19 思えば遠くに——東京教育大闘争を振り返りつつ／**佐藤進** 148

## Ⅱ　確認書と大学・社会

20　東大確認書五〇年に関する報告／藤本齊　154
21　東大パンフから確認書へ／山下俊史　159
22　大学の自治と大学コミュニティ――東大闘争の前と後／岡安喜三郎　171
23　東大闘争と東大看護学生の民主化運動／鈴木享子　182
24　欧米の大学における学生参加と六八年／乾彰夫　195
25　東大闘争確認書の歴史的意義――「産学協同」と薬害問題／片平洌彦　201
26　東大闘争と院生・若手研究者運動に関する一考察／小野澤正喜　206

## Ⅲ　東大闘争の再検証

27　私たちがストライキに入った理由――科学者、教育者としての医学部教授の姿勢を問う／清水孝雄　218
28　東大闘争をふりかえって／田所憲治　224

29　東大闘争全学波及に至るひとこま——東大総長・医学部長・病院長と東院協正副委員長の会見／**有馬泰紘**　228
30　もう一人、別の「同志」／**尾花清**　230
31　東大闘争と利己主義、利他主義——柔らかい利他主義を提唱する／**河内謙策**　235
32　東大闘争を戦後日本の民主主義と社会史の中に位置づけて総括する視点を／**佐貫浩**　245
33　五〇年、我ら「体験」の虜囚達、袋小路を抜け、新しい広場に出よう——一・一〇討論集会に参加して／**野原光**　253

## Ⅳ　現代史の中の一九六八年

34　卒業後、そして今どうするか——問われるのは、そこだ／**伊藤千尋**　266
35　東大闘争五〇年にあたって考える／**吉村文則**　270
36　「六八年世代」と東大闘争／**戸田志郎**　278
37　「自己否定」はどのようにして生まれ、どのように頓挫したのか／**宮原恒昱**　288
38　一番鶏の叫び——現代的隷従への拒絶／**佐藤和夫**　296

付録　一・一〇討論集会の記録　305

〈討論集会〉東大闘争・確認書五〇年——社会と大学のあり方を問う　306
案内文　306
プログラム　307
一・一〇討論集会フロア発言メモ　308
資料1　東大確認書　312
資料2　東大闘争略年表（1967年1月〜1970年6月）　327
資料3　東大闘争の概要——「資料2　東大闘争略年表」理解のために　344

# はしがき

二〇一九年一月一〇日、東京大学山上会館において、「〈討論集会〉東大闘争・確認書五〇年――社会と大学のあり方を問う――」が開催された。席上、今後の議論・検討を広め、深めるべく、集会参加者を軸に、東大闘争・確認書五〇年にかかわる証言集発行が提起され、三四名の方からの寄稿を得て、本証言集発行にいたった。

寄稿の多くは、一月一〇日の討論集会における三人の問題提起と討論を踏まえて執筆されているため、第1部に討論集会の開会挨拶と問題提起を置き、第2部を寄稿篇とし、付録として、集会当日の記録と討論集会のために準備された資料を付した。

寄稿者には、東大闘争・確認書にかかわるかぎりで自由に書いていただくようお願いした。第2部寄稿篇は、ⅠからⅣに区分してあるが、区分・順序とも、編者による便宜的なものである。

「東大闘争・確認書五〇年」という討論集会の性格を反映して、寄稿者のほとんどは、共通の願いをこめて東大闘争にかかわっていた人びとである。すなわち、学問・研究の自由の保障たる大学の自治を求め、その基礎に置かれるべき、学生処分撤回をふくむ全構成員の自治を求めて奔走し、一〇項目確認書を締結させ、それにもとづく研究・教育活動の再開と改革をめざした者たちである。確認書に結実した東大闘争の成果は、大学解体論にまで行き着いてしまった全共闘路線と対決する中でたどりついたものであった。とはいえ、各論考の主張点は多様かつ論争的であり、討論集会における主催者問題提起に対する根本的な批判をもふくんでいる。

じつは、私たちは長いこと、東大闘争について考え、語り合うことについてのとまどいがあった。自分が東大に関係したことは、市井の中で高言することではないし、また、ふだんの社会生活の中で大学闘争についてほとんど語る機会がなかったこともあるだろう。私は、今回、心して書かれた寄稿一つひとつに、「ああ、そうだったのか」と思うことしきりである。この寄稿集の多様さによっても、なおくみ取りきれない切り口が無数にあるのだろう。そうであればこそ、本書が東大闘争について忌憚なく論じる糸口になることを期待したい。

一月一〇日の討論集会は、付録の記録にある通り、同集会実行委員会が開催したものであるが、実行委員会は二〇一九年二月に東大闘争・確認書五〇年編集委員会を発足させて、その任を終えた。編集委員会は、七月時点で、三浦聡雄、川人博、目良誠二郎、柴田章、増子忠道、藤本齊、岡安喜三郎、吉川高子、宮崎康、小野澤正喜の一〇名である。

東大闘争時、各学部、クラス、学科、サークルで多数の人が、毎日毎刻、ビラや立て看を書き、配り、そうしてそれらは同輩に読まれて無数の議論の種子となっていった。そして、世に公開されている東大闘争資料集の類いは、そのごく一部をカバーするにすぎない。これらの第一次資料を収集・保存・整理することは、東大闘争の歴史的検討にとって不可欠のものである。本編集委員会は、本証言集の刊行に続いて、資料収集の作業に着手することにしている。関係者の協力を求めてやまない。

編集委員会を代表して

柴田　章

# 第1部　一・一〇討論集会報告

# 1

# 開会の挨拶に代えて

柴田　章（しばた・あきら）

一九六七年理科Ⅱ類入学、六七年一二月—六八年六月、教養学部学生自治会委員長。東大闘争当時、東大闘争勝利全学連行動委員会代表（教養学部）。確認書締結時、教養学部代表団。七三年農学部卒、出版社に勤務。

私は、当時駒場にいた柴田章です。今日の討論集会の呼びかけ人の一人として準備に携わってきました。冒頭にあたり、この討論集会のめざすところについて、参加されたみなさんに提起したいと思います。

この場に参加されている方の七、八割は東大闘争世代ですが、それ以外にも、研究者、ジャーナリスト、当時のほかの大学で活動されていた方、それに現在の東大の学生や教職員の方も参加されています。またメディア関係にも呼びかけております。

柴田章

一九六八年から六九年の東大闘争、そして全国学園闘争から、五〇年がたちました。多少東大闘争を覚えているという中高年の人たちに、「東大闘争とは何だったのか?」とたずねたとしましょう。返ってくるのは、おそらく、第一に、東大の学生たちが長い間ストライキをやっていたこと。第二に、安田講堂に立てこもっている学生たちとこれを排除しようとする警察機動隊との間で激しい攻防戦があったということ。そして第三に、六

1.10 討論集会。2019 年 1 月 10 日、東京大学山上会館大会議室にて

九年の東大の入試が中止になったこと。多分、この三つくらいだろうと思います。

東大闘争はそんなものではない。この三点セットでつくされるものではない。それが当時、東大闘争にかかわった学生、院生、教職員の大多数の共通の思いでしょう。

では何がちがうのか? まず、圧倒的な学生が立ち上がって、運動に参加した。参加した学生の規模は、東大の歴史で空前絶後ともいえるものでした。六八年六月一七日の、東大当局による機動隊導入に抗議して、六月二〇日の全学総決起集会には、正面の写真にあるように、一万人の学生・院生が安田講堂前の広場を埋め尽くしました。この集会で掲げられた要求は、「機動隊導入自己批判、医学部闘争勝利、医学部不当処分撤回、そのための東大総長との大衆団交実現」でした。

その後、予想もしなかった長く複雑な経過をたどりましたが、最終的に、翌年六九年一月一〇日、秩父宮ラグビー場で大衆団交が実現し、当初の要求、すなわち医学部処分撤回、機動隊導入自己批判について、基本的にこれをすべて認める確認書が結ばれました。

あわせて確認書は、学生の自治活動の規制を撤廃し、ストライキには学生処分をもって対処するという矢内原三原則を廃棄し、大学の自治＝教授会の自治という旧来の考え方を改めて、全構成員による新しい大学自治のあり方が示されました。大学の運営は、ひとり教授会にまかされることではなく、学生・院生をふくめた全構成員の総意によって進められるべきだという考え方です。さらには、産学協同、軍学共同についても、学問・研究の自由をゆがめてはならないという観点から、これを否定することが盛り込まれています。

この確認書をふまえて、各学部で学生が主体的に無期限ストライキを解除し、大学の再建へと向かったことは、今日から見ても、画期的なことと考えています。この一九六九年一月一〇日の確認書締結という出来事は、東大闘争の結節点として、ぜひとも歴史年表に書き記されるべきことだと私は考えております。

では、なぜ確認書という成果を獲得することができたのか？　確認書という成果にもかかわらず、直後の安田講堂攻防戦、そして東大入試中止という事態はなぜ起きてしまったのか？　確認書が今日、忘れさられたように見えるのはなぜか？　そうして、東大闘争とは、この運動に参加した学生たちにとっていかなるものだったのか？　そうした問いに答えることは、正直言って、簡単なことではありません。

この討論集会を準備するにあたって、私たち実行委員会でいろいろ議論する中で改めて痛感したことがいくつかあります。

一つは、学生の運動にかぎっても、上は医学部四年生から、一番若い、教養学部一年生まで、年齢で一〇歳近い幅があり、学生数も一万数千人を優に超え、その人生経験は多様です。また、学部や学科によっても事情は全くちがう。教授陣と学生がまさに敵対せざるをえない学部もあれば、ほとんどスクラムを組んで闘っているような学科もある。そうした事情に気づかされました。

さらに当時から、「東大闘争の本当の意味は、学生一人ひとりが、大学を巣立ったのち、どのような人生を送るのか、それによって見えてくるだろう」という予感もありました。東大闘争と確認書で問われた大学の変革・改革、これも一朝一夕にできることではないことは、明らかでした。

そこで、本日の討論集会は、さまざまな問題関心を参加者共通のものにするために、第一部で、集会実行委員の三人の方から問題提起をしてもらうことにしました。

第一番目に、川人博さん。当時は、駒場の一年生と最も若い世代で、東大闘争では、駒場における圧倒的多数の、クラス活動の担い手の一人でした。川人さんは卒業後、弁護士となり、学生時代のネットワークも生かして、過労死問題を軸に人権弁護の道を切り開き、現在も東大教養学部自主ゼミの講師として、学生たちとの協同作業としての人権学習に取り組んでいます。

第二番目に、三浦聡雄《としお》さん。東大闘争では、最古参の部類に入りますが、インターン制度、研修医問題が山積みする医学部で、六七年、六八年の二度にわたって、無期限ストライキ闘争の中軸を担いました。三浦さんは、卒業後、医師として、多くの仲間たちと地域医療の最前線に飛び込み、地域医療のネットワークづくりのモデルケースを実現してきました。

第三番目に目良誠二郎さん。大学院生として教育学の研究に着手したところで東大闘争が勃発。闘争を通じて、教育とは何かを見つめる中で、「東大卒」の肩書きとは縁のない、都内のある私立中高一貫校の教師の道を選択し、東大闘争で問われた教育、研究、民主主義、暴力などの問題を、生徒たちと共に四〇年間追求してこられました。

三人の報告は、あくまでも問題提起であって、基調報告の類いではありません。

これを呼び水として、ぜひ今日参加されているみなさんから、東大闘争とは何だったのか、今日につながるものがあるとすれば、それは何なのか、発言をいただきたいと思います。

今、世界は競争の渦の中にまき込まれています。何もかも、企業も役所も、国も自治体も、そして学校や大学も、生き残り競争にしのぎを削り、それこそが進歩なのだとあおられています。私には、それは人間の幸福への歩みなどではなく、人類破局への道だと思われてなりません。

大学について私は全くの門外漢ですが、大学とは人類の壮大な知的営為を次世代に伝え、ともにはぐくむ場であると信じてきました。東大闘争と確認書が求めた、学問・研究の自由を保障する大学とは、そのような大学であったと思います。この社会における大学の役割とは何か、東大闘争・確認書五〇年にちなんだ本日の討論集会を機会に、会場のみなさんとともに、考えていきたいと思います。

みなさんの討論への積極的な参加をお願いして、開会の挨拶といたします。

# 2

## 世界の一九六八年と東大闘争、そして現代

川人　博（かわひと・ひろし）

一九六八年大阪府立三国丘高校卒、同年文科Ⅱ類入学（43LⅠⅡ12組）。経済学部卒業。一九七八年弁護士登録。労災問題、特に過労死問題に取り組み、働く者のいのちと健康を守り、犠牲者・遺族を救済する弁護活動をお

こなっている。また、一九九二年以降継続して、教養学部で「法と社会と人権」ゼミ（自主ゼミまたは全学自由研究ゼミ）の講師を務め、現場から人権を学ぶことをモットーにフィールドワークによって学生が学ぶことを重視したゼミを続けている。

## 1　私の東大闘争とのかかわり——一九六八年四月入学から六九年一月確認書まで——

私が入学したとき、駒場キャンパスはビラと立看とアジテーションにあふれていました。駅から正門を入るまでの広場に、ビラを配付する学生がズラリと並び、一〇～二〇メートルほど歩く間に、一〇種類以上のビラが手渡されました。大小の立看板が乱立し、キャンパスのあちこち（正門付近、三叉路、北寮前、噴水前、学生会館前……）で、拡声器を片手にしたアジ演説が行われていました。

今から思うと、駒場のキャンパスの下に巨大なマグマが存在し、いつ噴出してもおかしくないような状況でした。

川人博

私は、高校時代からベトナム戦争などに強い関心をもっていましたので、四月からクラスの自治委員をおこない、代議員にもなりました。六月一七日機動隊導入後の六月二〇日安田講堂前全学集会には、クラスメイトの約八割の五〇名近い学生が参加しました。

その後、七月の代議員大会では無期限ストライキに賛成しました。しかし、九月の駒場事務棟封鎖に納得がいかず、以降、全学バリケード封鎖に反対し、封鎖によらないストライキを続けました。一二月一三日の代議員大会で教養学部代表団（一〇名）の一員に選出され、一月一〇日、確認書締結時の団体交渉（秩父宮ラグビー場）に出席し、確認書に署名しました。

## 2　仏・米・独の学生運動と東大闘争について
### ――三ヵ国の闘争世代からのヒアリングをふまえて――

### (1) 三ヵ国の訪問とヒアリング

私は、自らの人生に計り知れない影響を与えた「一九六八年学生運動」とは何だったのかを探究したいと考え、二〇一六年秋以降、一九六八年当時に学生・教員・労働者だったフランス・アメリカ・ドイツの当事者から現地で聴き取り調査を行っています。二〇一八年末段階で、三ヵ国八名からヒアリングを実施しました。なお、きょうの一・一〇集会には、聴き取りに協力していただいたドイツの研究者クルマス氏（上智大学客員教授として滞在中）が参加されています。

2018年5月、クルマス先生

当時の各国学生運動の概況は、つぎのとおりです。

・フランス

一九六八年三月、ソルボンヌ大学ナンテール分校の学生数名が反戦デモで逮捕。

一九六八年五月三日、パリのソルボンヌ大学で学生のストライキが勃発。労働者も連帯して「パリ五月革命」と呼ばれる国民的な規模のストライキが実施された。

・アメリカ

一九六八年四月二三日、コロンビア大学（ニューヨーク市）で学生によるストライキが勃発。大学の軍事研究加担や大学施設建設による黒人住民排除に抗議。この運動を題材に、一九七〇年、映画『いちご白書』*が公開。

＊ この映画をテーマにして、「『いちご白書』をもう一度」（荒井由実／作詞・作曲）が日本国内で一九七五年にヒット。

・ドイツ

一九六八年春～秋、ドイツでベルリン自由大学をはじめ各地の大学で闘争が繰り広げられた。同年四月、学生運動リーダーのドゥチュケ氏が右翼青年により頭部を狙撃され重傷。これに対する抗議運動が拡大。

・その他の諸国

私はまだ仏・米・独以外の当事者からのヒアリングを実施できていませんが、一九六八年、英・伊・メキシコ・チェコスロバキアなどでも、学生運動・社会運動が高揚しました。

## (2) 仏・米・独と東大闘争の共通点

私の問題関心は、仏・米・独の学生運動と東大闘争との比較にあります。

まず、共通点として、つぎの二点を挙げることができます。

①ベトナム戦争反対など、世界的な反戦平和運動に刺激され、学生が立ち上がった。

②権威主義的な大学当局の姿勢と運営に対し抗議をし、大学改革を求めた。

ベトナム戦争反対の運動は、一九六八年一月のテト攻勢（北ベトナムの支援を受けた南ベトナム解放戦線によるアメリカ・南ベトナム政府軍に対する総攻撃）に触発され、世界各国で一層盛り上がることになり、そのエネルギーが大学改革への運動を押し進めたと言って間違いないと思います。戦争当事国であるアメリカのコロンビア大学では、軍事研究に加担する大学の現状に対する批判がストライキ突入の原因の一つとなっています。

フランスについて言えば、当時は女子学生寮に男子学生が行くことさえも禁止されていたことに象徴されるように、学生の自由が制限され、大学による権威主義がまかりとおっていました。自由なフランスという国のイメージとは程遠い大学に対するうっせきした不満が、ソルボンヌ大学解放区創出の背景にありました。フランスの当事者世代と話した印象として、皆さんとても楽しそうに話をしていました。「非常にロマンティックな運動で、非常に多くの創作、クリエーションが生まれた」との言葉が印象的でした。また、「道路の舗装の下に、海辺がある。」（Sous les pavés, la plage!）というスローガンが素晴らしいものと感じました。この「海辺」には、「自然」とか「希望」という意味あいなどが含まれているようです（当時学生のサバン氏）。

ドイツでは、ナチス世代の戦争責任追及ということも重要な要素で、一九六八年当時でも大学内の教授の中にはナチス協力者が相当に残っていたこともあり、学生運動のテーマとなっていたのです。

## (3) 仏・米・独と東大闘争の相違点

他方、仏・米・独との相違点、東大闘争の際立った特徴は、つぎの諸点であると考えます。

①全員加盟制自治会

東大闘争は、全員加盟制自治会の学生大会や代議員大会の決議や学生投票という手続きを経て、闘争が高揚し、他国に比べても実に多くの学生が参加したことです。

他国には全員加盟制自治会はなく、学生有志がグループを作ってストライキに突入しています。六・二〇安田講堂前集会には駒場生と本郷生をあわせて一万人前後の学生が参加していますが、これは、東大史上最大の集会であっただけでなく、世界的に見ても当時、一大学として最大規模の集会であったと推測できます。

②確認書の締結

東大闘争では、ほとんどの全員加盟制自治会と大学当局との間で、確認書が締結されて医学部処分撤回をはじめ具体的要求の多くを大学当局が書面で合意しました。そして、大学内における学生自治の尊重を明確にした大学改革の理念を打ち立てました。これも、他国にはあまり見られないことがらです。

③学生内対立と暴力

闘争の後半において、学生内部の意見対立が激化し、暴力が増幅しました。

全学バリケード封鎖に固執する「全共闘」が、学生内の民主手続きを無視して、封鎖を強行しようとしたため、これに反対する多数の学生との間で衝突しました。一二月一三日の駒場代議員大会の開催にあたっては、これを妨害しようとして「全共闘」が角材などの武器をもって襲いかかり、会場となった駒場寮の窓ガラスを割って乱入した事実があります。この暴力に対して、学生や教職員がすわり込みをおこなうなどして大会の開催を守り、多数の代議員が参加して一〇名の代表団選出を実現することができました。

東大闘争の後半から終盤において、メディアの報道等を通じて、もっぱら「暴力的対立」ということのみが社会に繰り返し流されることになって、世論の否定的評価が強まったことは、大変に残念なことです。

他方、仏・米・独では、学生間の意見対立が暴力的なレベルまで発展することはほとんどありませんでし

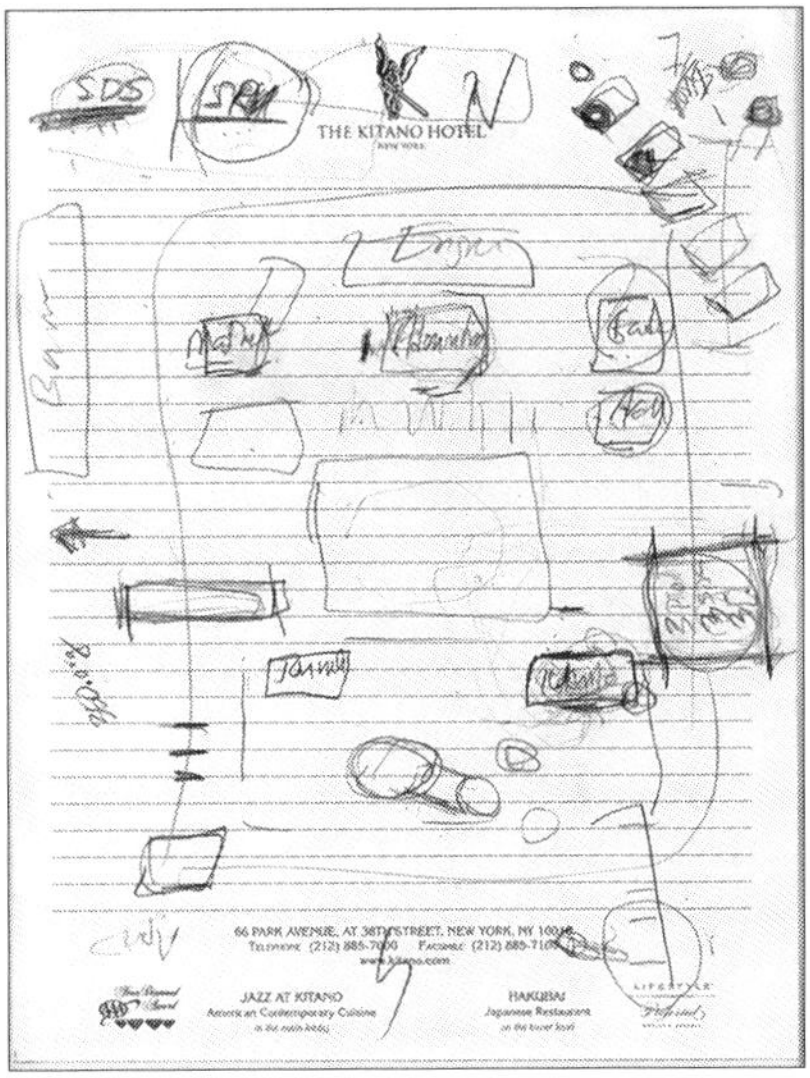


コロンビア大学闘争の学生の分布（ゴンザレス氏作図）

た。たとえば、コロンビア大学闘争ですが、当時の学生リーダーの一人だったゴンザレス氏（現ジャーナリスト）の説明によれば、学生の間での活動形態の違いによって、それぞれがいわばキャンパス内の場所を棲み分けして活動していたということであり、たとえば、ある一角では、ティーチインが中心のグループが討論を続け、別の一角では、対警察との対決行動を好むグループが小競り合いをしていた、というように。

④「東大解体」論

一・一〇確認書締結後も一部の学生が安田講堂などに立てこもり、機動隊に対して、一月一八日から一九日に火炎瓶まで使用する暴力的抵抗を行いました。

仏・米・独では、一九六八年運動の終盤にも、このような過激な国家権力との暴力対決はありませんでした。仏のソルボンヌ大学でも、学生は、暴力的な抵抗をすることなく、静かに占拠を終えています。

「全共闘」は、七項目要求を掲げていたはずなのですが、終盤には「東大解体」というスローガンを頻繁に使うようになっていきました。「東大解体」などというのは、およそ具体的な活動の目標にはなり得ません。当時京都大学の学生だった上野千鶴子氏は、上野千鶴子・雨宮処凛著『世代の痛み』（中公新書ラクレ）四五頁で、自らのバリケード体験を語ったあとで、つぎのように指摘しています。

「六八～六九年の東大闘争は、東大医学部学生や研修医の不当処分撤回闘争という、獲得目標のある闘争

2016年9月、ペロー先生

ベルリン、ドゥチュケ通り

でした。それがどんどん抽象度を上げて、『自己否定』や『自己解体』へと向かっていきました。しかも『大学解体』まで掲げるようになると、自分たちの身分まで否定しなければならなくなって、闘争の落としどころがなくなっていく。運動の目標が遠隔目標になり、いったい何がほしいのか、当事者にもわからなくなる。後に引けなくなるのに、落としどころがなくなるという方向に運動そのものが巻き込まれていき、暴力化が加速しました。」

⑤学生運動に対する社会的評価

東大闘争の動機や実態が正確に国民に伝わらず、暴力的な行動のみが繰り返しメディアで強調されることにより、学生に対する世論の批判が強まり、後世に、東大闘争＝安田講堂攻防戦という大いなる誤解が生まれることとなりました。さらに、その後の連合赤軍事件（リンチ殺人・浅間山荘銃撃戦）などがあり、学生運動に対する否定的な評価が日本社会に一層強まることとなりました。

他方、他国では、一九六八年学生運動には肯定的・好意的評価が多いと言えます。

ベルリンの中心街には、「ドゥチュケ通り」と名付けられた道路があります。これは、学生運動リーダーのドゥチュケ氏が一九六八年右翼に狙撃され、一一年後その後遺症で死亡したことを追悼したものです。

パリでは、一九六八年から半世紀の昨年（二〇一八年）に数多くの集会・

記念行事が行われました。フェミニズム運動家として著名なフランスのペロー氏（当時ソルボンヌ大学若手教員）は、一九六八年五月運動は、「女性の観点から考えると、社会の自由化、現代化、など明らかに社会を変えた」「六八年当時は、女性問題はそれほど重要なトピックではなかったが、その後、女性解放の動きにつながった」と話しています。

アメリカでも、昨年一月に一九六八年に関する学会が開催され、コロンビア大学闘争の記念出版がなされています。この本には、約六〇人の当時学生の手記が書かれていますが、中には、取り締まった警察官の手記も掲載されており、なかなか読みごたえがあるものとなっています（*A TIME TO STIR COLUMBIA'68*, 2018, Columbia University Press）。

私は、こうした諸外国の活動におおいに触発されて、きょう（一月一〇日）の集会の呼びかけ人の一人となった次第です。

## 3　東大闘争から得たものを大切に生きる

### （1）人権闘争と人々に対する信頼

私の人生にとって、東大闘争は計り知れないインパクトを与え、そこから多くのことを学びました。なによりも、歴史上かつてない広範な学生が立ち上がったことです。私は、この闘争体験によって、人々は（ある条件が整えば）社会的不正に抗して立ち上がるという信頼感をもつようになり、その後の人生に大いなる自信を与えてくれました。そのことは、弁護士としての人権活動にも活かされることとなっています。

横田めぐみさん拉致現場を横田滋さんの案内でゼミ生と一緒に研修

## (2) 確認書と自主ゼミ活動

闘争を通じて、学生の自主ゼミ運動・自主講座運動が発展しました。そして、確認書締結によって闘争後には、大学当局も学生の自主活動を尊重し、施設使用に便宜を図り、学部によってはカリキュラムの中に組み入れ、単位取得を認めることになりました。とくに教養学部と医学部などで進みました。

私は、一九九二年から、「法と社会と人権ゼミ」(自主ゼミまたは全学自由ゼミ)という学生の自主性を尊重したゼミナールの講師を務めています。もう二七年間続けています。そこでは、社会現場から人権を学ぶことをモットーにして、様々な現場(サリン事件、阪神・淡路大震災、東日本大震災、福島原発事故被災地、沖縄米軍、拉致発生現場、ハンセン病隔離施設、アジア各国、欧米各国……)を訪問して、現地で学ぶことを重視しています。

一・二年生が対象ですが、学科を問わず、文科Ⅰ類から理科Ⅲ類まで多様な学生が多数参加しています。私にとっては、東大闘争の貴重な成果であるゼミ活動を大切にしたい、という思いがあります。また、大学当時の先輩・友人が様々な現場で活動を続けていますが、こうした方々の多大な協力を得てきました。たとえば、本日参加されている木元康博氏からは、公立中学校教育現場での素晴らしい実践内容を語っていただき、伊藤千尋氏からは、ロサンゼルス現地フィールドワークで協力していただいたことがあります。また、東大で公害問題につき自主ゼミを続け、後に沖縄の大学に移った宇井純氏には、ゼミで沖縄研修実施の折に、環境問題でのフィールドワークに協力いただきました。

（なお、ゼミ活動とは別問題ですが、駒場寮廃止をめぐる一連の過程では確認書が有効に機能したとは言いがたく、残念な思いを持っています。）

## 4　現代の東大の状況について

### （1）大学のビジネス化

いま、東大では「産学連携」がキーワードとなっています。私が疑問なのは、なぜ「産学連携」があって、「労学連携」「市民と大学の連携」は無いのかという点です。

東大では、このところ寄付講座がかなり開講されていますが、資金が豊富な企業・団体だけが大学での講義を新設できる実態となっています。大変に違和感を覚えます。もっと、社会的弱者のための講義・研究が必要ではないのか、それを可能とする仕組みを構築すべきではないのか、と思います。

また、大学の敷地の利用についても疑問があります。春日門（本郷消防署のすぐ隣に

大学のビジネス化

ある小さい門）近くに、数年前に高級和風喫茶が開店しました。確かにおしゃれで雰囲気のいいお店なのですが、学生が使うというより、一般市民が噂を聞いて訪れているようです。和服姿の女性の姿も見られます。このようなお店も「開かれた大学」のイメージになるかもしれませんが、大学のお金稼ぎの一つにしているように思います。本郷キャンパスでも、研究者や学生のための建物が不足しており、本来の学問の府にふさわしい敷地利用が求められているのではないでしょうか。仮に東大以外の人々にも使用していただく建物を作るのであれば、社会的弱者の人々が利用できる施設を作ることも求められているのではないでしょうか。

先日、羽田空港の搭乗口近くの売店に、「東京大学」の名前のコーナーがあるのを発見しました。近くに行って見ると、書籍は皆無でボールペンなどのグッズが沢山置かれていました。空港の限られた場所を使って、「東大ブランド」商品を販売していることに、抵抗感を覚えました。二一世紀初めに国立大学が独立法人化された影響と思いますが、東大はどんどんビジネス化しています。このような動きを放置していてよいのか、考えていかなければなりません。

## (2) 東大生のショービジネス化

東大生がメディアに露出する回数が増えています。問題は、その中身です。バラエティ番組に毎週登場しては、笑いを誘うトークをし、さしたる意味のないクイズ当てを競いあう姿を見て、一体君たちは何のために大学に来たのか、と言いたくなります。また、そのような番組づくりで視聴率を稼ごうとするテレビ局の姿勢に疑問を抱かずにはおられません。

日本の中では、相当に恵まれた勉学環境を与えられている学生諸君には、社会のための学問研究にこそ、その能力を発揮してもらいたいと思っています。

「東京大学は、東京大学に来られない人々のために存在する」。そのように私は学生に訴え続けています。

## （3）新しい学生の動きへの期待

とは言え、最近の駒場祭の企画などを見ると、一時のバラエティと模擬店だけの時代から、文系・理系を問わず、学問研究の発表を行い、かつ、それを市民と交流する企画が増えていると感じます。私の担当するゼミでは、毎年模擬裁判を開き、人権をテーマにして市民と一緒に考えています。昨年の駒場祭では、人文系学部切捨てを図る行政に対する批判の展示が行われていました。自然科学系のいくつかのサークルが、趣向を凝らして、市民や子どもに科学を考える展示をして説明していたのが印象的でした。また、学生が主導して、駒場祭中のごみの分別処理の取り組みを精力的に進めていることに感心しました。「いまどきの学生は……」と愚痴をこぼす人も多いのですが、今の若者の中には、私たち世代とは違った視点を持って新しい社会的活動・学問研究を進めている者も増えています。

私は、担当するゼミ活動を通じて、今後とも学生を激励し、支援していきたいと思います。

学生主導によるごみの分別処理の取り組み

（本稿は、一・一〇集会でのパワーポイントを使用した報告をまとめたものであり、若干の加筆部分がある。）

●参考　東大生と当事者世代のアンケート結果

表1　二〇一九年四月「東大紛争（東大闘争）について」新入生アンケート結果*

（回答数六四名、法と社会と人権ゼミ）

* 一一・一〇討論集会以後のアンケート結果であるが、興味深いので紹介する。

問　約五〇年前（一九六八～一九六九年）に起こった東大紛争（東大闘争）につき、次の事実で知っているものにつき、いくつでも〇印を。

答　①闘争の発端は、医学部学生に対する処分（退学等）だったこと。　一〇・九％

②闘争の終盤で、学生代表と大学側との間で確認書が調印され、①の処分が撤回されたこと。　四・六％

③闘争の終盤で、学生代表と大学側との間で確認書が調印され、学生も固有の権利を持って大学の自治を形成していることが確認されたこと。　二〇・三％

④闘争の終盤で、安田講堂に機動隊が導入されて、闘争終結に反対して立てこもっていた東大生や学外生が排除・逮捕されたこと。　七一・八％

問　あなたの考え方に近いものを一つ選んでください。

答　①学生の運動を、肯定的に評価している。　一二・五％

②学生の運動を、どちらかと言えば、肯定的に評価している。　四三・八％

③学生の運動を、どちらかと言えば、否定的に評価している。　一八・七％
④学生の運動を、否定的に評価している。　三・一％
⑤いずれとも言えない。　二一・九％

問　あなたが東大紛争（東大闘争）に対して感じている内容につき、いくつでも○印を。
答　①大学を変革しようとした行動に共感する。　三七・五％
②反戦平和の行動に共感する。　一五・六％
③自分の生き方を真剣に考えたことに共感する。　五四・六％
④大学建物を破壊した行為・暴力行為は許されない。　五四・六％
⑤学生が講義を受けずストライキをしたことに反対。　二一・八％
⑥大学内に政治問題を持ち込んだことに反対。　一四・六％

表2　二〇一八年四月、一・二年生合同アンケート結果（回答数九三名、法と社会と人権ゼミ）

問　あなたが東大紛争（東大闘争）に対して感じている内容につき、いくつでも○印を。
答　①大学を変革しようとした行動に共感する。　三四・四％
②反戦平和の行動に共感する。　二五・八％
③自分の生き方を真剣に考えたことに共感する。　三七・六％
④大学建物を破壊した行為・暴力行為は許されない。　四〇・九％

| | |
|---|---|
| ⑤学生が講義を受けずストライキをしたことに反対。 | 九・七％ |

**表３　二〇一八年四月　大学同窓会でのアンケート結果**
**（43ＬⅠⅡ12組同窓会　回答数二六名）**

| | |
|---|---|
| ①大学を変革しようとした行動に共感する。 | 四六・二％ |
| ②反戦平和の行動に共感する。 | 一五・四％ |
| ③自分の生き方を真剣に考えたことに共感する。 | 七三・一％ |
| ④大学建物を破壊した行為・暴力行為は許されない。 | 五三・八％ |
| ⑤学生が講義を受けずストライキをしたことに反対。 | 一五・四％ |

●報告に当たって参考とした主な文献・映像

〈世界の学生運動〉
西田慎、梅﨑透『グローバル・ヒストリーとしての「１９６８年」』。
井関正久『ドイツを変えた六八年運動』
ノルベルト・フライ『一九六八年――反乱のグローバリズム』。
トニー・ジャット『荒廃する世界のなかで』。
季刊『環』三三号、二〇〇八年春、〈特集・世界のなかの六八年〉。
『思想』二〇一八年五月、〈一九六八〉。
映画『いちご白書』一九七〇年公開。

デモクラシー・ナウ！「一九六八年から四〇年」（放映四回分）。

NHKスペシャル「新・映像の世紀　第五週　若者の反乱が世界に連鎖した」二〇一六年。

***A TIME TO STIR COLUMBIA'68***, 2018, Columbia University Press.

〈東大闘争・大学改革〉

三浦聡雄、増子忠道『東大闘争から地域医療へ』。

『季論21』四二号、二〇一八年秋、「座談会・東大闘争五〇年」（伊藤谷生他）。

河内謙策『東大闘争の天王山――「確認書」をめぐる攻防』上巻（未定稿）

北野隆一「プレイバック東大紛争」、『現代』一九八九年九月号。

上野千鶴子、雨宮処凛『世代の痛み』。

小熊英二『１９６８（上）若者たちの叛乱とその背景』。

小杉亮子『東大闘争の語り――社会運動の予示と戦略』。

山本義隆『私の１９６０年代』。

ビデオ『燃え上がる炎』一九九三年制作版。

NHKスペシャル「東大全共闘・二六年後の証言」一九九五年。

加藤哲郎「大学のグローバル化と日本の社会科学」『イノベーション・マネジメント研究』一三号、二〇一七年。

# 3

# 東大闘争の真実——闘う民主主義者たちの統一戦線の形成と東大確認書の獲得

三浦　聡雄（みうら・としお）

一九七一年医学部卒、新松戸診療所内科医師。

## 1　東大闘争の背景——私の個人史から

三浦聡雄

一九六三年、私は東大理科Ⅲ類に合格し駒場へ進学した。生き方を模索していた私は、映画『キューポラのある町』や『非行少女』、中国の革命文学などに感動して民青同盟へ入る。原水禁大会に参加し、原潜寄港や日韓条約に反対、平民学連による全学連再建の闘いへ加わっていった。

医学部に進学してみると、民青の先輩は孤立状態で、私は一年生のときから民青系の自治委員長候補になり、相手方には六〇年安保の生き残りみたいなベテランもいるので大変だった。

お粗末な駒場の三派系全学連（社学同、社青同解放派、中核）とちがい、東大医学部の中心だったブント・社学同は紳士的で、劣悪なインターン制度廃止と、「白い巨塔」と呼ばれた封建的な旧医局体制の改革を求める闘争や、全国医学生ゼミナールなど医学生運動の分野では多数の人々をひきつけた大衆的な運動をしていた。それで悩んだが、彼ら主導のジクザクデモでも、インターン闘争・医学医療の分野ではいっしょに行動し、クラスの仲間から離れないようにした。

政治課題で〈社共統一のベトナム反戦統一行動〉のときはクラスデモを提起。授業出席者全員に用紙と筆記具をわたし、各自好きなスローガンを書いてもらって赤門から御茶ノ水駅まで歩道を無届けデモ。ほぼクラス全員が参加し大成功。クラスデモの後、三派系全学連の集会に行く人はわずかで、多くは社共統一集会へと合流した。

ベトナム反戦に立ち上がった世界中の若者と同じく、アメリカがベトナム民衆に爆弾を落とすのも、日本の基地を使うのも許せない、という広汎な学生たちの怒りがあった。水俣病などの公害問題も国民の関心を集めていた。野坂参三氏が参院選東京地方区でトップ当選したときは、クラス約一〇〇名の過半数に支持を約束してもらった。一九六七年の美濃部都政誕生など、革新自治体も次々と出てくる革新勢力上げ潮の時代だった。

## 2　東大闘争前史——一九六七年の医学部六一日間ストライキ

一九六七年一月から三月、医学部では、青年医師連合（一九六六年春に結成）の東大病院での自主研修受入れなどを要求する六一日間のストライキがあった。全学闘争委員会が執行部になり、その中心の執行委員になった私は、ブント・社学同と協力して行動した。「全員戒告」という形式的処分は出たものの、ほとんどの要求が受け入れられて闘いは勝利。こうして、一般学生も、うちの執行部は激しくやるけれど極端な無茶はしないで、最後は要求を実現し上手く収拾してくれる、という信頼をいだいていた。

一方、一九六七年は、三派・革マル系が羽田闘争、佐世保闘争、三里塚闘争などの中で、ゲバ棒・ヘルメット部隊を登場させた年である。彼らの言う〈非和解的な実力闘争による一九七〇年安保決戦〉の準備を開始していた。この後、それまで理性的だった東大医学部のブント・社学同も過激さを競いあう仲間に引きずられていくことになる。

## 3　一九六八年一月の医学部ストから全学の東大闘争へ

一九六八年一月、東大病院での研修希望者の全員受け入れ、卒後研修の登録医制度法案に反対、青年医師連合を認めろ、ということで、医学部がストライキ（私も共同提案者）に突入した。

学生が、団交相手の上田病院長をかばって逃がした春見医局長に自己批判を要求して医局にカンヅメにした事件で、三月に医学部当局が、現場にいなかった粒良君を含む、不当な大量処分を発表した。

さらに、六月一五日未明、東京医科歯科大学中心の社学同と一部の東大生、合計五〇人が勝手に安田講堂を占拠した。医学部四学年クラス会の時計台占拠反対決議があり、三上凱久《よしひさ》委員長など東大医学部全学闘は占拠に反対し、一部の突入者に「やめろ、やめろ」と叫んだが止められず、結局追随してしまう（『鉄門だより』平成三〇年一二月号、三上凱久氏自身の寄稿から）。

一七日、東大当局が時計台占拠解除に約二〇〇〇名の機動隊を導入したため、全学の学生たちが憤激して次々とストライキに立ち上がり、二〇日には、時計台前を埋め尽くす東大全学大集会が開かれた。

三派、革マル、フロント、共鳴するノンセクトラディカルなどは七月二日に安田講堂を再占拠して、五日に東大全共闘を結成。私たちが、不当処分撤回、機動隊導入自己批判、青医連や学生・院生の自治組織公認、大学運営の民主化・学生参加を求める〈四項目要求〉を求めて闘う中、全共闘はこれらに文学部処分撤回などを加え、大学運営の民主化を除いた〈七項目要求〉を提起する。ところが、秋に、当局に七項目が認められそうになると、全共闘は、「七項目それ自体が目的ではない」として、学生たちの怒りや混乱に乗じて「東大を破壊・解体せよ。全学バリケード封鎖で解放区を」と過激な方針を提起する。

学生のエネルギーを、自分達のエセ革命理論による「非和解的実力闘争」、「機動隊との衝突→七〇年安保決戦」、「大衆的戦闘組織と武装行動隊を創出せよ」（社学同東大支部『反帝戦線№12』）という挑発行動へ強引に流し込もうとしていた。あおって突き進むのが体質になっている全共闘内部では、各派の議論になると一番過激な方針が勝ち残るのが常であり、全共闘はますます先鋭化していく。

私たちは、正規の自治会、学生大会を尊重しつつ、全共闘に対抗する活動家集団の組織が必要と考えた有志が中心になって、東大民主化行動委員会（初め尾花清、その後、三浦聡雄が議長。駒場では東大闘争勝利全学連行動委員会）をつくって活動した。

## 4　全共闘の暴力と全学封鎖の失敗、孤立化

過激な路線を突き進み、反対者に暴力をふるう全共闘に対抗し、各学部に〈有志連合〉などノンセクトの組織が誕生し（医学部では富坂派グループ、駒場ではクラス連合など）、東大民主化行動委員会、東大闘争勝利全学連行動委員会と連帯し、闘う民主主義者たちの統一戦線が形成されていく。

一一月一二日、正当防衛のために短い棍棒など最小限の装備で総合図書館前に座り込んだ私たちが、長い

1968年11月14日、駒場。ヘルメット姿でバリケード封鎖を試みる全共闘を、圧倒的多数の学生が阻止

角材を持って突入してきた全共闘をはね返し、全学封鎖の要＝図書館封鎖を阻止した。一四日には、私たちと圧倒的な数の一般学生たちが、非武装・ハチマキ姿で、駒場（三号館、六号館）のバリケード封鎖に反対して座り込んだ。全共闘はヘルメット姿で、後では角材や石を持って襲撃して来たが、まわりで見ていた学生たちも怒って一斉に取り囲んだ。互いの身体が密着するとヘルメット、角材は役に立たない。多勢に無勢の全共闘は武装解除されて退散した。その後、全共闘は急激にノンセクトの支持を失い、孤立化が進んだ。東大闘争の局面を決定的に転換する関ヶ原となったのだ。一一月二二日には、一万を超える東大の学生、全学連の支援部隊が赤門から教育学部前に終結、総合図書館の東側にはクラス連合などの一般学生一五〇〇人、西側には保守系有志連合一〇〇〇人も集まり、この周辺を埋め尽くした。こうして東大・日大全共闘と全国動員された過激派セクトによる全学封鎖を阻止することができた。

## 5　全学集会の成功と歴史的な確認書の締結

一一月後半以後、この民青・ノンセクト連合が東大闘争の主導権を握って全共闘の妨害をことごとくはね返していく。既に一一月九日には二学部（教育・理）、五系（教育・理・農・薬・人文）大学院の自治会、東院協執行部、東大職員組合で統一代表団準備会が結成されていたが、その後、各学部で、次々と学生大会・代議員大会を成立させ（工学部一一月一九日、経済学部一一月二六日、農学部・理学部一一月二七日、法学部一二月四日、駒場一二月一三日、医学部一二月二四日）、統一代表団を選出して、大学当局・加藤執行部との予備折衝へと前進していった。

翌一九六九年一月一〇日、秩父宮ラグビー場で、前夜の全共闘の激しい襲撃や第二次機動隊導入にも屈せず、七学部代表団と東大当局で全学集会（大衆団交）を開いた。二月一一日には、七学部代表団＋医学部代表で追加の団交を行い、不当処分撤回、機動隊導入自己批判、青医連公認、学生参加・大学民主化を認める歴史的な〈東大確認書〉を締結できた（医学部当局とは後に医学部確認書を締結）。

## 6　過激派の挑発、安田講堂攻防戦

一月一八、一九日の安田講堂攻防戦は、孤立した一部の東大生と他大学の過激派が、暴力革命の実験を行い、散り花を咲かせようとしたものである。派手な暴力が映像化され、入試中止と権力の大学自治へのさらなる介入を呼んだ挑発行為で、各学生大会に示された東大生の総意とは全く反する行為だった。

当時、中曽根氏は、「暴力学生があばれると、反射的に、国民の支持が自民党にまわる」と語り、保利茂氏も、「日共対策上、三派系学生は泳がせておいた方がいい」と本音を語っていた。

既に六八年一二月初旬に駒場で革マルと社青同解放派の内ゲバが始まっていたが、その後、全共闘内部の内ゲバが拡大、革マルと中核派・社青同解放派の凄惨な殺し合いが進む。ブント・社学同の中でも関西ブントの塩見孝也ら赤軍派が台頭、連合赤軍のリンチ殺人や浅間山荘銃撃事件につながった。彼らのエセ革命理論による幼稚な〈革命ごっこ〉が残酷な結末を招いたことへの厳しい自己批判を求めたい。

他方、全共闘に触発され、真面目に生き方を変えていった人たちも少なくない。志を持ち誠実に生きている「かつての敵」とは、世直しのためにこれまでも協力しているし、今後も連携していきたい。

## 7　新たな民主的自治会づくりと、分裂崩壊した医学連の再建、めざす医師像

長期ストを解除し授業再開する中で、私たちは確認書を生かし実質化する新たな自治会づくり、医ゼミや医学連の再建を進めた。患者団体や反公害活動家たちも講師に招く〈基礎臨床社会総合講義〉や、学生自身が自由なプログラムをつくるフリークオーターなどの医学教育改革、医学部・東大病院との卒後研修受入れ協議などを進め、大学管理法反対などでも全国に先んじてストを打つ、活発で強力な自治会をつくった。

国民のための医師・医学者はどうあるべきかを議論し、『変革の課題とその原点』、上下二冊にまとめた。専門分野で優れた力を持つとともに、地域・職場で医学医療や社会を変革するオルガナイザーになる、という〈民主的インテリゲンチアの二つの任務〉を提唱した。佐久総合病院の若月俊一院長、名古屋大学医学部衛生学教授になった、白蝋病研究の山田信也先生、衆院議員で青森民医連の精神科医、津川武一先生などを

典型的な目標とした。仲間たちは今も、地域の病院や大学で、その頃の志を持続して生きている。

## 補論

**●論点(1)――全共闘と民青の暴力的衝突はどっちもどっちの内ゲバなのか?**

①医学部、青医連の全共闘一派は、既に春頃から暴力的恫喝あり。乱入してクラス会も妨害。

②第一五回医学連大会――封鎖に反対する者は大会場(安田講堂)に入れないと実力阻止。

③九月七日午後一時、全共闘・社学同らの東大病院封鎖を阻止するために、東大七者連絡協議会(東大職員組合、東院協、好人会労組、学生自治会中央委、生協労組、生協理事会、東大寮連)が都学連の支援部隊とともに東大病院前集会を開いた。午後三時すぎ、ヘルメット、角材で武装した全共闘・社学同らが殴り込みをかけてきたがスクラムで撃退した。夜には集会は約一五〇〇名になり、黄色のヘルメットと一メートルの棍棒で初めて武装した五〇〇名の行動隊を組織して全共闘の襲撃に備え、病院封鎖を未然に阻止することができた。全共闘・社学同は後に、「九月、人数の圧倒的不利から、民青ゲバルト部隊との対決を回避せざるをえなかった」と白状している。

④九月八日早朝、革マル系活動家らは、駒場寮「桑の実会」を襲撃、木元康博君に暴行を加えている。一一月二五日、東大新聞の松井坦記者が全共闘に安田講堂へ拉致され、長時間のひどい暴行を受けた。

⑤一一月一二日夜、総合図書館前衝突について全共闘側の大橋憲三の証言。「だからといって、彼らが暴力的だったというつもりはありません。少なくとも図書館前の暴力行為では、彼らは守ることに徹していたわけで、どちらが暴力学生かと言えば、全共闘だということになる。もちろん僕らは『やろう』と思ってやっ

たわけですが……」(『そのとき日本は』三〇八頁、NHK出版)。

⑥「バリケードの向こう側に立つ者は敵である。『敵は殺せ』、この言葉は権力の論理であり、ボク達の論理でもある」(全共闘機関紙『進撃』一二号)。

**●論点(2)——民青が外人部隊を導入した、という全共闘の非難(自分たち自身、全国の仲間を集めていながら)**

①東大闘争は、激化した秋の段階では、全国学園闘争の頂点となっており、東大生を中心に、全学連の支援を受け、連帯して闘うのは当然である。全学連はこんなときのためにあるのだ、と正々堂々と主張。

②そもそも一九六八年六月一五日の時計台占拠が外人部隊主導であった。三上凱久氏の『鉄門だより』平成三〇年一二月号への寄稿。東大への支援ではなく、東大医学部生の総意を無視し、東大医全学闘の意向までも無視した不当な介入。

**●論点(3)——少数の人を長い間だますことはできる。大勢の人を短期間だますこともできる。しかし、大勢の人を長い間だまし続けることはけっしてできない(リンカーン)。**

①全共闘一派のマヌーバー——「要求項目実現」はポーズ。本音は「彼らの暴力革命、その拠点づくり」。

六八年三月~四月頃、医学部社学同らの内部文書を拾った。「(それを見ると)『今までの全員加盟制のポツダム自治会的な、市民主義的な団結では、七〇年安保闘争は闘えないのだ。そういうものはもう否定して、革命的に闘える部分がどんどん闘っていかなければ……これからの闘いは非和解的な実力闘争であって、バリケードをやらなくては……』とか書いてある。何が挑発なのだろうと悩んで考え抜いた私からすると、『ああ、ここでできた。いままでみんなの要求実現という形でやっておきながら、この過激な七〇年安保実力闘争なるものに、ここで強引に流し込もうとしているんだな』というのが、実感としてピーンときた。自分の頭にすっきり鮮明にわかるようなものが、そこでできたのです。その点では強固な確信があったものだから、延々とツルシ上げられたり、『手足の一本位は折ってやる』とか、めちゃくちゃ恫喝されたりしましたが、そのへんでは大丈夫でした」（『東大闘争から地域医療へ』一二三頁）

② 「大衆的戦闘組織と武装行動隊を創出せよ」（社学同東大支部『反帝戦線No.12』）

## ●論点(4)――私たちの自己批判すべき反省点

嵐の中で段々成長してはいったが、学生たちの気分をつかんだ的確な方針・機敏な行動提起の不十分さ、大衆運動の経験の未熟さ。六八年八月一〇日のお粗末な大河内総長告示の後、九月から一〇月、各学部で学生大会が開かれ無期限ストが盛り上がったが、この頃、民青は押され気味。当時、「平時の民青、戦時の三派」という言葉が言われた。民青は真面目なお人好しで、赤旗新聞などをコツコツと配って粘り強くやるのはいいのだが、学生が大勢で騒いだりしていると、その場でアジ演説し学生の気分に合った行動を機敏に提起できる人が少なかった。内容がよくても生ぬるく聞こえて、「あんなんじゃ、大学なんか動かないよ」と学生が思うような雰囲気の演説しかできない人も少なくなかった。行動方針の提起にもそうした不十分さがあった。もともとは東大全学で多数派なので、辛うじて半数近いところを確保したけれども、九月から一〇月にかけては向こうに押され気味であった。こうして多くのノンセクトを結果的に全共闘シンパに追いやり、全共闘の正体と本音がわかってくる一一月頃までは辛抱の時期になった。

**●論点(5)——山本義隆氏ら全共闘の主要幹部、過激派セクトにかかわった人たちはキチンと総括・自己批判しているのか、都合の悪いことは無責任に頬被りし、黙っている人たちがほとんどでは?**

『進撃』一二号の記事や全共闘の破壊行為、全共闘内部の内ゲバなどについて、責任者の山本義隆氏が抗議したという話も、議長を辞任したという話も聞かない。黙秘を続けるのは無責任の極みである。

参考文献


『東大闘争から地域医療へ——志の持続を求めて』三浦聡雄・増子忠道共著(勁草書房)
『嵐の中に育つわれら』日本民主青年同盟東大全学委員会(日本青年出版社)
『勝利へのスクラム——東大民主化闘争の記録』全日本学生自治会総連合中央執行委員会(新日本出版社)
『東大変革への闘い』東京大学全学大学院生協議会(労働旬報社)
『東大闘争の語り——社会運動の予示と戦略』小杉亮子著(新曜社)
『新左翼とは何だったのか』荒岱介著(幻冬舎新書)


*河内謙策弁護士(当時法学部代表)が東大闘争に関する力作『東大闘争の天王山』を出版予定。

## 4

## 一社会科教師として東大闘争の宿題を若い世代と一緒に解いた四〇年

目良　誠二郎(めら・せいじろう)

当時、大学院教育学研究科。東大闘争後、都内の私立中高校で社会科教員。定年退職後は、「9条地球憲章の会」など市民平和活動にたずさわる。

## 1 東大闘争をへて一教師へ

「確認書」に教育系大学院の代表として署名した目良です。「一社会科教師として東大闘争の宿題を若い世代と一緒に解いた四〇年」と題して報告します。この集会を、呼びかけ人、実行委員の一人として準備することになり、改めて東大闘争が僕の人生を大きく変えたことに深く思い至りました。僕は社会学の研究者になるつもりで文科Ⅲ類に入学したのですが、社会学概論の教科書を棒読みするだけの授業に幻滅し、目的を見失って留年した後、故・勝田守一先生の教育学の授業に感動して教育学部に進学したのです。そこで、大田堯先生（この暮れに惜しくも一〇〇歳で亡くなられました）と堀尾輝久先生（会場に来てくださっています）の、それぞれ戦後民主主義教育研究を代表する独創的な研究から多くのものを学びました。その後、教育学研究か哲学研究かに迷ってまた留年した挙句、大学院の教育学研究科に進学しました。その矢先に東大闘争が始まったのです。

東大闘争の経緯はすでに三浦さんが報告されているので、省略します。ともかく、僕は全共闘の暴力主義的な「東大解体」路線に抗し、東大の「民主化」を目指して教育系大学院自治会の書記長として長期未曽有の闘争を全身全霊でたたかいました。僕も署名した「全構成員の自治」を認めた「確認書」は、国政で言えば明治一〇年代の自由民権運動が生み出した植木枝盛憲法草案や「五日市憲法」草案、戦後の日本国憲法にも比すべき、

目良誠二郎

言うなれば「東大憲法」であり、さらには全国の「大学憲法」にも発展しうる画期的なものだったと、僕は思います。その後の学生運動の退潮や大学独立法人化などによって、「確認書」が認めた「全構成員の自治」は十分に実行されるどころか、今や「教授会の自治」すらも奪われようとしています。そうした中で忘れさられてきた感のある「確認書」と、それを勝ち取った東大「民主化」闘争の実像と意義をぜひみなさんと共に再確認したいと思うのです。

## ●非エリートの一市民として

ところで、僕は父を「戦病死」で亡くした貧しい母子家庭で育ちましたが、中学から裕福なエリート層の子弟の多かった当時の教育大付属（現在の筑波大付属大塚）に入り、東大に進学しました。その中で常に感じざるを得なかったのは、歴然たる貧富の差とその理不尽さでした。僕が大学に入って、社会主義、マルクス主義に惹かれるようになったのはそのためです。僕は、全共闘の暴力主義的な「東大解体」路線や「自己否定」論にはまったく共感しませんでしたが、全共闘による東大の特権的地位への批判にはそれなりの理があると感じていたのも、そのためだったのでしょう。

闘争が一段落した後、自分がこのまま東大で教育学研究者への道を目指し、ある種のエリート研究者の人生を歩むことにためらいが生まれました。種々思い悩んだ末に、東大卒の特権とはいっさい無縁の場所で非エリートの一市民として生き直そうと決意したのです。つてを頼って当時いわば無名だった都内私立中高（男子校）の社会科非常勤講師として雇ってもらい、休学していた大学院を中退して翌年から専任になり、以来一〇年前に六五歳で定年退職するまで四〇年勤めました。かなりの期間は東大時代の友人や先生方とも連絡を絶ち、非民主的で低賃金・長時間労働だった職場で悪戦苦闘の試行錯誤を重ねましたが、幸い元気でユニークな生徒たちに恵まれ、少数の気の合う有能な先輩、同輩の同僚たちにも出会えました。そして、その未熟な僕の教師としての悪戦苦闘を支えてくれたのが、何よりも教育学部で学んだことと東大闘争の経験だったのです。

## 2　東大闘争の宿題

ここで、とりあえず僕にとっての「東大闘争の宿題」とは何だったのかを簡単に整理して置きます。それは、何よりもまず第一に、日本国憲法と教育基本法の下での戦後民主主義と民主主義教育（特に社会科歴史・平和教育）をどう継承・深化・発展させるべきか、ということでした。第二にはそれと関連してリベラリズムと暴力の問題です。そして第三には、いったい僕たちは「何を何のためにどう学ぶのか」ということでした。さらに、東大闘争には欠けていた「宿題」として、地球環境問題・フェミニズムなどの新たな課題も生まれました。ただし、これらの「宿題」は相互に絡み合っているので、これからお話しすることは必ずしもその順番通りではないことをお許しください。

### ●戦後民主主義教育の道に賭ける

かの丸山真男はかつて「大日本帝国の『実在』よりも戦後民主主義の『虚妄』の方に賭ける」と書きましたが、全共闘は「戦後民主主義」は「虚妄」の「ポツダム民主主義」だと罵倒していました。僕は、丸山さんのこの言葉を引いてこう書いたことがあります。「二〇世紀の民主主義・平和・人権のあり方にどんな欠点や弱点があろうとも、二一世紀の日本と世界に民主主義・平和・人権の発展・深化以外の選択肢があると考えるのは、愚かで危険な幻想である。／新たな世紀の地球から、戦争と飢餓、環境破壊などをなくさねばならない。その道を子どもたちと共に探り学ぶためには、戦後社会科・平和教育を投げ捨てるのではなく、それを発展・深化させる以外に道はない。戦後社会科・平和教育に賭けるということは、その道に賭けるということだ。／ただし、肩を怒らせ、まなじりを決してというのではない。何よりも子どもたちとの共感を大事に、学問研究とユーモアの精神を忘れず、大いに自分自身も楽しみながら続けたいと思うのである。」（「戦後社会科・平和教育に賭ける一つの試み」『季刊 人間と教育』25、二〇〇〇年三月）

もちろん、僕が賭けたのは戦後社会科・平和教育だけでなく、戦後民主主義教育の全体にでした。ですから、教師になった時点で僕は勝田先生、大田先生、堀尾先生などから学んだ戦後民主主義教育学の精神に基づき、何よりも生徒たちを対等な人格として尊重し、絶対に殴ったり、その尊厳を傷つけたりしないことを胸に誓い、貫きました。同時に、一部の教員による生徒への身体的暴力（「体罰」）と言語的暴力（怒号・罵声・侮辱的発言）を黙認せず、たたかい続け、四〇年かけて良識ある同僚たちと共に学園から生徒たちへの身体的、言語的暴力を一掃しました。

## ●暴力の問題

暴力の問題は、生徒たちへのそれに限ったことではありません。東大闘争での全共闘の暴力とそれに対する民主化闘争側の「正当防衛論」の「実力」行使の評価が、僕にとっての深刻な「宿題」だったからです。全共闘の暴力については、その害悪の負債の巨大さにも拘わらず未だに全共闘側当事者からもジャーナリストや研究者からも為されるべき真っ当な批判や総括がほとんど（まったく？）されていません。同時に、民主化闘争側の「正当防衛論」による「実力」行使についても正確な事実に基づいた総括がされていないと思います。僕自身は暴力が嫌いだったので、全共闘の暴力主義を徹底的に憎みましたが、それへの民主化闘争側の「実力」行使についても、何か釈然としないものを感じ続けていたのです。

考えてみれば、当時から僕はいっさいの「戦争」と「戦力」を放棄した非戦・非武装の九条を強く支持し、自衛隊を違憲だと考えていたのですから、そのこととも関連づけて考えるべき大きな問題だったはずです。しかし、釈然としないものを抱えながら僕は問題をそう立てることができなかったのです。もし当時の僕が、すでにガンディーやキング牧師らの偉大な非暴力平和主義の思想を正当に評価しえていたら、そうはならなかったのだと思います。しかし、そうではありませんでした。

また、第九条が、第一次大戦の惨禍を経て一九二〇年代の米国で燃え上がった「戦争非合法化運動」という広範な大衆的市民運動の成果として生まれた「不戦条約」の本来の精神を、歴史上はじめて一国の憲法に書き記したものだということをもまったく知らなかったのです。教師になって初めて、そうしたことを学習しながら教材化を図り、社会科の授業で生徒たちにも問題提起し、一緒に考え合うよう試行錯誤しました。

日本では、三・一一後の反原発市民運動から集会やデモでやっと「非暴力」という言葉が使われるようになり、その後の戦争法や秘密保護法に反対する市民運動でも集会・デモ実施の必須のキーワードとして定着してきました。とてもよかったと思いますが、しかし「非暴力」を「市民としての不服従」（non-violent civil disobedience）の思想として理解し、九条をもその思想で広く共通理解するまでには未だ至っていないのではないかとも思います。

## 3　東大闘争が育んだもの

次に、東大闘争の経験が僕の教師生活にどんなに役立ったかをいくつかお話しします。まず、東大闘争中の情勢分析や闘争方針作成を支えたマルクス主義、戦後社会政治思想、歴史学、哲学などの学習経験は、社会科の教材づくりと授業に大いに役立ちました。自主教材のプリントは最初はガリ版刷りだったので、特に駒場時代から東大闘争中にも鍛えたビラづくりの経験と技術がやはり大いに生きました。

非民主的で低賃金・長時間労働だった職場の民主化と教育・労働条件の改善を求めて、一部の先輩同僚たちが密かに始めていた教職員組合の結成に僕も加わりました。数年後にその中心だった先輩・同輩同僚たちが職場を去ったため、やむを得ず三二歳で組合委員長となり四八歳まで務めましたが、これは東大闘争の経験なくしてはとうていあり得なかったことでした。組合ニュースの作成も、自主教材のプリントづくりと同様でした。「生徒には学びやすく、教職員には働きやすい学校を」のスローガンを掲げ、日教組などの経験を批判的に継承し、子どもたちの教育への権利と教職員の労働者としての権利の統一と、名実ともに教職員組合として専任教員・非常勤講師・事務職員・用務員の加入を図りました。非常勤講師には東大の全共闘系の院生が来るようになり、当初は大いに警戒されましたが、いつしか「和解」が生まれました。

組合委員長として、「組合民主主義」の徹底を図りました。当時の職員会議は一部の教員による威圧で多くの教員は沈黙を強いられていたのです。そこで、組合の会議は徹底して発言の自由を尊重し、その経験を踏まえて職員会議でも発言する勇気を養いました。組合員の中には右翼的な思想から執行部の方針にことごとく反対する先輩同僚がいましたが、徹底した議論の末の多数決の結果には常にキチンと従い、組合を脱退することもないその同僚の姿勢に、これこそ大学時代以来の僕にともすれば欠けていたリベラリズムの精神かと感動し、深く学びました。

共産党系の私教連加盟に関しては、組合員の多数意見が反対なのでオブザーバー参加のままでした。そのため、組合費は極めて低く押さえることができました。それもプラスに働いたのかもしれませんが、一時五割を割り込んでいた組合加入率が、最低だった賃金体系の大幅改善・教員の持ち時間の軽減・一日研究日の獲得・教員人事への教科の関与獲得・教科予算の充実、一クラスの生徒数の削減・若手専任教員の増加などの実績と共に増加し、ついに八割、九割にまで達して行きました。御用組合でない組合でこうした例は、現在の日本では珍しいと言われているようです。

## 4　生徒たちとともに

### ●歴史・平和教育での挑戦

最後に「何を何のためにどう学ぶのか」という「宿題」を、特に戦後の「社会科歴史・平和教育をどう継承・深化・発展させるべきか」という「宿題」と併せて生徒たちとどう一緒に解いたかをお話しします。

勤務校は僕が勤め始めた当初は、戸山や日比谷などのいわゆる都立有名校の「滑り止め」でした。それが、学校群制度の導入などによっていつしか地位が逆転し、次第に毎年東大に数十人が入るようなこれもいわゆる私立有名受験校へと変わっていったのです。社会科は特にそうですが、多くの生徒たちは単なる「暗記科目」だと考え、その傾向はこうした受験校化によっていっそう拡大しました。この壁を乗り越え、生徒たちの知的興味と関心をかき立て、視野を広げ、生徒たちが常に自分の頭で考えられるような授業をしたい。これが僕にとって一貫した課題でした。そのために、教育学、歴史学、社会科学などの幅広い読書に努め、新聞・雑誌の切り抜き、後にはインターネット資料などを集め、都の私学中高教員の「近現代史教育研究会」、歴史研究者と中高教員の「比較史・比較歴史教育研究会」、千葉の教師中心の「日韓教育実践研究会」などに参加し、学びました。

教師になってすぐ、生徒たちの在日朝鮮人への強い差別・偏見を知って、朝鮮の植民地支配の歴史をはじめとするアジアへの「加害」の歴史を、必死の手探りで教え始めました。戦後の社会科歴史・平和教育では、まだ「被害」の教育が中心だったのです。しかし、未熟な僕はいつしか「加害」の事実の一方的な提示に偏り、一部の生徒たちがイヤ気がさしたり、反発を示す失敗に陥りました。ある段階で僕はそれを「暴露・告発型の近現代史授業」と名付け、その反省と克服を必死で試みました。そのために、東アジア・日韓の歴史教育交流に参加し、東アジアの平和を求める近現代史教育の模索を続け、他方では幕末維新史、自由民権運動、特に「竹橋事件」、大正デモクラシー、さらに日本国憲法成立史の研究と学習に取り組みました。その成果として、帝国主義・植民地主義・侵略の日本に抗した、生徒たちと共に誇るに足る「もう一つの日本」の発掘と教材化にたどり着きました。生徒たちは、やっと「自虐」的になったり「居直」ったりせずに、「加害」の歴史を直視してくれるようになったのです。

## ●「総合社会」の開拓

四八歳で社会科主任になり、僕個人だけでなく社会科全体で生徒たちの知的興味と関心をかき立て、視野を広げ、生徒たちが常に自分の頭で考えられるような授業を展開するため、「系統学習」と「問題解決学習」の統一という独自の視点から、社会科カリキュラムの抜本的改革に取り組むことができるようになりました。

《一方で、人類の遺産としての学問や芸術の成果、つまりは文化を系統的に学び、身につけつつ、他方では学問・芸術をふくめた人間社会に生起する現実的な問題を自ら発見し、その解決を求めて取り組むこと。生徒たちの創造的で豊かな知的成長を図るためには、その二つの学習を統一することが必要なのではないか。系統的な学習と問題解決的な総合的学習の結合と統一、と言ってもよい》。僕は問題をそう提起したのです。

そのために、中一から生徒たちが自分の興味のある社会的テーマを選び、文献・資料・取材・フィールドワークをしてレポートにまとめ、中三で原稿用紙三〇枚以上の「卒業論文」を全員が書く、「総合社会」というまったく独自の科目を作ることになったのです。受験学力の低下を心配する他教科からの反発や校長と理事会の懸念を何とか説得し、実現にこぎつけました。すでに四半世紀近くの実績を重ね、「系統学習」と「問題解決学習」の統一という視点は他教科にも波及し、「総合社会」の取り組みは教育界や父母からも注目され、今や勤務校の看板授業にもなっています。うれしいことに、中三の卒論で選んだテーマに基づいて大学進学の学部、学科を考える生徒たちが年々生まれているのです。

## ●一市民として

二〇〇九年、僕は六五歳で定年退職し、「宿題」を自分なりに果たした気持ちでいっさいの教職から離れ、何の肩書もない文字通りの一市民としての生活に入りました。しかし、二〇一一年の東日本原発大震災で僕が六歳まで生まれ育った福島県富岡町夜の森が「死の街」になり、そのショックからフェイスブックを開始（現在「友達」が四〇〇〇人以上）、二〇一二年からは金曜官邸前の脱原発抗議行動に毎週参加、志を共にする多くの市民の仲間たちと出会うことができました。

その中で、二〇一六年、恩師の堀尾輝久先生と再会し、実に思いがけなく二〇一七年三月結成の「9条地球憲章の会」で堀尾代表と目良事務局長のコンビを組むことになったのです。その関係から、二〇一七年五月結成の「ベテランズ・フォー・ピース・ジャパン（平和を求める元自衛官と市民の会＝ＶＦＰジャパン）」にも事務局市民メンバーとして参加し、米国のＶＦＰの方々ともつながり、非暴力のグローバル市民としての不服従の学習と実践を継続中であり、考えてみれば今も東大闘争の「宿題」を解き続けているのです。もしそうでなければ、僕が今こうしてこの場に立って報告をすることもなかったのではないかと思います。

（二〇一九・一・一〇）

# 第2部　〈寄稿篇〉東大闘争五〇年に寄せて

# Ⅰ　東大闘争という経験と人生

# 5

# 一医学生の経験した東大闘争とその後

菱田　明（ひしだ・あきら）

一九七〇年東京大学医学部医学科卒業。東大病院や市中病院勤務を経て、一九七七年浜松医科大学第一内科助手となる。その後講師、助教授を経て、一九九九年浜松医科大学第一内科教授となる。二〇一〇年定年退職し浜松医科大学名誉教授となる。二〇一一—二〇一五年焼津市立病院事業管理者。二〇一五年同病院名誉院長となる。この間二〇〇六—二〇〇八年日本腎臓学会理事長、二〇〇七年日本腎臓学会総会会長。

## はじめに

私にとって人生の大きな出来事であった東大闘争の総括ができないまま、五〇年の歳月を経た。ストライキ（以降ストと略す）の終結後、慌ただしく卒業し、卒業後は新しく入った医学・医療の世界で生きていくことに追われ、過去のこととなった東大闘争に向き合うことが難しかったという学生運動に伴いがちの事情もあるが、「東大闘争の持つ事情」も総括を難しくしていた。

マスコミが東大闘争を取り上げる時、「安田講堂占拠」や「ヘルメット姿の学生と機動隊との衝突」が象徴的な事として扱われることが多い。しかし、「安田講堂占拠や機動隊との衝突」は、私を含む多くの学生にとって「自分達の意向を無視して行われた行動」であり、「自分たちの意志や責任で管理できない行動が

〝象徴的な出来事〟として語られる東大闘争」を総括することは難しい。また、長いストの中で学生は分断され、全体の流れを把握できないまま多くの期間を過ごしたという事情も総括を困難にした。

東大闘争後五〇年を経た今、新たに見えてくることもあり、「一医学生の証言」を残そうと考えるに至った。

## 1 東大闘争の概略

### (1) 何が問題となり、どう展開したか

一九六八年一月二七日の医学部学生大会のスト決議で始まった東大闘争は、「インターン制度の代替制度として提案されていた〝登録医制度〟の阻止」を目的に始まったが、「教育の名の下に若手医師を無給の下働き労働に従事させているインターン制度の廃止」や「若手医師を無給で下働きに使う大学病院、それを支える医局制度や教授中心の権威主義的な古い医学・医療界の変革」を求めるものでもあった。

ストの出口が見えない中で発生したいわゆる医局長軟禁事件に対する一三名への処分が三月一七日に発表されると、「教授会の強圧的な姿勢に対する批判」、「処分撤回」が新たな課題となった。さらに、「処分撤回」を求める一部の医学生による安田講堂占拠と、それに対する機動隊導入が行われたことによって、「医学部の問題」が「全学の問題」へと拡大し、闘争の課題に「非民主的大学運営や大学の自治を脅かす機動隊導入への抗議・自己批判要求」が加わった。

この安田講堂占拠は、医学部学生の三分の二近くの反対を無視して行われた。その結果、その後の東大闘争は、「暴力的行動を繰り返す一部学生」と「それに反対する者」とが、分裂し対立して進む事となった。

「世界的な学生運動の高揚」、「他大学でのストライキ勃発」、「一九七〇年に控える日米安保条約改定反対運動の動き」等を背景として、他大学の活動家も介入する中、東大闘争は「全国的な政治闘争」の様相を帯び長期化した。その中で、「学生自治会の団結を取り戻し、大学当局に要求を認めさせよう」とする各学部自治会は、「処分撤回や今後の大学運営に関わる要求事項」をまとめ、大学当局との交渉を進め、一九六九年一月の七学部自治会代表者と東大総長との確認書の調印を勝ち取った。その後、各学部学生大会での確認書の承認決議、ストライキ解除決議を経て、授業再開に向かった（医学部は一九六九年五月二八日）。一方、建物封鎖を繰り返し行っていた勢力は二回目の安田講堂占拠を行うが、一九六九年一月一八・一九日の機動隊導入によって排除され、その後急速に勢いを失い授業再開に合流する形となった。

### （2）東大闘争への「私」の関わり

一九六三年東京大学理科Ⅲ類に入学した私は、旅行で北海道に行った際、高校時代の同級生に恵庭の野崎牧場に案内され、「自衛隊（法）が憲法違反かどうかが裁判で争われている恵庭事件」の存在を知った。その縁で、駒場祭で恵庭事件を取り上げ、法学部学生と恵庭事件研究会を立ち上げた。また、「ベトナム戦争反対」のデモにも参加する等、政治に関心を持つ学生ではあったが、その姿勢は「医師として社会と関わることを目標に、医学生として学ぶ中で遭遇する課題にも取り組む」というものであった。卒業を一年後に控えた時期に始まったストにクラス委員として参加したのもそういう姿勢の延長であり、ストに積極的に向き合った。「クラス会でストの方針を決める」という立場で臨み、「クラス会の意見を無視して暴力的行動を行う」一部学生の動きが始まってからは、そうした行動に反対する立場で行動した。授業再開後に病院側と交渉し「東大病院の内科系卒後研修システム」を発足させたのが私のスト関連の行動の最後となったが、その後も、東大闘争で問題となった課題（医師教育、医局や大学病院、医学部、学会の運営）と向き合う人生を送ることとなった。

## 2　東大闘争により何が変わったか？

### (1) 組織・制度の変化

制度・組織に発生する課題は、「制度・組織の仕組み」と「構成・運営する人」に由来する事が多い。闘争後五〇年を経る中で、東大闘争で問題となった課題は「仕組み」と「人の姿勢」の両方を変えることで大きく変化したが、その変化に東大闘争は強く関与した。

①インターン制度

一九六八年五月インターン制度は廃止され、二〇〇四年スタートした新研修医制度で、「経済的保障」、「指導体制整備」、「研修先選択の自由」などが確保され、インターン制度で指摘されていた問題の多くは改善された。医師の卒後研修体制が整備されたことは「良質な医療の提供」という面からも大きな意味をもつ。インターン制度廃止には一九六二年頃から続いたインターン運動が重要な役割を果したが、東大闘争は「最後の一撃」となった。さらに、これらの運動を通じて「医師教育体制整備の必要性」を社会に広く認知させたことがその後の研修医制度の整備・充実に繋がった。

②医局、医学界、医療界

大学病院の診療科に属する医師集団としての医局は残ったが、若手医師のキャリア形成に「医局に所属しない選択」が可能な状況が生まれた事によって、古い医局体制が存続しえないような状況に医局の実態は大きく変化した。

一九七〇年前後から「医療の充実」を求める国民の要求に応える形で医科大学や病院の新設が進み、若手・中堅医師の需要が高まったうえ、医師の流動性も高まった。そのため、若手医師が市中病院や教育職・研究職に就職する上で、大学病院（医局）を経由することは必須でなくなった。また、専門医制度の整備により「博士号取得（そのためには大学病院医局に所属する必要がある）」以外のキャリア形成の道が開かれたことも、若手医師の医局離れを加速した。こうした動きを背景に、医局に所属しない若手医師が増え、医局は「若手医師にそっぽを向かれないよう努力せざるを得ない」状況となった。

社会の変化が「医局の体質変化」を促す上で大きな圧力となったが、東大闘争の果たした役割も大きい。東大闘争の中で医局制度の問題点について十分学習した闘争世代の学生・若手医師が、世代交代により「医局」の運営を担う中で医局の体質を変えていった。また、東大闘争の中で「医局制度の非民主性」が世間に広く認知されたことは、医局改革を推進する動きをサポートした。

大学病院の診療科・講座が医師養成や医学研究推進に重要な役割を担っていることを考えると、医局が「優秀な若手医師に選ばれる組織」となること、そして若手医師の意欲と能力を発揮させる場となることは必要である。その意味からも、闘争世代が医局運営の担い手となっていることの意義は大きい。

医局の古い体制の改革は、医学界の中での権威主義の後退を促し、若い医師の活動の場を拡大させ医学の発展につながっている。ストによって、医学研究に一定の障害となったことは否定しがたいが、長い目で見ると医学研究のより大きな発展に寄与していると思っている。

③大学運営

処分は撤回され、機動隊導入の判断への大学側からの自己批判がなされた。また、「東京大学総長と七学部代表団との確認書」に象徴されるように、大学運営の非民主性の改善に向け大きな一歩を進めた。医学部では、授業再開や大学病院での卒後研修方法をめぐって、学生と教授会・病院との話し合いが持たれ、学生側の提案したカリキュラム（研究室に一定期間出入りするフリークオータ制度）や卒後研修システムが採用されるなど、学生や若手医師が意見を出しやすい状況を作った。こうした変化には、ストの中で医学部関係者が大学運営の在り方について真剣に向き合ったことが大きな役割を果たしたが、長期的にはストの中で「大学運営の民主化の必要性について自らを教育した」闘争世代の学生が、世代交代により大学運営の担い手となり実践した影響が大きかったと考えている。

### (2) 組織を支える「人」の変化

①私の経験

東大闘争の中で経験したことの中に、強く記憶に残り、その後の私に強く影響を及ぼした出来事がいくつかある。

クラス会の中でO君が「お前は左翼だ」と叫んだシーンもその一つである。いつの時代も、若者には「革新的でありたい」、「弱腰や右翼は格好悪い」という雰囲気がある。「未来を変えよう」とストに入った学生であれば余計その意識が強い。その結果、「よりラディカルな方針」が支持を集める。また、「右翼だ」、「弱腰だ」、などというレッテルを貼ることで、相手の意見を封じることも横行する。そうした中、「お前は右翼だ」とヤジを飛ばされたO君が切り返して「お前は左翼だ」と叫んだのである。O君の声は「対立相手にレッテルを貼りたくなる自分」、「流行や多数意見に迎合しそうな自分」を意識する時にしばしば耳元に聞こえてくる。

経済学部封鎖をめぐる攻防のシーンも忘れ難い。それまでもいくつかの大学の建物を封鎖していた学生集団が、ある日、経済学部の建物の封鎖を宣言した。それを阻止しようとする呼びかけがなされ、私もその集団に参加した。それまでのストの中で、私は「少数派の暴力的な行為を物理的に止めることは必要」と考えるようになっていた。というのも、「少数による行動であっても、物理的力による行動を放置すれば、残る多数もその行動に引きずられざるを得ない」ということを繰り返し経験していたからである。例えば、学生処分直後に行われた「少数の医学生による安田講堂占拠」もその一例である。医学部学生の三分の二が反対したにも拘わらず「安田講堂占拠」が行われ、その結果「機動隊導入」が行われると、占拠に反対した者も「機動隊導入」という新たな問題に取り組まざるを得なくなり、東大闘争の争点が「機動隊導入が是か否か」に移ってしまう。

経済学部封鎖をめぐる攻防で激しい衝突が予想される中、予想される事態とそれへの対応策について、その場のリーダーから提案があった時、一緒にいた下級生の一人が「相手が誰であれ、正当な行動であれ、相手に大けが（場合によっては死）を与えかねない行動に私は加担したくない。そうした行動は間違っている」と強く主張した。その姿に、周辺の動きに流されて同調し「自分にとってより大切な事は何か」を考えることを忘れている自分に気づかされた。

また、東大闘争の中で「教授としての立場に求められる責任を果たしていない様にみえる教授」に接する一方、「孤立しても、自分の立場で何をすべきかを必死に模索する先輩医師」にも多く接した。その中で「自分が進んで選択しなかった立場であれ、自分の思うままにならない組織の中であれ、それぞれの立場には、その立場で果たすべき責務が伴う」ということを強く意識させられた。それらの記憶は、「自分の置かれた立場の責務は何かを意識し、その一歩を踏み出そうとする」私に勇気を与えてくれる。

②東大闘争の成果と人材育成

東大闘争の中で経験したことがその後の人生に大きく影響したのは、ストを行った学生だけでなく、ストに巻き込まれる形で関係した多くの人も同じであろう。時が経ち、世代交代などで、そうした人達が色々な組織の運営を担う存在となっていく中で、その組織を変えていく姿をしばしば目にした。その度に、闘争の中で当時の学生が「自身を教育した」ことの意義の大きさを実感した。さらに、東大闘争を通じて「医学・医療界の改革の必要性」を広く社会に認知させることによって、そうした組織改革を応援する人たちを作り出していたことの役割が大きかったこともしばしば実感した。

「東大闘争のその後の変化」を、「東大闘争による人材育成」という観点から評価・理解すると、ストなどの改革運動への取り組みの仕方についてのヒントも得られる。ストの最中、私は単に民主主義の原則から「全員で議論した上での多数決により、自分達が納得して闘争を進めるべき」として行動したが、東大闘争を振り返る今、そうした運動の進め方が、「ストに関連する者自身を教育し、ストの主張を社会に広く認知させる」うえで有効であり、「長い目で見たストの目的達成につながる」進め方だと強く感じている。

ほぼ全員が賛成して始まった医学部のストは、「少数意見であっても、自らが正しいと考える方針で進めるべき」と主張する者によってクラス会が破壊され、クラスの分裂・物理的対決という困難な状況となり、多くの期間をそうした状況で過ごさざるを得なかった。今後も、困難な局面を迎えた時にこうしたことが繰り返される可能性があるであろう。分裂と対立の現場にいた私ではあるが、今なお、「どの段階で、何をすれば、こうした事態を防ぎえたのか」について納得できる答えにたどり着いていない。しかし、「ストの中で自らを教育した事が、その後の長い経過の中でストの課題であった事の解決に大きな力を果たした」という東大闘争の経験を確認しておくことは分裂や物理的衝突を防ぐ一助になると考えるに至っている。

# おわりに

東大闘争後の五〇年の経過の中では、国立大学の定員削減、国立大学法人化、その他、沢山の出来事が大学や医療の世界に押し寄せた。そうした動きの中で、「インターンや無給医局員などがいなくなったことにより、彼らが支えていた大学・大学病院の診療・研究・教育などを少数の正規有給職員が負担せざるを得なくなった」という事態や、「古い医局体制の崩壊とともに医局による医師派遣体制も壊れ、地方の深刻な医師不足を招いた」といった問題など、多くの新たな課題を生んできている。その中で、「東大闘争で何も変わらなかった、むしろ事態は一層悪くなっている」という声も聞こえる。しかし、既に述べてきたように東大闘争は医療・医学の古い体制を大きく変化させた。しかし、その後の変化を振り返ると東大闘争が「その後に起きる変化に対応するための十分な準備や力の育成ができなかった」ことは否めない。本稿では「東大闘争で医学部の課題となっていた事が、その後どう変わったか」の記述にとどまり、その後起きた課題に触れることができなかった。また、私が把握していなかった事実も多く、偏った内容となった部分も多々あると思う。そうした点に留意していただきながら、東大闘争の理解の一助にしていただければ幸いである。

# 6

# 東大闘争——その後の人生

権守　光夫（ごんもり・みつお）
一九七二年医学部卒。

（1）入学して、三鷹寮に入りました。当時は六〇—七〇年安保の時代で、労働運動・学生運動が活発な時代でした。寮の自治が謳われ、半年毎に寮の委員長・副委員長の選挙があり、二大勢力が拮抗し、よって選挙運動も盛んでした。寮委員は委員長が任命、私はいわゆる民青系の時に、食事委員を経験しました。食券を売るのが主な仕事ですが、寮委員会の合宿もあり、それなりに寮生活を楽しみました。

（2）M1の冬、医学部はインターン制反対＝全学無期限ストライキに突入しました。当時は、卒後すぐには医師国家試験が受けられず、一年間は無給医局員として、身分・経済・研修の保証がなく、前年にもストライキがありました。それが学生の誤処分問題が発覚し、他学部、他大学に広がっていきました。私は明確な確信がなく、受動的・傍観者的でした。

（3）一年四ヵ月後、授業再開。再建された自治会は、各学年四名の自治委員が選挙で選ばれ、自治会活動・クラス会も再開されました。教授会との定期交渉も持たれ、カリキュラムも一部自主的に組まれ（フリークオータ制度)、カリキュラム委員会、研修委員会も組織されました。

　私はM3から自治委員になり、研修委員会を担当しました。インターン制が廃止されて、卒後研修医は、非常勤の国家公務員という身分で、経済的には月四~五万円(?)が支給されました。当時、大学の医局や研究室には、非常勤の研究助手(Laborantin)がいて、三月三一日に一日だけ解雇、よってボーナスなしでした。調べていくと、「総定員法」という法律があり、国家公務員の定員が五万人程に制限されており、しかも自衛隊員は除外されるということが分りました。法律の壁にぶつかったわけです。

　研修委員会は、卒業時には、希望者全員が希望する医局に入れるよう、病院側と交渉するのですが、それは東大の特殊性もあり、ほとんど問題はありませんでした。

　一方私は、五月祭で、M3の時には「ベーチェット病」、M4では「日本の医療費」について展示しました。特にベーチェット病では、内科・眼科の専門医や、患者会(失明することも多い病気なので)を招いてシンポジウムを開き、視力障害者の状況や社会保障を勉強しました。社会的弱者は社会が守る……そんな理想を持ちました。

　そんな伏線もあり、卒後、皆が大学病院に行くのに違和感を感じ、第一線の医療を求めて民医連に入りました。学生時代の民医連との接点は、M3の時に、大学の近くの菊坂診療所で、往診患者さんを看護学生さんと訪問し、大月篤夫所長(昭二九卒)に報告するという経験をしたこと、当時共産党の国会議員だった津川武一先生(昭一四卒)が院長をしていらした津軽健生病院で合宿をしたこと、後に私が入職する大田病院で健診の手伝いをしたことです。

　よって私にとっては、東大闘争はあまり積極的に関わった印象はなく、むしろその後の私の生き方に影響を与えた一つのきっかけだったと思います。私に少しだけ積極性を付与しましたが、私の本性は余り変わらないようにも思います。私は今も、私というものがあまり分らないまま生きているのです。

# 7 継続する東大闘争——私にとっての東大闘争は現在進行形である

増子　忠道（ましこ・ただみち）

一九七一年医学部卒。

## 1　学寮闘争に没頭

高校時代から、フランス革命・ロシア革命・ピューリタン革命に強く惹かれ、クロポトキンの『相互扶助論』に触発され、哲学的には、ドストエフスキーやキェルケゴールやニーチェの思想と格闘し、その後フランス実存主義者・カミュを知り、『ペスト』の主人公、ベルナール・リウーに憧れ、医学部を志望した。一浪し、入学した年・一九六三年のメーデーに、それまでひそかな憧れであった「黒旗」を見つけたが、そこには、数人の、覇気のない無政府主義者たちがいた。一言二言会話をしたが、強い失望だけがのこった。

貧困学生のための駒場寮に入寮するしかなかった私は、ソ連を知りたい思いから、部室「ソ研」を希望した。学内では、六〇年安保の名残の学生運動が続けられていた。ソ研が民青の拠点の部屋などとは全く知らなかったが、先輩と議論する中で、マルクス主義を学習しなければならないと痛感し、学ぶ組織「民青」に加盟した。しかし、どうしても、日本共産党だけが正しいとは納得できず、集会やデモ、ビラ配布、ステッカー貼りなどの諸活動には積極的に参加しつつも、他のセクトの話も熱心に聞いて回った。中ソ論争の中で、きちんと経済学を学ぶ必要性を痛感し、駒場に一年留年を決意したが、先輩たちの勧めもあり、進学だけはすることとした。

本郷生になると、豊島寮に転居することとなった（一九六五年）。豊島寮は、駒場寮にもまして、貧乏な学生（院生もいた）の比率は高かった。そしてその年の七月には、寮委員長選挙があり立候補する羽目になり、三派系の候補者と闘い僅差で勝利した。最初の仕事は、「食器闘争」であった。寮食の食器を新しいものに取り換える方針が大学から示され、しかも食費の値上げも通知された。受益者負担というのである。寮生は憤激した。これ以上の負担増は「機会均等」を損なう、寮の食事をつくる労働者にも「重い」食器は労働過重になり、絶対反対の闘いが巻き起こったのである。寮生は大挙して、時計台にある学生部に抗議に押し掛け、結局寮生の意見は認められた。この戦いで、寮生の中にはイデオロギーにはいろいろあるが、生活に根差した運動では共同できることが分かった。

続いて、入寮選考権をめぐっての争いがおこる。それまで伝統的に寮生の自治に任されていた入寮選考に、大学の干渉姿勢が強くなってきたため、それに対抗するために、東大の全ての寮自治会に呼びかけ、東大寮連を結成、大学側と激しく対決した。このときの交渉相手が、教授会から選出された学寮委員会であった。遠藤湘吉、小林登、等の革新系の学者（美濃部都政のブレーン）だった。そこで論争されたのが、寮生の自治とは何か、教授会の自治と大学の自治とは何かだった。この論争が、次の東大闘争にもつれこんでいく。入寮選考問題をめぐる学寮委員会との団交で、軟禁状態を生じさせたとして、僕を含めた東大寮連の執行部は「処分」された。入寮選考当日は、教授会も選考場所に参加姿勢をみせて、一触即発の危険があったが、双方の理性的な対応で事なきを得た。

寮委員長時代は、寮管理室に終夜詰める生活であった。窓ガラスが割れたとかドアが閉まらないとかの生活上の苦情を即座に対処する仕事が委員長の仕事であった。この仕事はとても充実していて、やりがいがあった。貧困な学生のための寮が、寮生の自治で維持されることは、そこに住む同僚に心の底からの連帯感がわきあがるとともに、国民の教育機会均等を保障する重要な闘いという思いによって、国民とつながっているという充実感でもあった。

## 2　医学生としての東大闘争

豊島寮時代は、医学部の授業には全くと言っていいほど欠席した。もともと医学部には未練がなく、大学に行く日は、経済学部にいた友人と『資本論』の読書会や、経済学部の大教室での講義に出席するなどして過ごしていた。この間には、マルクスやレーニン、ヘーゲルなどを読み漁っていた。

医学部の学生の不当処分に反対する学生に対して、医学部教授会の頑迷な態度、そして大学側の要請で機動隊が大学に導入されたことに、全学の学生は憤激し、「大学の自治を守れ、不当処分撤回」の決議を掲げ、全学ストライキに突入した。経済学部の学生と一緒に総合図書館封鎖反対に立ちあがった。大学側の対応が如何に誤っていたとしても、暴力的に対決する方針は正しくない、話し合いを続けながら連携し、政府文部省と対決することこそ、自治の在り方だとの確信は、寮での闘争で培われたものである。国民との連帯に基づかない大学の自治は成立しないと。

東大闘争の発端であった医学部の闘争が山場を迎えた時期、民青の勢力強化のために医学部闘争へ参加を説得され、「遅れてきた兵士」として医学部に復帰した。医師になる決意はほとんどなかったが。医学部に戻ってからは、日々闘争に明け暮れた。「病院封鎖反対・大学封鎖反対」に全力を注いだ。同時に、医学部内のスト解除派（一一八名）＝富坂グループとの真剣な討議を経て、共同行動が成立し、全共闘執行部罷免のための学生大会成功（そこでは自衛のための実力行使もあった）、全学的には、「確認書」締結、その後学生大会でのストライキ解除決議。しかし授業は再開しない。連日のクラス討論、教授等教官オルグ、研究室封鎖解除、自主ゼミ開催などの積み重ねでついに授業再開を勝ち取った。全国的には医学連再建にも成功した。カリキュラム改革（フリークオーター制度発足）、研修協定（大学と民間での研修先を自由に選べる制度）締結。いわゆるインターン制度が廃止されたのも大きく言えば成果とも言えよう。

しかし、三派系の運動は、次第にそれまでの支持者からも見放され一層孤立化を深めながらも、暴力路線を放棄しようとはしなかった。孤立した彼らは、自分たちを「英雄」化するために、時計台を占拠し、権力側も、学生・教授会等の学内諸勢力の勝利を台無しにしようと、暴力学生との「対決」劇を華々しく演出・放映、国民と学生運動の分断を図り、東大入試中止に追い込んだのである。機動隊による時計台解放は、全く不必要であったことは歴然としていた。時計台占拠グループは学内で決定的に孤立していたから、逆封鎖すれば数日で「陥落」したのは間違いないのである。それは、三派系も権力側もどうしても避けたかったのである。

東大闘争終結後、敗北した三派系の生き残り諸君との対話も続けられた。七〇年安保を日本革命の日にする、場合によっては武装蜂起すると真顔で話し、ぜひ民青も同調してくれと訴える。体制変革には共感しつつも、革命の見通しと手段については、厳しく批判した。彼は後に日本赤軍となり「よど号」を乗っ取り北朝鮮に渡っていた。

大学の自治を「構成員の自治」とする見解は、心底からは同調できなかった。大学の自治の目的は、戦前の歴史や世界の歴史の教訓から、学問の自由＝権力からの自由を守るためのものである。国民との連帯感の希薄さが、気になって仕方がなかった。

学内の民主化だけには飽き足らない気持ちがおさまらず、無医村検診運動を始め、民医研運動に参加し、他の医系学部学生との討議や共同研究によって、チーム医療の重要性を改めて確認。同時に、民医連以外の各機関で働く、医師・医療労働者・組織・患者（同盟）・地域の人々との広大な統一戦線が、医療を本当の意味で民主化する道であることに目覚め、医療民主化統一戦線の展望を得るに至った。ここでは当然ながら、大学内の民主化の継続と地域での医療の力量の強化が共に必要であるとされたのである。

この中で、富坂グループとの対話は貴重な体験となった。封建的な医学部の在り方には改革を求めながらも、社会変革までは求めない「理性的な」集団であった。キリスト教徒もいたし、無宗教者もいたし、単なるストがいやになった学生もいたが、いかなる医師になるべきかをめぐっては、真剣な討論を交わしながらお互いの信頼関係を深めていった。そして、民主主義的手続きについては、民青派と一致した。統一戦線の成立である。こうして、医学部のみならず、全学的に民青とクラス連合との共闘により東大闘争は、大きな意味での民主勢力の勝利で最終段階を迎えることになった。こうした経過の中で、僕は医師になることを再度決意したのである。

こうして、民主主義擁護の一点では連帯し共闘してきたのだが、体制変革を展望する民青系と体制変革なき制度の近代化を志す集団との、溝は埋まり切らないまま、闘争世代は次々と卒業、「確認書」に示された制度としての大学の民主運営は残り、軍学共同・産学共同反対の旗印は残ったものの、次第に民主的勢力の後退は明らかになり、結果として主流となったのは近代化路線であった。

## 3　民医連での東大闘争継続

自分の迷いとストライキのおかげで、二年間留年の憂き目にあい、家からの仕送りが全くなかった僕は、その間の特別奨学金を受けることができず、生活困窮。後輩の勧めで、埼玉民医連の奨学生となり、何とか生活の目途がたった。埼玉民医連から東京民医連・荒川生協峡田診療所の奨学生に変身、その後、同級の三浦聡雄と共に現在の柳原病院に入職することとなる。その後ここに続々と青年医師が結集してきた。

一年間柳原病院で初期研修のあと、二年目は、東大闘争の成果物である「研修協定」の第一号として、東大第三内科・老人科で学んだ。この期間を利用して、全国青年医師の集い（一九七二〜一九七六年？）を計画、闘争後の全国の青年医師（大学・大病院・民医連などに散らばっている）を結集し青年医師の要求と課題を明らかにして、闘いを継続し、医療民主化統一戦線の一翼を担うことをめざした。青法協の運動に学び、三派系の青医連を乗り越える運動体をイメージした。それをきっかけに民医連青年医師の会が結成され現在でも維持されている。このころ、新医協内で独自の医師部会の結成も働きかけたが、執行部の反対で挫折したのは残念だった。全国青年医師の集いが継続できなかったことは痛恨の極みである。

地域の第一線の診療所病院に飛び込むと、医療民主化統一戦線論と合わせて、地域医療論が必要だった。学生時代からお世話になった川上武の「講座派伝統の、農業・中小企業論を基礎にした開業医論」と、武谷三男の技術論を土台に、「地域医療の民主的構築論」を提唱した。佐久病院での豊かな実践と、「局地的市場圏」論で辺境革命を提唱した大塚久雄や、羽仁五郎の『都市の論理』の影響も大きい。東京民医連東部ブロック代表として（当時の木俣ブロック議長と共に）、全日本民医連大会での論争を通じて、数年後、民医連の大方針となった。

実践家としての若月俊一からも多大な影響を受けた。佐久病院は、戦後の医療民主化統一戦線の拠点ともいうべき存在であった。川上武先生の仲介もあり、半年間という短い期間ではあったが、月に一回、柳原病院で、直々に若月先生に自分史を語っていただいたのは、貴重な糧となった（一九八〇年）。その後も、佐久病院と柳原・みさと健和病院とは、毎年研修医の交流を継続している。

東大闘争の継続として、柳原病院を中心に取り組んだ運動に、東京東部地域寝たきり老人実態調査懇談会（一九七六～七八年）の活動がある。このころは地域看護課を設置して、診療報酬上の裏付けが全くない「訪問看護」を開始し（一九七五年）、地域に白衣の看護師が自転車に乗って飛び回る姿が印象づけられ、柳原病院は、老人医療の拠点と評価されるようになった。柳原病院の第一期計画が成功裏に終了した直後から、MSW（医療ソーシャルワーカー）達の問題提起を受け止め、東京東部地域の、民医連院所はもとより、すべての保健所・福祉事務所・医師会・医療労働組合に呼びかけ、寝たきり老人問題を皆で解決するために知恵を集めようと呼びかけた。この呼びかけに予想以上の人々が結集して懇談会が結成され、医師会や老人クラブや町会・市民・学生に呼び掛けた市民集会には多くの市民も結集した。そして、約二年にわたり、東京東部地域の約二〇万人の一割を一軒一軒訪問し、寝たきり老人を発見する運動を、のべ二〇〇〇人の協力者で行った。そして、発見された寝たきり老人を対象に、医療と福祉のペアで「可能性の発見」調査運動が実施された。

この運動の反響は大きかった。寝たきり老人問題が、全国的に一挙に社会問題として喧伝され、訪問看護制度の有効性が証明され、高齢者福祉制度の貧しさが告発された。翌年には東京東部六区全てに、訪問看護制度が国制度に先駆けて導入された。また在宅医療の重要性が認識された。国会での参考人に招致され、その後「在宅医療」が正式に診療報酬上位置づけられることとなった。この間の動きは、『地域医療の現場から』（一九八五年）および『東大闘争から地域医療へ』（一九九五年）に詳しく語られている。この運動は、まさしく東大闘争の実践の、地域版であり医療と福祉版であった。その後続いて、独居老人調査（一九八〇年）、本国では初の日中独居調査を実施し（一九八五年）、老人医療福祉制度の根幹からの改革を調査と実践によって迫ったものである。その後、老人医療の実践から、『老いがよければすべてよし』（一九八七年）、『病院がひらく都市の在宅ケア』（一九九三年）などの著作が生まれた。

寝たきり老人調査に協力してくれた東大の学生を中心に地域医療問題研究会が組織され、その会の企画で、駒場に自主ゼミ（単位が取得できるゼミ）が開かれ講師を引き受けることになった。その時の討論の一部が、川上武らの『思想としての医学』（一九七九年）にまとめられている。

寝たきり老人・独居老人・日中独居老人の調査を通じて、地域密着型の特養の必要性を痛感し、地域で建設運動を起こし、地域からの絶大な支持を得たが、土地取得に失敗し挫折した。しかしその後この運動のおかげで、地域の篤志家から土地の寄付が寄せられ、老人保健施設が実現。このときも、貧困な人々からの一億円を超える寄付が寄せられた。数年後、葛飾区にわれわれの特養が住民の大きな支援で建設された。

柳原病院の第一期計画（四五床から八五床）も地域の人々の大きな支援で成功したが、柳原地域での拡大が土地取得に失敗して挫折した後、埼玉県三郷市に建設途中で雨ざらしになっていた病院を買取り、準備を開始した。三郷市では、悪徳老人病院で全国に有名になった三郷中央病院問題があり、地域での住民のための病院が切望されていたこともあり、病院建設は大歓迎を受けた（三郷市の半数を超える町会からの支持が寄せられた）。三浦聡雄氏が在住していたことも大いに寄与していた。だが、八五床の病院しかもたない小法人が単独で二五六床の病院を建設することは危険視された。東京民医連・民医連中央は、山梨勤医協・東葛病院・福岡健和会での倒産を理由に建設中止を求めてきた。しかし、友の会・住民の願いはそんな困難を乗り越え、職員も一丸となって奮闘し、ついに建設に成功（一九八三年）、建設後の経営危機も乗り越えた。住民（友の会）・職員の素晴らしい底力を証明したものとなった。

東京都職員労働組合から委託された「都立病院」白書づくり（一九八七〜八八年）も、著名な学者の協力を得ながら完成、都立病院の民間委託を阻止する力となった。今後の東京都が進めるべき施策の一つとして立提案した「地域看護ステーション」の構想が、厚生省に「剽窃」され、訪問看護ステーション制度として立案・施行されることになった（一九九二年）。厚生省案には種々の欠陥が明白であったが、制度反対の方針をとらずに、訪問看護の東の中心であった柳原病院地域看護課は、「積極実践・欠陥暴露・対案提示」の方針のもと、東京都第一号の北千住訪問看護ステーション建設（一九九二年）を推進した。発足に当たっては、保守区政にもかかわらず区長代理の挨拶もあり、厚生省の直々の視察もあった。このころの実践の記録である宮崎和加子『訪問看護ステーション』（一九九三年）も大きな影響力を持った。健和会では次々と各区に訪問看護ステーションを建設し、全国的にも民医連立訪問看護ステーションは各地で主導的な役割を果たす道筋をつけた。

また、一九八八年デンマーク・イタリア医療福祉視察旅行で、補助器具と二四時間巡回型在宅ケアの必要性・緊急性・現実性を深く認識し、帰国後は、その実現に邁進した（柳原病院付属在宅支援補助器具センター、一九九二年）。在宅での補助器具の導入は目を見張る状況を生みだした。技術センターの確立の必要性と、補助器具・福祉用具の貸与方式ではなく、レンタル方式・試し貸しのシステムが重要と主張、厚生省に迫った。一九九四年、念願の「看護師とヘルパーによる二四時間巡回型在宅ケア」の実践がはじまり、在宅で一生過ごせるシステムを創出した。この実践から共著『最期まで家にいられる在宅ケア』（一九九六年）を出版、具体的な在宅ケアでのシステムと費用計算を明らかにしてきた。

医師会の役割も重要視し、足立区医師会の理事を一九九四年から一〇年間勤めあげた。東京都社会福祉協議会の下部組織である介護保険事業者連絡会の立ち上げに参加し、初代会長として一定の役割を果たした。旧三派系の真面目な部分は、「ゆきぐに大和」の黒岩卓夫医師を中心に、全国組織として地域医療研究会を結成し活動を展開し始めていた。地道に地域医療に取り組んでいる限り、過去の経緯はあるとしても、医療民主化のためには共闘すべきであると判断し、協力を惜しまず、現在でも良好な関係を保っている。

しかし、われわれの運動は、必ずしも民医連の中で評価されてはいなかった。みさと健和病院建設（一九八三年）・訪問看護ステーション建設（特三類取得も含めて、一九九二年）の運動や上記の老人保健施設建設（一九九五年）は、民医連中央との対立を招き、その後長らく、健和会は民医連内の「異端」とされてきた。その雰囲気を一変させたのが、足立区長選挙での革新＝吉田万三＝健和会医師の勝利（一九九六年）であった。一九九九年の再選には失敗し、前年の三浦聡雄の三郷市長選挙も惜敗だったが、闘う健和会の評価は高まった。ところが再び介護保険制度発足をめぐって民医連中央と対立した。制度絶対反対を主張する民医連に対して、極めて不十分な制度であることは批判しつつも、介護の社会化を目指し、一旦「保険制度」

の歴史を経ながら、総合的な「介護保障」制度を展望すべきであるとしたわれわれの主張は対立したが、後に和解した（共著『介護保険時代と非営利共同』一九九九年）。

二〇〇〇年介護保険施行後、デイサービス、二〇〇一年には、念願の特養建設と、認知症のグループホーム建設も次々と建設していった。ケアマネージャーの養成にも積極的に努力した。グループリビング、ケアハウス建設、続いて、介護福祉士養成の学校も建設（二〇〇八年）、介護保険時代を積極的に闘う体制を作り上げてきた。介護保険制度の欠陥についても一貫して闘ってきた（『介護保険はどう見直すべきか』二〇〇二年）。一方で、長らく健和会に乏しかった「リハビリテーション」の充実を目指して「柳原リハビリテーション病院」を新たに設立し（二〇〇五年）、地域での役割を拡大してきた。

民医連他法人との共同事業の話し合いを開始（一九九九年）、福祉機器レンタル事業（二〇〇二年）、給食協同事業（二〇〇五年）を成功させ、法人運営の新たな形として協議会形式（二〇〇三年）を創造し、今日まで展開を続けている。同時に、二〇〇〇年、東都保健医療福祉協同組合を立ち上げ、民医連内外の、他医療法人、障害者法人との連携を強化してきた。また、NPO法人を設立し、地域での様々な運動も展開している。

今日、介護保険制度が孕む矛盾は、年々拡大、介護の社会化は実現が遠のいている。最初の制度設計の失敗を糊塗する部分改良の積み上げで、介護保険制度はますます国民から遠ざかり、財政も破たんしつつある。こうした現状を告発し、『やりなおし介護保険』（二〇一三年）を出版し、その改革の展望を主張している。

今や、個人としての肉体的限界はもう目の前だ。後継者づくりに懸命の努力を注いで来たが、成功はしていない。仲間に恵まれたわれわれの環境下でも、困難な課題であるのだから、大学や大病院・施設などで苦労しているのも当然であろうと思う。東大闘争はまだ継続中であり、多分、未完の闘争である。

# 8

# 私にとっての「東大闘争」

宮崎　康（みやざき・やすし）

一九四七年、山梨県甲府市生まれ。一九七三年、東京大学医学部医学科卒業。四月より健和会柳原病院、一九七四年六月より東京大学医学部付属病院で初期研修。一九七五年六月より四ツ木診療所、柳原病院での一般内科臨床と糖尿病の臨床を経て、一九七九年五月より東京女子医大内科Ⅱで内分泌疾患の臨床研修。一九八〇年八月より米国オハイオ州立大学医学部リサーチフェロー。一九八一年八月帰国後柳原病院内科を経て一九八三年一〇月新設のみさと健和病院で内科臨床、一九九四年一二月より同病院長。二〇〇三年七月健和会理事長、二〇一二年五月東都保健医療福祉協議会議長、二〇一七年九月より同顧問。

東大闘争は、私にとっては「時計台の攻防戦」に象徴される似非革命運動ではない。東大闘争の成果は、大学の自治は教授会の自治という従来の立場を克服し、全構成員からなる自治であると明らかにしたこと、資本を利する産学協同の否定、学生ストライキの公認、問題解決への警察権力介入の否定などを「確認書」という形で大学当局と構成組織が確認・共有したことである。その過程は各人、構成員にとっては、民主主義の学校であったと思う。国立大学の独立法人化、軍事研究への協力の圧力、国策奉仕に誘導する補助金行政などが安倍政権により進められる現在、「確認書」の精神の実践が、大学当局のみならず、全学構成員に求められている。

同時にその運動は、医師研修問題だけではなく、世の中や歴史の見方を考え、その後の自分の進路に決定的な影響を与えた。

## 1 ベトナム戦争、医学部ストライキ、自治会活動

入学前の受験勉強に明け暮れていた高校生時代は、ベトナム戦争、「トンキン湾」事件を口実とした「北爆」の時期であった。「アメリカという大国が小さな国を爆撃するなんておかしいことをするものだ」くらいにしか考えていなかったが、医学部進学がきまった一九六七年末から、土曜日に清水谷公園で行われる「ベ平連」の集会やデモに参加するようになった。そんな中で、医学部でのストライキが始まった。私は、授業のないストライキ一年を含む医学部五年間の多くを、自治会活動で費やした。

### （1）社会のしくみや歴史のみかたを考えた

アメリカのベトナム侵略、日本の加担の根拠「日米安保条約」などの問題が発端となり、世の中や社会の見方、歴史（社会発展史）に関心をもった。弁証法に惹かれ、西田哲学から唯物論にいたった柳田謙十郎の『史的唯物論』、エンゲルスの『猿が人間になるにあたっての労働の役割』などに大いに感動した。

### （2）自治会活動

授業のない医学部初年の一年は特にクラス討論が盛んであった。医学部教授会による学生の不当処分の事実経過、医師研修問題などが大きなテーマであった。教授会への公開質問状作成や、闘争戦術をめぐる論議

――「実力闘争」の是非などが印象に残っている。「全共闘」が一部セクトの暴力「革命」路線に引きずられて国家権力を挑発、機動隊導入にいたる過程で、暴力と戦い、学生自治、民主主義を守る運動が高揚していった。投石にあたり失明した友人もいたが、「確認書」は、こうした運動なくしてはあり得なかった。

ストライキ終了後は、自治委員、自治会書記長（委員長清水孝雄）、カリキュラム委員を務めた。本館一階の自治会室でガリ切り、ビラつくり、たて看板書きなどの毎日であった。自治会室の電話を使っている時に、いきなり「はい本富士警察署です」と返事が来た時は驚いた。盗聴の仕組みがあったに違いない。ちなみに本富士警察は、小林多喜二拷問死に関わった過去がある。自主カリキュラム運動は、東大闘争の貴重な成果で、与えられたカリキュラム・授業ではなく、自分たちの問題意識にもとづいて計画・準備する主体的なとりくみである。名古屋大学公衆衛生の山田信也先生の「白蝋病」が印象に残っている。川上武先生の『医療にとって技術とは』（一九七二年）の読書会を企画して先生の講義を聞いた。先生からは、卒業後、公私ともに多くを教えていただいた。七一年からは、牛久保秀樹委員長（教養学部時代「クラス連合」の中心として活躍）達とともに全学自治会中央委員会の活動に、また、七二年には、鈴木篤君とともに、「医学連」再建のための活動に携わった。

## 2　卒業後、同僚とともに地域に出て

七三年四月卒業後は、研修協約（初期二年間の希望者全員の大学病院での研修保障と自由な選択）にもとづき、同期の鈴木篤、高見茂人両君とともに東京下町にある柳原病院での初期研修を選んだ。七一年卒の増子忠道、三浦聡雄両医師の「地域に青年医師のとりでをつくろう」「地域医療の民主的構築を」という熱い

誘いに応えた結論であった。確立された大学ではなく、医師不足で医療未完の地域を基礎に、住民の期待に応える医療を住民とともに創る中で、自らを鍛えつつ臨床医として成長していくという道を選んだ。大先輩の若月俊一先生が築き上げた佐久総合病院のとりくみが大きな目標であった。一九七七年の医局合宿は「地域に咲かそう大輪のひまわりを」「下町に佐久を」がテーマだった。

### (1) 初期研修――手づくりの自主研修と大学での研修

初期研修一年目(一九七三年)は柳原病院で、二年目(一九七四年)は東大病院第一内科、第二内科で研修した。柳原病院では医学部先輩のベテラン医師、早川道夫先生(一九五五年卒、学生時代セツルメント運動に関わられていた)、日高治先生(一九五八年卒)から内科臨床の基礎を教えていただいた。早川先生が臨床をしつつ臨床病理に注力されており、私たちも亡くなった方すべてに病理解剖をお願いするように努力した。初期研修一年目から、病理解剖と臨床病理検討会(CPC)を通じて、診断・治療の振り返りをできたことは、その後の臨床医としての成長のみならず、研修病院づくりにとって有意義であった。看護師、栄養士、薬剤師、そしてMSW(医療ソーシャルワーカー)から、技術面のみならず、患者さんや家族の生活背景などを教えてもらった。多職種参加の病棟カンファランスが精力的に行われたし、月一回は、全職員参加のカンファランスが行われた。「全人的医療」「チーム医療」がごく自然に行われていたように思う。ちなみに、二年目の大学病院では、病棟カンファランスはなかったし、栄養士やMSWの顔はみえなかった。四六年たった今はどうだろうか? 臨時往診や外来研修、患者会活動も行った。往診先で、マウスツーマウスで人工呼吸したことなどが印象に残っている。慢性疾患の患者会があり、同期の三人で分担し、私は糖尿病を担当した。外来では一般患者さんとともに、糖尿病患者さんを比較的たくさん診させていただき、その後の内科医としての進路、「一般医＋セミスペシャル（糖尿病・内分泌）」への契機となった。

二年目の大学病院では、鑑別診断や思考過程の大切さを学んだ。週一回の教授回診でのプレゼンテーションにむけた準備、入院治療の必須作業としてのサマリー作成と指導医による評価・修正。臨床の力量向上のみならず、患者中心の連携医療にとって不可欠の作業であった。第一内科での体質性黄疸での便中ビリルビン代謝検査、第二内科での大動脈炎、腹部血管雑音からの腎血管性高血圧診断などが印象に残っている。また、当時、肺癌は非常に少なかった。まだインフォームド・コンセントの原則はなく、如何にして悪い情報を患者に気取られないようにするかが臨床医の腕とされる、パターナリズムの時代であった。真実を告げることなく、重い気持ちで、車に同乗して自宅まで送っていった六五歳の男性患者さんのことを思い出す。

## (2) 常勤医として診療所、病院医療担当から外部研修へ

三年目（一九七五年）は四ツ木診療所（一九床の有床診療所）で、外来と病棟、それに往診を行った。肝硬変の腹水貯留、食道静脈瘤破裂による吐血のなんと多かったことか。簡単にできる腹水濃縮自己還流、SBチューブ挿入による止血、輸血クロスマッチなどの技術を学んだ。往診では胃癌による腹部腫瘤を見落とし、所長の泉先生にやさしく、それとなく指導されたことを思い出す。また、急激な意識障害、麻痺、痙攣の中年女性を往診して、在宅で腰椎穿刺を行い、血性を確認した。脳外科（警察病院だったかと記憶している）を専攻されていた、一年先輩の桐野高明先生に電話で相談したところ、来ていただき、クモ膜下出血と診断。緊急入院して手術してもらった。今では、髄液採取は脳ヘルニア誘発の危険があるため禁忌であり、診断に必須のCT検査がなかった当時は不可欠の診断技術であった。

四年目（一九七六年）以降一九七九年四月まで柳原病院の内科病棟を担当した。複数の後輩医師をむかえ

て短期研修を経験してもらった。クリーンルームもない時代であったが、白血病を診断し、多剤併用（DCMP）で緩解導入治療もおこなった。また、かねてから高度の白血球増多（六―七万以上）と脾腫がある高齢女性で脾臓の針生検を行い、骨髄異形成（MYELOMETAPLASY）を確認し、骨髄線維症を診断した。大学第二内科での研修で急性骨髄性白血病患者を担当した時の指導医に病院CC（臨床症例検討会）で講義いただいたこともあった。糖尿病では、「失恋のショックで食べられなくなった」青年が実は一型糖尿病の急性発症であったことが印象に残っている。また、インスリン依存状態（ケトアシドージス）になった青年患者が、数年間経口血糖降下薬で良好にコントロールされていた時期があることを少なからず経験した。当時のヒット小説村上龍の『限りなく透明に近いブルー』（一九七六年六月『群像』）を模して、「限りなく一型に近い二型糖尿病」と私的に診断していた。その後小林哲郎医師の手でこうした症例に膵島抗体陽性が判明し、「緩徐進行型インスリン依存型糖尿病」の存在が確立された。まさに「わが意を得たり」の思いであった。入退院を繰り返すアル中の糖尿病男性が、半年の中断のあと来院。高血糖も見違える程よくなっている。おどろいて尋ねると、「父親の自分がアル中で生活保護といじめられて娘が自殺してから、酒をやめている」と涙ながらに話してくれた。つらく悲しい経験であった。

今ではめったにみない巨大褥瘡患者を往診と病棟で多数経験した。増子忠道医師の提唱で、「東部地域寝たきり老人実態調査」活動が旺盛に行われ、介護問題が実証的に明らかにされたときである。病気が安定しても退院して帰るところのない高齢者が多く、どこでも長期在院が問題になった（川上武『介護・福祉の医療化』）。かねてから行っていた定期往診を拡充するだけではなく、看護を在宅で行う訪問看護に大いに力を注ぎ、その後一九七八年に地域看護課として確立された。一九九二年の東京都で最初の「訪問看護ステーション」開設につながった。ベテランMSWが、地域の民家を借りて、家に帰れない複数の要介護高齢者の生活支援を行った「すずめのお宿」の取り組みもあった。現在の介護保険制度下の「居宅施設」の先駆であった。

入院医療で留意したのは、地域開業医師、診療所からの紹介患者の返書作成である。強く連携していた診療所の所長先生に、入院させても返事が来ないで困ると指摘された。自分も診療所を経験して、同じ思いをしていた。そこで、三連の複写式連携用紙を作成して、入院時、診断確定期、退院時の情報を届けるようにした。パソコンのない時期で、決して見やすいものではなかったが、システム化したことは概ね好評であった。情報提供に技術料が算定され、医療連携が制度化されるようになったのは何年も後である。

一九七九年五月から、鎮目和夫教授（一九四六年卒）にお願いして、東京女子医大で、内分泌の研修を行った。糖尿病患者の臨床を行う中で、二次性糖尿病の原因である内分泌疾患にしばしば遭遇したこと、疾患を作る液性因子に興味があったことなどが契機であった。鎮目教授の甲状腺専門外来を三ヵ月間見学させていただいた。病棟では、多彩の内分泌患者さんを経験し、様々な負荷試験も担当した。對馬敏夫先生（一九六三年卒）に、診療所で経験したＴＳＨ（甲状腺刺激ホルモン）高値の巨大下垂体腺腫の患者さんがきっかけで、甲状腺のＴＳＨ受容体を利用したＴＳＨ測定法を教えていただいた。また、原発性アルドステロン症の男性患者さんを担当したことから、成瀬光栄先生に出会うこととなった。先生には、以降四〇年間、内分泌症例や学会発表、臨床研究などで様々指導いただいている。「基礎研究を行っておくと臨床に深みがでる」という對馬先生の示唆も刺激になり、先生のご紹介で一九八〇年八月から、米国オハイオ州立大学ウィリアム・マラーキー教授の下に一年間留学する機会を得た。教授、様々助けていただいた研究室の皆さんと、様々見聞を広げた貴重な二年間を保障してくれた法人の仲間に感謝している。

### （3）地域に研修病院をつくる――内科学会教育病院から病院群制度はじめての厚生省研修指定病院へ、さらに専門医教育病院へ

柳原病院で研修をはじめてから、青年医師の研修の場を地域につくることが夢であった。同時に、地域病院として発展していくためには病床拡大が必須であった。また、腹部エコー、さらにCT、生化学検査自動化の開発という技術革新が背景にあった。増子・三浦医師が中心となって、四ツ木・柳原の法人合併を行い、民医連東部ブロックのセンター病院として発展していく条件づくりを行った。この過程は三浦聡雄・増子忠道『東大闘争から地域医療へ』、上林茂暢『病院自動化』を参照されたい。柳原地域での施設拡大が困難であり、一九八三年、埼玉県三郷市にみさと健和病院を開設した。柳原病院での体験から、鈴木篤先生とともに、医師初期研修における地域病院の役割をメディアに積極的に発信した。同時に、内科認定医取得とともに、後輩の松山公彦医師などと協力し、内科地方会発表などに努力し、みさと健和病院は一九九二年一二月に日本内科学会教育関連病院となった（二〇〇〇年四月、同教育病院）。一九九四年四月に、国立国府台病院や松戸市立病院等の御協力を得て、厚生省臨床研修病院指定をうけることができた。病院群で研修指定を可能とする制度で初の、しかも三〇〇床未満（二五六床）の研修病院であった。この過程では、上林茂暢先生が多大な尽力をされた。一九九四年以降、現在までに一〇六名が初期研修を修了している。

また、自らも一般内科とともに専門医資格をめざし、その後、糖尿病学会専門医、内分泌学会認定医、両学会教育指導医となり、二〇〇五年にみさと健和病院は両学会の指定教育病院となった。

### （4）「病院憲章」を策定する

みさと健和病院は、「みんなでつくるみんなの病院」を合言葉に、地域住民の方たちの協力を得て作られ

た病院である。開設翌年に行った第一回病院祭で、佐久総合病院の若月俊一先生にお話いただいた。むつかしい話を壇上からするのではなく、農民体操を参加者とともにされて共感をえた気さくな姿が印象に残っている。「闘病体験を語る」を企画して、診察室では聞けない本音や苦労を聞き、あらためて患者さんを知ることの大切さを実感した。病気や障害との遭遇、悲しみ、そして克服を経験したひとの強さ、明るさに共感するとともに多くを教えていただいた。

四〇床の内科一般病棟には、重症患者、看護必要度の高い高齢者とともに、予後不良の癌患者が多くいた。看護の手はいきおい、前者にとられ、人生最期に必要なケアが十分行えないことに心が痛んだ。医師が真実を伝えないために、看護婦は不信感と不安をもった患者との板ばさみに悩んだ。そんな状況をふまえ、「病めるものと医療者の関わりを考える会」をたちあげ、偽りではなく真実を伝えること、インフォームド・コンセント、カルテ開示のありかたなどを議論した。

こうした活動を経て、院長となった翌年一九九八年に「病院憲章」を策定した。当時の副院長、現在法人理事長の露木医師が中心となって、職員や患者さんとともにつくりあげた。患者のためにではなく、患者とともに行う共同の医療、生きてきた歴史や生活の中で病気や患者をとらえ、患者から学ぶ、プロとしての研鑽をつみつつ、チームとしての力量向上を図ること、さらに、変革の姿勢とともに、平和、個人の尊厳（基本的人権）を普遍的原則とする日本国憲法の意義を確認したものである。

二〇一二年一月には「無料低額診療事業」を開始した。無差別・平等の共同の医療を旨とする民医連綱領と病院憲章の実践であった。

## （5）循環型社会経済研究会の活動

二〇一三年一二月、健和病院設立三〇周年を記念して内橋克人さんに講演していただいた。かねてから、先生の「F（食料）E（エネルギー）C（ケア）」を柱にして地域社会の再生を図るという思想に注目していたからである。TPPで食料自給率がさらに低下し、遺伝子作物、農薬汚染などで日本の食が脅かされようとしている。三・一一で原子力安全神話が崩壊し、原発依存からの脱却が急務となっている。貧困・格差社会の中で、高齢者のみならず、子供達のケア、保育・教育がますます重要になっている。そうした問題の解決に地域から取り組むことが、地域再生と地域経済活性化、さらに日本の再生につながるというきわめて現代的な問題提起である。運動恒常化のために研究会を立ち上げて毎月例会を行っている。法人で経営している病院給食事業と地域農業の連動はできないかを考えた。

先進的活動をしている長野県飯田市で、太陽光発電の取り組みを見学して、三郷市民の集会を開いた。法人の施設建物の屋根に太陽光パネルを設置し、啓蒙する運動をはじめた。二〇〇〇年の介護保険実施の前から、増子医師らが中心となって医療にとどまらず介護事業を旺盛に展開した。病気や障がいがあっても、その人らしく地域で生活するためには、介護・福祉の充実がかかせなかったからである。ケアの現場からの運動である。「地域包括ケア」がさけばれる今、その本来の意義のみならず、雇用にも大きな成果を発揮している。川上武先生が、佐久総合病院の今後のありかたに、メディコポリス構想（医療や福祉をとおした地域づくり）を提唱されていたことも参考になった。

ケアはともかくとして、前二者はまさに緒についたばかり。地元の農家の皆さんに協力してもらって「健和野菜市」を毎週金曜日午前に行っている。行政とも協力して、太陽光、小水力、家庭廃棄物利用などの再生エネルギーへの転換をすすめること、健和病院での太陽光発電をつよめ、来るべき大規模災害時の非常電力に備えること、農業と福祉、農業と太陽光発電との連携・協力などが今後の課題である。

## おわりに

日本国憲法は、西欧人権思想の上に、戦争と治安維持法の犠牲となった多くの人々の命と献身的な運動によってつくられた成果であると思う。西欧人権思想は、封建制や絶対君主制とたたかった人間の運動の産物であり、日本国憲法は人類史的な意義をもっている。国や国民が諸問題に対処してその解決を求める際の基本原則である。「東大確認書」には直接には触れられていないが、基本的人権、国民主権という憲法の原則を根底に踏まえたものであるように思う。

安倍政権のもとで、戦争法、秘密保護法、TPP、消費税一〇%増税、軍拡、原発推進が図られ、沖縄米軍基地増強が進められている。対米従属と巨大資本、グローバル企業の利益優先の政治が、歴史修正主義、官僚支配、情報統制、統計虚偽などの手法で、民意を無視してすすめられている。

東大医学部は京大医学部とともに先の戦争で七三一部隊への協力者を生んだ負の歴史をもっている。負の遺産や誤りを隠蔽、なかったことにしていては、結局誤りを繰り返すことに通ずる。後輩の若者には、まず、東大生というエリート意識の陥穽を自覚してほしい。歴史を学び、世の中の矛盾や問題を無視しないでほしい。流される情報のみではなく、多面的に意識的に状況を把握して、自分の頭で考える習慣をつけてほしい。外国人や弱者、少数者、他者への優越感ではなく、平和、個人の尊厳、基本的人権の体現者であることに誇りを持ってほしい。安倍首相の政治を反面教師としてほしい。日本国憲法を読んでほしい。そして、東大闘争の成果「確認書」をぜひ読み、実践してほしい。

# 9

# 力の限り生きた七四年——理想を忘れずに、目標を見失わずに

三浦　聡雄（みうら・としお）

一九七一年医学部卒、新松戸診療所内科医師。

## 1　台湾、枕崎からラサール、東大医学部へ

①小さな引揚者

私は、一九四四年一二月、台湾南部の潮州で生まれた。米軍の爆弾でわが家が壊されたとき、私は奇跡的に無傷で、近くにあった仏像が壊れていた、仏様が身代わりになってくれたのだ、と母は言う。一歳四ヵ月の私と家族は、アメリカの大型貨物船で引き揚げてきた。船上で、栄養不良と下痢で衰弱した私を、米兵乗組員がペニシリンを注射して助けてくれたという。私が満州生まれだったら、もっと過酷な敗走の途中で命を亡くすか、残留孤児になっていたかもしれない世代である。私は幸運に感謝している。

②金山の山と川、貧しさと豊かな自然

田圃に流れてきたキュウリのかけらを仲間で分けあった。昔は金で栄えた郷里、枕崎市金山村も衰退。みんな裸足で、弁当が薩摩芋一つという友人もいた。父が教師のわが家も戦争で全財産を失い、一九五一年のルース台風で家が全壊。腹ぺこだった私達は、野苺やアケビを食べ、レンゲやツバキの蜜をすすった。それ

でも、美しい蝶やタマムシに見とれ、セミ捕り、クモ合戦も楽しんだ。川で蟹やエビを捕まえる瞬間の胸の動悸がよみがえる。田舎の豊かな自然の中で、貧しい人々への共感、人間的な情熱を養われたように思う。

③体操、初恋、受験勉強（ラサールの個性的な教師達）

母の半年特訓でラサール中入学。下宿代等を払うと、一日一杯のチャンポン代も残らなかった。カナダ人、日本人の教師達は個性的で情熱にあふれ、授業も面白い。器械体操の八色先生に出会えた幸運で、ラサール体操部は県大会で連続優勝、私も全国大会や国体に出場できた。卒業アルバムに「理想を忘れずに、目標を見失わずに！」と書いた。

④駒場（教養学部）で民青に、そして医学部へ

一九六三年理科Ⅲ類に合格し駒場へ。生き方を模索する私は、映画『キューポラのある町』や『非行少女』、中国の革命文学等に感動して民青同盟へ入る。原水禁大会に参加し、原潜寄港や日韓条約に反対、全学連再建の闘いへ加わっていった。

医学部に進学してみると、民青の先輩は孤立状態で、私はＭ１（医学部一年生）のときから民青系自治委員長候補で大変。駒場の社学同、社青同解放派、中核らとちがい、医学部のブント・社学同は紳士的で、医学生運動の分野では多数の人々をひきつけた運動をしていた。それで悩んだが、彼ら主導のジクザクデモでも、医学生運動の分野ではいっしょに行動し、クラスの仲間から離れないようにした。政治課題で〈社共統一のベトナム反戦統一行動〉のときはクラスデモを提起。授業出席者全員に用紙と筆記具をわたし、好きなスローガンを書いてもらって赤門から御茶ノ水駅まで歩道を無届けデモ。クラス全員が参加し大成功。

アメリカがベトナム民衆に爆弾を落とすのも、日本の基地を使うのも許せない、という学生の気持があり、水俣病等の公害問題も国民の関心を集めていた。野坂参三氏が参院選東京地方区でトップ当選したとき

は、クラス約一〇〇名の過半数に支持を約束してもらった。一九六七年の美濃部都政誕生など、革新自治体も次々と出てくる上げ潮の時代だった。そうして、六七年、六八年と二度にわたる医学部ストライキから東大闘争へと突入していくが、このことは、本書第1部、三浦聡雄「東大闘争の真実」で書いたので、ここでは、東大闘争につづく医学部卒業後について述べたい。

## 2　柳原病院へ――法人合併、研修センター病院の誕生と成長

①柳原病院へ、法人合併と研修センター病院の建設

一年以上のストで同級生は全員一年遅れ、全学連中執などをやった私は、自ら希望してさらに一年留年した。下のクラス初回の出席で挨拶したらみんな拍手で迎えてくれた。毎年二学年の同窓会に両方出ているが、親しいクラスメートが多いのは貴重な財産である。

一九七一年に卒業、同期の増子忠道医師といっしょに東京民医連、足立区の柳栄会、柳原病院に入職。医ゼミなど、医学生運動を援助した。大学、市中病院、民医連の仲間に呼びかけ、柳原病院を事務局に〈全国青年医師の集い〉を開いたりした。

柳原病院の早川、日高両先生は東大医科研出身で、病理解剖を進める等、きちんと臨床医学を追求するが、外科は貧弱。葛飾区の友和会、四ツ木病院は千葉大中山外科出身の泉宏重先生がいるが内科常勤不在。そこで私達は、両法人を合併、充実した基礎研修ができる病院をつくろう、という構想を提起した。先輩幹部たちも、私達二年目研修医の提案を受けとめてくれ、九一床の柳原研修センター病院と新法人健和会が誕生した。

②川上武先生に弟子入り、川島みどり先生の協力

増子医師と私の二人は川上武先生に弟子入りして、日本評論社『講座・現代の医療』（一九七二年）に執筆し、医療問題の歴史や社会的背景を深く学ぶ機会になった。川上先生は、若月俊一先生や佐久病院との交流、みさと健和病院建設など、健和会の事業全てを見守って的確なご指導をいただき深く感謝している。川島みどり先生が健和会の臨床看護学研究所長になられ、健和会の看護レベルが飛躍したのも有り難いことだった。

③東大病院リハビリテーション部、旭中央病院整形外科への出向

一九七三年、東大病院リハビリテーション部に出向研修。脳卒中や多くの神経疾患の患者さんを診た。上田敏先生には一九七五年アメリカ、一九八〇年北欧やドイツ等のリハビリ医療の視察に誘われ、視野を広げる機会になった。一九七五年には、旭中央病院整形外科で研修。交通事故、頭部・全身の外傷や子宮外妊娠等、多様な救急患者を体験できた。

④四ツ木診療所、蒲原診療所時代、水俣診療所への出向

一九七四年、一人常勤の内科医として四ツ木診療所に赴任。一九七五年、民医連水俣診療所へ一ヵ月出向し、多くの水俣病患者さんを診て、公害の広がり・深刻さを学んだ。胎児性水俣病で重い障害を持つ、若い娘さんを往診し、その母と娘の姿が強い印象を残した。一九七六年、蒲原診療所長に就任。〈市民医科大学〉等を開いた。往診すると、大きな褥創があり、暗い部屋で排泄物にまみれ、一人寝たきりで放置されている老人達もいた。

増子医師を中心に、「だまってみてはいられない」というスローガンで、東京東部の大規模な〈寝たきり老人実態調査〉を進めて世論を喚起した。柳原病院の訪問診療や訪問看護も先駆的な典型として評価され、

マスコミや出版界にも度々登場するようになる。

## 3　みさと健和病院の建設と健和会の発展

①みさと健和病院の建設

八五床の柳原病院では研修医が定着しない、CTなど装備した二〇〇～三〇〇床規模の病院が必要、という議論が進んでいった。柳原病院と連携可能な距離で、地価が安く、医療需要が強い地域という条件から、三郷に新病院を、という〈新二期計画の医療構想〉を提起した。地元三郷の昼間雄治氏が開設した老人ホームを手伝い、三郷に移住していた私が、都立養育院への出向を切り上げ、新病院建設委員会の責任者になった。

病院建設の住民運動を展開し、建設資金の半分を住民の建設債でまかなう計画を立てた。戦後、米軍による出血供出に反対し、農民運動の先頭にたった元共産党員で、一五年間三郷市長を務め、病気で辞任された白石敏夫前市長の協力を得られたのが決定的だった。白石さんの紹介状を持って、一軒一軒有力者を訪ねた。柳原病院在宅医療のNHKビデオを持参して無数の小集会を開いた。こうして、「みんなでつくるみんなの病院」をスローガンに、三郷市八〇町会の過半数の町会長を含む保革の広汎な層の人々が力をあわせ、一九八三年一一月、二五六床の地域中核病院、みさと健和病院が誕生する。

②山梨勤医協と東葛病院の倒産、揺るがぬ〈病院建設を進める会〉と〈健和会友の会〉

〈みさと健和病院建設を進める会〉創立にむけ〈呼びかけ人総会〉を準備していた一九八三年三月末、民医連幹部から緊急電話があり、山梨勤医協が倒産、マスコミにも発表されるという。私はすぐに白石さんと地域有力者に連絡し、健和会ではそんな間違いは起きないことを説明した。それでも、もし主要幹部に動揺があれば、建設債の募集が困難になるかもしれない。緊張が続いたが、持つべきものは肚のすわったリーダーである……白石さんは全く動揺しないばかりか、「こんな状況下なら、しっかりした病院ができるだろう」と言うのだ。確かに、逆境は私達の気持ちを引き締め、一段と強い決意を固めさせた。直後の〈呼びかけ人総会〉も、町会長らの力強い発言が続き成功を収めた。

同年七月、流山にある東葛病院が倒産し（のちに民医連が再建を支援、東京勤医会が法人合同し、民医連に加盟）、三郷の出資者も被害を受けたが、私達への影響はなかった。病院倒産が相次いでも、三郷の〈病院建設を進める会〉と足立葛飾の〈健和会友の会〉で建設債目標一二億を達成できたことは、住民の健和会への信頼の強さを示している。

③三郷市長・足立区長選挙と健和会、みさと健和病院

一九八二年一〇月、白石氏辞任による三郷市長選で、福岡友次郎氏（市議会議長、自民党員）が保革連合の統一候補になり、私達も応援したが惜敗した。この過程で、〈病院建設を進める会〉副会長になった福岡氏の地盤である三郷南部の保守層と私達の連帯が強化された。しかし、四年後の市長選では統一がならず、分裂の傷が残ったのは残念だった。

健和会の歯科医、吉田万三先生は、一九九六年、大型ホテル計画撤回、福祉教育の充実を訴えて足立区長選に出馬、保守陣営が分裂する中、当選を勝ち取った。二年八ヵ月後に不信任されたが、貴重な闘いであった。一九九八年の三郷市長選で、無党派市民と共産党に推された私は、他党派全てが推す美田長彦氏と一騎打ちになり、二万九九六票対二万四一九〇票で惜敗した。こうした成果は、健和会が広汎な市民の信頼を得ていることを示した。

④病院・診療所の拡充・発展と、厚生省臨床研修指定病院の認定
新病院開設後は超多忙。小さな病院が一気に飛躍拡大したため、全ての職員が大変な苦労で、切々と訴えられる、労組との団交も辛いものがあった。それでも、医師や看護師などの人材も装備も段々と充実、一九八九年、私が病院長に就任する頃には一段落した。病院のレベルアップを進め、一九九四年には、厚生省の臨床研修指定病院に認定された。一九九八年には柳原病院も移転新築できた。

## 4　外国人患者さんの支援、アジアの地域医療とのかかわり

①〈みさと健和病院外国人患者さんを支える会〉
〈みさと健和病院外国人患者さんを支える会〉をつくって、バザーで資金を集めながら外国人患者を助けて活動した。お金も健康保険もない彼らは、相当重症になってから来院することが多い。ある末期肝硬変のガーナ人は「金が無いので入院しない」というのを緊急入院させたが、翌日死亡。進行したエイズのアフリカ人、心弁膜症のバングラデシュ人（弁置換手術が成功）等、カンパして帰国を助けた。
②インドネシア大使館に表彰されたみさと健和病院
あるインドネシア人出稼ぎ労働者は脳梗塞で入院後帰国を希望。私達もカンパし、インドネシア大使館員ディッキー氏も帰国の手配、付添い等ご尽力いただいた。日本育ちのインドネシア人、ウイディ研修医も共にジャカルタへ飛び、患者さんを現地病院に入院させた。

二〇〇〇年八月、インドネシア大使館の独立記念式典で、みさと健和病院は両国の友好に貢献したとして、大使から特別に表彰状をいただいた。大使館庭園での盛大な独立記念パーティーにも招待されて本場の民族

料理と民族舞踊を堪能、苦労が報われる思いだった。

③〈アジアの地域医療を学ぶ会〉とアジア五ヵ国の旅

佐久病院の色平哲郎医師の協力を得て内外NGOのリーダーを招き、〈アジアの地域医療を学ぶ会〉という連続講座を開いた。それが私の一九九四年一二月から二ヵ月間のアジア五ヵ国（インド、コルカタのマリック医師やマザーテレサ、タイ、バンコクのプラティープさんや山岳民族、バングラデシュの病院やミャンマーの難民診療所、ベトナム、ホーチミン）を訪ねる旅につながった。

④バングラデシュのECOH診療所

三郷団地の外国人留学生を助けるグループを母体に、ECSA（ECOHを支える会）というNGOをつくった。二五〇万の建設資金を集め、バングラデシュ人ザマン医師と協力して彼の故郷、エクラスプル村にECOHという診療所を建設した。病院も顕微鏡や聴診器、血圧計等を寄付、職員有志も多額のカンパをした。二〇〇〇年、ECSA会長で寿司屋の矢野操男さん、副会長の私ら四人が中古の心電計持参でECOHを訪ね交流してきた。コミラの町では、心臓弁膜症手術を助けた青年の家にも招かれて歓迎された。

## 5　人生航路の修正――診療所の安心電話、小説と親孝行、登山と旅

①新松戸診療所と安心電話の取り組み

健和会の仕事は充実していたが、人生で何かを得るということは何かを失うということである。理事長引退後、思い切って健和会を退職し人生航路を修正。組織のリーダーとしての仕事を減らし、時間の余裕を得て、前からやりたかったことに挑戦することにした。

ただ、人間が好きで、その生き様に関心のある私にとって町医者は性に合った仕事で、「生涯、一町医者」として生きたい。それで、東京勤医会の新松戸診療所長を十数年続けた。二四時間対応の在宅支援診療所として、癌の緩和ケアを含む訪問診療が年々増加しているので、真夜中の看取り・死亡確認にも出かける。ある末期尿管癌の男性は、妻と子供夫婦、招かれた私と六九歳の誕生祝いを開いた。本人は横になり、骨転移の痛みに顔をしかめたりしながらも、笑いの多いパーティーだった。その一〇日後に彼は旅立っていった。

二〇一二年三月、地元町会と協力して、ボランティアで〈安心電話システム〉を始めた。お年寄りに週一回、診療所のコンピュータが自動的に電話をかけ健康状態をきく。返事はプッシュフォンで、＊①（問題なし）、＊②（相談したい事あり）、＊③（ぐあい悪く、すぐ連絡ほしい）のどれかを押す。コンピュータ画面には、①は緑、②は黄色、③は赤、と一覧表示され、②や③の人には診療所が相談に乗り助言する。返事がない人には、翌日、自動的に再発信。二日続けて返事がない人には、診療所→町会役員へと連絡し訪ねてもらう。お年寄りは、見守られている、という安心を得られ、孤独死予防にもつながるのだ。

ＮＨＫ特集〈無縁社会〉の報道などで、一年に無縁死三万人、自殺者三万人を超える〈孤独死孤立死〉が問題になった。社会的関心の高さを反映して、新松戸診療所での安心電話発足祝賀会には、住民多数とともに、松戸市長ら市幹部も出席、新聞テレビも大きく報道した。この七年間に全市の安心電話連絡組織も発展、「あんしん地域見守りネット」として社団法人登記された。医師会も後援、松戸市の予算もついて順調に発展している。

②小説を読み、書くことにも挑戦

時間の余裕を得て一番やりたいことは、小説を読み、書いてみること。それで小説教室にも通っているが亀の歩みで、書けたのは未熟な数編のみ。もっと精進しなければ……。

③親孝行

約一五年間、格安航空で頻繁に枕崎に帰省し、レンタカーで母の望みどおり、温泉や親戚、知人宅へ行っていた。しかし、父の死後、一人で暮らしてきた母は、九五歳のとき転倒骨折し入院手術。足腰が弱り物忘れも進んだのでわが家に同居となった。みさと健和病院や関連施設にお世話になっている。先日、子、孫、ひ孫が集まり白寿のお祝いをした。

## 6　六五歳から登山に挑戦

①剱岳や槍ヶ岳、穂高連峰、キリマンジャロに登る

何をするにも体力作り、とくに足腰の強化が大切。六五歳のとき民医連の〈山の会〉に入会し未体験だった登山に挑戦。親切な仲間に支えられて、富士山や白山、立山、白馬岳、雪深い燕岳や八ヶ岳、鳳凰三山に登った。六九歳で岩登りに挑戦し剱岳に登頂。その後、槍ヶ岳〜北穂高岳、北岳〜農鳥岳、前穂高岳〜奥穂高岳〜涸沢岳〜北穂高岳も縦走した。

以前は多忙でできなかった海外への旅行にも出かけている。二〇一三年のケニア旅行では、象やライオン、サイ、ヒョウ、バッファロー、チータ、キリン、フラミンゴなど多くの野生動物を間近に見た。二〇一六年九月には、西遊旅行のツアーに参加してアフリカ最高峰のキリマンジャロ、ウフルピーク（五八九五メートル）の登頂に成功した。翌年は南米ペルー、アンデスを旅行、空中都市マチュピチュとワイナピチュに登り、チチカカ湖の浮島ウロス島に住むウル族や、ナスカの地上絵も訪ね、充実した旅を味わった。

②いい仲間と幸運にめぐまれ、自分が納得できる人生を生きて、感謝！

子供時代、ラサール中高と東大時代、そして民医連でも、〈山の会〉でも、いつもいい仲間といい師匠に出会い助けられ、幸運な、自分が納得できる人生を生きてきた。ときには怠け失敗しながらも、大筋で、「理想を忘れずに、目標を見失わずに」と卒業アルバムに書いた、一八歳の初心を貫いてきた。その経験を『東大闘争から地域医療へ』（増子忠道と共著・勁草書房）にまとめることもできた。お世話になった人々、両親と妻、神様・仏様に心からの感謝をささげたい。これからも努力し、支えていただいた人々と世の中に少しでも恩返ししながら、残りの人生も楽しんで精一杯生きていきたい。

# 10

# 自己変革の軌跡
## ——最大学部から最小学部へ

梅原　利夫（うめはら・としお）

一九四七年東京都新宿区に生まれる。都立西高校から一九六六年東京大学理科Ⅰ類入学。41SⅠ15Bから工学部工業化学科へ進学し、一九六九年四月教育学部教育行政学科へ転学部。東京都立大学大学院博士課程を経て、一九七九年に和光大学助教授に就任。以後三九年間、和光大学に勤める。現代人間学部長、和光大学副学長などを務め、現在は名誉教授。民主教育研究所代表を務める。教育学の主な単著書は、『子どものための教育課程』（青木書店、一九八八年）から、『新学習指導要領を主体的につかむ』（新日本出版社、二〇一八年）まで多数。エッセイ集は、『人間を探す旅』（つなん出版、二〇〇七年）、『続　人間を探す旅』（自費、二〇一八年）。

私たちは戦争終結の時代的影響を受け、年間出生数が二六〇万人を超えた最大世代である。乳幼児期には栄養不足で苦しみ、小学校時代はすし詰め教室や二部授業などを体験し、中学校以降は受験競争にさらされた世代でもある。そのなかで、子どもらしい喜びや思春期固有の「美しき惑い」の体験も多くあったが、やはり激しい受験競争のなかで、次第に自分の人間性が歪められていった。そうした複雑な思いを抱いて、大学生になった。

## 1　子どもが変わる

受験生時代の私にとって衝撃的だったのは、ＮＨＫ番組「現代の映像」で「筑豊の子どもたち」に関するドキュメントを視たことである。まったく違う環境のなかで社会の矛盾に翻弄され、子どもが生存と成長の危機にある。入学後のサークル案内でさんざん迷った末に、私はセツルメント活動に参加し、東京都足立区東部の亀有に通うことになった。

毎週末に出かける子ども会活動は、すべてが衝撃的でかつ新鮮だった。生活困窮地域で貧困と差別を背負っている子どもたちは、外からくる学生に対して、敏感に「この人間は、自分たちの味方か敵か」をかぎ分けて応対していた。また期待の裏返しの行為として、悪態をついたり「帰れ」と叫んだりして、こちら側を試しているようだった。

いつも子ども会の周辺に来ては、その活動を妨害するＫという女の子がいて、私たちは困っていた。活動に向かう時、今日はKがこないことを願った。半年もたった時だろうか、実はKは「子ども会に行くな」と親に止められていたことが分かった。それは、貧困地域によくある、運動している親集団の敵対している一方に属していたからだった。そのことが分かると、私は急にKがいとおしくなった。妨害するイヤな子、という表面的な見方がいかに本質を見ていないか、思い知らされた。私の目が変わると、それが子どもへの態度にも表れるのだろう、Kの表情が変わっていった。ついに親の意思に反して、冬の行事に参加して来るようになった。子どもは変わる！　子どもと私との関係が変わるという発見は、私の人間観を大きく揺さぶった。子どもは社会の矛盾を背負って生きている。

始まった駒場の授業は、それなりに眼を開かせてくれたが、教員と学生との距離は離れていたように思う。私の（実務的に割り当てられた）クラス担任は、小尾信彌助教授であったが、この先生が天文学の分野で意欲的な研究をしていることなど、たまに教室にきて連絡する話のなかでは、全く語られなかった。私たちはずっと後になって、著書やテレビ出演で知るのだった。またドイツ語担当の山下肇教授も、これもあとで知ったことだがゲーテなどドイツ文学の名翻訳者であり、「わだつみ会」の中心人物だった。しかし当時の教室での語学教師の顔は、ドイツ語文法教科書に沿った授業を淡々と行う人だった。

いまでもはっきりと覚えているが、ある数学の担当は、かん高い声を出す小柄な非常勤講師（他の国立大学教員）だった。その人は、終始学生に背をむけて、黒板の左上から右下へ、独特の声を響かせながら早いスピードで板書し、それを数度繰り返すという授業だった。あまりにも一方的に話して書くだけの授業なので、途中で理解不足になってもそのまま流れされて行くだけであった。隣の学生に聞いてみたが、「良くわからん」という返事だった。思い余って勇気を奮い、私は立ち上がって言った。「説明が早すぎて分かりません。もう少しわかるように話して下さい！」。その人は、そのようなことを授業で言われたのは初めてのことだったのだろう。困ったような表情をして、しばらく黙って立っていたが、再開した授業は相変わらずのものだった。

「ついてこられる者だけが、ついて来い」というのが、当時の大学側の姿勢だった。

## 2　学生が変わる

一九六八年四月、私は最も大規模な学生数のいる工学部へ進学した。当時は、沖縄の核ぬき無条件全面返還の運動や、国際的にはベトナム人民支援運動などが盛んに行われていて、私も自分で納得のできる範囲で運動に参加していた。当時、工学部の先輩から聞かされていたことは、学生運動に関わったり学内集会に参加していたりしたら、たちまち就職に不利益になるという忠告だった。授業は八時から二時間一コマが二つ続き、午後はずっと実験が入りその都度リポート作成する、という連続の毎日だった。言わば工学部学生総体は「眠れる獅子」のような状態だった。

そうした空気を一変させたのは、機動隊導入に反対する六月の全学集会の勢いと、その後の煮え切らない大学の対応（八・一〇告示）に対するいら立ちからだった。もっとも抑圧されていた学生が、もっとも急進的な路線（大学解体、バリケード封鎖、暴力容認）に、急速に飲み込まれて行ったのである。

それを象徴する出来事が、九月中旬の連続した学生大会であった。三、四年生の学生総数一七〇〇人中、約九五〇人が工学部大講堂に集まった一六日の学生大会で、ストライキ提案は一旦否決される。しかし、一八日開催の工学部集会（学部教員六〇名、学生一〇〇〇名）にて、四時間におよぶやり取りの過程で、学部側は八・一〇告示の線を出ず、学生からの不満は次第に憤りに変わって行った。一九日の学生大会では、急進的路線の七項目貫徹まで無期限ストライキの方針がぎりぎりで可決してしまった。ただちにそれまでの自治会執行部がリコールされ、以後はストライキ実行委員会なる規約にもない組織に主導権が委譲された。その時の大講堂を包んだ地なりのような雄叫びに、私たちの声はかき消されてしまった。

翌日以降、私たちは個別では工学部のキャンパスにも入れない雰囲気の中で、かろうじて学部内にある場所を確保して、そこで寝泊まりを続けながら闘いを組み直して行った。当初は、見通しの見えないトンネルをひとすじの光を求めてさまよっている感じであった。

ところが、その工学部学生の「熱にうかされた流れ」が、わずか二ヵ月で「代表団選出の流れ」に大きく変化して行ったのである。その典型例で、いまも（名前は忘れたが）顔立ちをはっきりと覚えているのが、電気工学科所属のある四年生だった。九月のうねりの中で、彼はヘルメットをかぶりデモ隊の先頭部で、ものすごい形相で私たちに迫って来ていた。その歪んだ表情は、「このどうしようもない大学を変えるには、暴力をも容認する解体路線しかない」という思いつめた意志を表わしていた。その彼が一一月になって、私たちの討論の輪に入ってきたのだった。言い方も顔の表情も変わっていた。迷いに迷った挙句に、「あの路線では、大学を変えることはできない。君たちの路線のほうが正しい」という趣旨のことを述べたのである。私は非常に驚いた。あの「確固たる武装路線」に走った学生が、このように「自己の迷いと新たな選択の道」を率直に話してくれたことに。

あの壮大な激流のなかで、「誠実に迷っていた学生が居た」こと、そして（当時の言葉を使えば）「率直に自己批判して、かつて袂を分かった流れに合流してきた」こと、その事実に感動さえ覚えた。優越感に支えられ、融通の利かない、頑固で、小心者だと思っていた「学生」が、大きく変わっている。その巨大なうねりを実感したのだった。

## 3　自分も変わる

私たちの工学部では、三年の初秋には、すでに就職の誘いがかかっていた。ある時、川崎のコンビナートの見学会に参加したことがある。会社がバスを仕立てて、食事まで用意した。現地では、学科の先輩で第一線に立って活躍している方が案内をして、「いかにやりがいある仕事か」を語っていた。当時、世間では「公害問題」が社会問題化しており、学んでいる大学もどこへ向かおうとしているか定かではない中で、私の胸中は揺れていた。このまま、コンビナートでの「エリート技術者」に収まることが私の人生なのだろうか。

私の関心事は、子ども会活動、独学での経済・生物・社会諸科学の教養などから、人間のあり方に向かっていた。それを、探究の本流とするのか、それともすでに流れが決まっている道に就いて行くのか、重大な岐路に立っていた。

闘いの合間に、本郷で学部を変更する道があることもわかってきた。そういう生き方をしている先輩の姿にも接した。

逡巡した挙句に、私は、当時唯一その名前を知っていた教育学部の宗像誠也教授に相談を申し込んだ。教育に関する岩波新書を読んで、感銘を受けていたからである。おそるおそる自宅に電話をかけ相談の趣旨を告げると、思いもかけぬ返事が返ってきた。「私のうちに来なさい」と。珍しく秋雨の降る日、大学に入って初めて教授なる人物と対面して、私の悩み事を聴いていただいた。先生の口から出た言葉は、「君のような学生が、人間や教育について学ぶのも、意味がある」という趣旨のものだった。私には、ひとすじの光が差し込んだように受け止められた。家族にも、友人にも、誰にも相談せず、私一人で決断した。入学以来、三年かかったが、ようやく選んだ「私の進路選択」だった。

私は工学部学生として、七学部代表団と大学との交渉を見届けたのち、一九六九年四月からは教育学部の新三年生として、確認書以後の所属学部内部を民主化する道を歩むことになった。教育学部は一学年六〇名という最小規模の学部であった。しかもその年、駒場からの進学予定生が本郷に合流したのは一二月であり、それまでは、「訳あり」の事情で在籍していた数人の三年生として過ごした。闘争は「確認書」が重要な到達点であったが、それを根拠に実質化する、その後の長い取り組みこそが重要であった。

## 4　時代と自己の課題に、真摯に向き合った青春

一九六八年の東大闘争で一貫して問われていたのは、それまで「大学の自治＝教授会自治」に凝り固まっていた大学は変わらなければならない、という時代の要請であったと思う。これからは、自治（それは日常の授業づくりから、大学運営に至るまでのあらゆる営みに、構成員との協同を貫くかどうかという問題だった、と私は捉えている）から疎外されていた学生や大学院生や職員層が、正当に自治の担い手として公認され、構成員の力で「新しい大学を創る」という事業に取り組んでいくという課題に直面していた。そうした大学への変革の手段を、「内部の構成員による民主主義的な変革の力」で成し遂げていくのか、それとも「外部から『闘う者』のみで物理的な暴力を行使して」行うのか、が大きな争点だった。

この点で、東大闘争を「安田講堂の時計台占拠をめぐる、多数の外人部隊学生と警察機動隊との暴力による攻防戦」とのみ象徴的に把握するという、歴史的に歪曲した見方がその当時も、今でも支配的であるのは、

日本社会の「知的退廃」であると考えている。ほとんどのマスメディアや良心的な出版社ですら、そういう「ゆがんだ認識枠」に囚われている。それは真実や物事の本質を見ようとしない、表層的な思考である。一学生として真摯に闘った人間として、これは譲り渡すことのできない、私の世界観の基本軸である。

同時に、選んだ道はこれで良かったのか、常に自問し続けてきた。思うに、己の人生選択に「正解なるもの」などない。その時々に行った真剣な選択の道を、誠実に歩んで「私の道程」を創って行く以外にはない。「人間は変わる」――大学変革の激動の嵐に向き合ってきて、私が獲得した確固とした信念である。どのように変わるのか、その内的な原動力はなにか、人間はどこに向かって歩んでいるのか。その後の私の研究と教育実践と諸活動は、すべてこれらの探究に向けられてきた。今後もこの道を歩んで行きたい。

# 11

# 東大闘争と私

高橋　祐吉（たかはし・ゆうきち）

当時、経済学部三年。埼玉県深谷市で生まれ、福島県福島市で育つ。（財）労働科学研究所を経て昨年まで専修大学教員、その後「敬徳書院」店主。著書に、『現代日本における労働世界の構図』（旬報社、二〇一三年）、『「企業社会」の形成・成熟・変容』（専修大学出版局、二〇一八年）など。

東大闘争・確認書五〇年の集会に、折角の機会だと思って顔を出してみた。会場となった山上会館は、私にとっては初めての場所だった。そんな気になったのは、NPOかながわ総研で世話になった三宅さんから誘われたり、川人さんや柴田さんからメールをもらったり、あるいはまた同じ経済学部の活動家だったNから、神部さんのメールが転送されたりしたこともある。そのNは、今こうした集会を企画する意味がよくわからないので自分は出席しないが、もしも私が行くのであれば後で話を聞かせてくれと連絡してきた。実のところ、私はいったい何を期待して出掛けたことになるのであろうか。東大闘争にも確認書にもそして過ぎ去った五〇年という歳月にも、それなりの感慨を覚えないわけではない。勿論ながら懐かしさもある。だが、どうもそれだけではないような気もした。

周りの友人たちの影響も受けて、私は一九六六年に東京大学に入学してから程なくして民青に加盟し、翌六七年には二十歳の誕生日を期して日本共産党に入党した。「大勢」や「流行」や「新奇」に流されがちなわが社会には珍しく、揺るがぬ芯を持った政党だと感じられたからであるし、世俗の権力や権威に抗う姿勢や、社会的な弱者に注ぐ人間らしい視線にも共感を覚えたからである。しかしながら、社会問題にそれなりの関心があったとはいえ、田舎から出てきて間もない私がそこまで踏み込めたのは、時代の醸し出していた雰囲気や匂いというものも影響していたに違いない。私は、そうした人間として学生運動に足を踏み入れるようになり、その延長線上で東大闘争にも関わってきた。

経済学部では、それぞれのゼミから選ばれた代表が自治委員となり、自治会を構成した。私を含めた駒場の活動家は、本郷に進学するにあたって各ゼミに分散して入ったこともあって、東大闘争前の自治会執行部はわれわれ民青系で組織されることになった。こうして、ごく少人数の活動家による頭だけの執行部ができたのだが、われわれには大衆運動を組織するだけの力量も経験もなかったので、機動隊導入後の運動の高揚の渦中であっという間にリコールされてしまった。その後は、民主化行動委員会と称した大衆組織を作り、一年遅れることになった大学卒業まで、私はそのメンバーとして長らく活動した。私の立ち位置は皆のやりたがらない裏方であり、表舞台に立つことは少なかったが、裏方であるが故に絶対に弱音を吐くことは許されず、また皆を説得しなければならず、そのための苦労も多かった。そうした経験こそが、今の私の土台を形成したと言えるのかもしれない。

## ●あのころのこと、あれからのこと

卒業後民間の研究所で一五年ほど過ごし、一九八六年三八歳の時に大学の教員になった。担当したゼミでは毎年卒業・進級論文集を作成したが、そのはしがきに学生たちへのメッセージを綴ってきた。二〇〇五年の論文集のはしがきには、以下のような詩まがいの文章も入れておいた。そんな形で私の東大闘争体験を伝えたかったのであろう。

三〇数年も前の学生時代
家族のこと、彼女のこと、将来のこと、何もかもが混沌としたままで
僕は学生運動に没頭していた
授業には何一つ出席しなかったのに、ゼミにだけはしがみついていた
テキストはマルクスの『資本論』、これを二年間読み続けた
ゼミ生は五人なので、しょっちゅうレポートが回ってくる

難解な書物だし、学生運動でへとへとに疲れ果てていることもあり、
教師の前でも猛烈な睡魔が襲ってくる
しかし寝るわけにはいかない
どうしようもなくて、シャープペンの先をズボンの上から太股に突き立てた
それでもしゃにむにテキストに食らいついていた
必死にひたむきに学べば、何かが見えてくると信じていたのだろう
あの頃の苦しさが、なまじのことではへこたれない自分を作ったのかもしれない
三人の子供を東京に出したために、
慎ましすぎる生活を余儀なくされた母親のことが、時々僕の頭をよぎった
たった三畳の下宿のあの頃を、僕は今でも懐かしく思い出す

先の集会で受け取った資料を眺めていたら、尾花さんの「もう一人、別の『同志』」と題した興味深いプリントが封入されていた。当時経済学部自治会の委員長であり、七学部代表団の一員でもあった故町村信孝さんに触れた一文だった。私は裏方だったので、彼とはきちんと言葉を交わした記憶がない。覚えているのはある事件のことだけである。われわれ民主化行動委員会のメンバーは、当時経済学部棟一階の隅にあったゼミ室に寝泊まりしていたが、そこが経済学部の全共闘によって襲撃され、乱闘状態になりかけたことがあった。その時に、町村さんたちが割って入って止めてくれた。そうした行為を恐れてもいなかったように見えたから、他のいささかひ弱に感じられた有志の面々とは違って、腹が座った人物だったのかもしれない。私はその時、全共闘の暴力主義的な行動様式に対する批判という点では、共通するものがあることを感じた

ので、その後彼らを前面に立てることに大きな違和感はなくなっていった。

また、集会当日のプログラムには、「開会の挨拶に代えて」と題した柴田さんの次のような文章もあった。「東大闘争のほんとうの意味は、学生一人ひとりが、大学を巣立ったのち、どのような人生を送るのか、それによって見えてくるだろう」。同感である。私が集会に出掛けたほんとうの動機は、当時活動家だった人々の東大闘争後の人生がどのようなものだったのかを知り、自分の人生の意味を確かめたかったからなのかもしれない。五〇年という歳月は、当時同じような世界にたむろしていた人間を、散り散りばらばらにしてもおかしくはない時間の長さである。いたずらな熱狂、やみくもな精神主義、たちどころの忘却、そして基準なき状況追随といった日本社会の宿痾から、われわれだけが逃れられたとも思えない。東大闘争体験がどこまで風化し、また風化していないのか、私の興味はおそらくその辺りにあったのであろう。

## ●見果てぬ夢を追い求めて

世に知られた何人かの人々の動静、とりわけ共産党との確執については、それなりに知ってはいた。そこには、よそからは窺い知れない本人の苦悩もあったであろうから、そのことについて何かを取り立てて書きたいとは思わない。長い歳月の間に様々なことが起こったのであろう。二〇一八年五月に民主化行動委員会の中心メンバーの一人であったSが亡くなり、一一月には当時の活動家およびその周辺にいた仲間が久し振りに一堂に会して、Sを偲ぶ会を持った。Sは芯のある人物であったが、外目にはいかにも柔和な顔つきで女性にももてた。就職後は、東大闘争時の肩書きが災いしたようで、社内のメインストリートを歩むことはできなかったとのことだった。一堂に会したメンバーの多くは、わが国のリーディングカンパニーに就職したので、私のように時代遅れで不器用で頑固な人間のままで生きていくことはできず、ほとんどの参加者は政治の世界から足は遠のいていた。

それどころか、まったく真逆とも言える世界に足を踏み込んでいたKのような人物もいた。当時Kはなかなかのアジテーターで、その名残は今でも残っていたが、話す中身はまったく違っていた。東大闘争などは、左翼に「洗脳」された自分が、若気の至りでなしたものでもあるかのような口吻であった。最後まで政治に関心を払っていたらしいSを偲ぶものとは程遠かった。その後、先のNからは、「令和」を祝福するかのようなKのメールが転送されてきたので、「政治信条は時代の変化やおかれた環境の中で変わる（あるいは、変わらざるを得ない）こともあるでしょうが、少なくともこれだけはと踏み止まれるのが、思想というものではないでしょうか。それを失なえば時代に流される他はありません。Kの今の姿は、そのことを象徴的に示しているような気がします」などと、いささか生意気に書いて返信した。

昨年秋に興味深い映画を見た。その激しさと熱さとスピード感で、見る者を圧倒せずにはおかない「1987、ある闘いの真実」である。この映画は、全斗煥が率いる軍事政権下の韓国を舞台に、現実に起きた民主化抗争を史実に即しつつかなりリアルに描いたものである。軍部の独裁から民主化へと向かう大きな転換点となったこの抗争は、一九八七年に起きた一人の学生の拷問死事件から始まる。必死にその「事実」を隠蔽しようとする権力に抗し、新聞記者や宗教家に加えて、検事や看守までもが「真実」を明らかにしようと動き出す。そこに生まれる連係プレーとその息詰まるような展開が、見る者をスクリーンに釘付けにするのである。

学生から始まり市民をも巻き込んだ抗争は、激化するとともに大規模化し、その渦中で延世大学の学生が催涙弾を頭部に受けて重体に陥る。燃え上がった反政府運動は韓国全土に広がり、民主化勢力がついに闘いに勝利するのである。先の学生はその後亡くなるのだが、彼の葬儀には一〇〇万もの人々が参列したという。

ラストシーンで描かれるのは、バスの上に立って堅く手を繋ぎ合うリーダーたちと、その前に集まった大群衆のシーンである。その迫力に負けて私は涙を拭った。こうしたところにも人間の真実は確実に存在する。そして私は、東大闘争体験を通じて、そんな真実を今も大事にしているのである。

権力の理不尽に抗うことを忘れ、無視し、冷笑して、権力におもね続ける社会は、そしてまた、権力の理不尽に抗うために手を繋ぎ合うことのできない社会は、逼塞し閉塞し萎縮した社会のままに終わる他はない。民主化抗争の弱さが、そしてまた市民革命の不在が、こうした事態をもたらしているのであろう。そんな思いに囚われた映画だった。いま「2019、ある闘いの真実」を生み出さなければならないのは、われわれ自身なのではあるまいか。東大闘争から五〇年が経った。当時の見果てぬ夢を、私はいまだ年甲斐もなく追い求め続け、地域で這い回っている。そんなふうにして人生を終えるのも自分らしいのかもしれない。

# 12

# 躁鬱病の中の青春

若菜 俊文（わかな・としゆき）

一九四五年二月一〇日生まれ（かろうじて戦中、東京大空襲の一ヵ月前、母親の疎開先、石巻に生まれる。石巻は東日本大震災で最大の人的被害を受けた）。一九六〇年、東京教育大学附属高校に入学。在学中にソ連の核実験反対署名。当時共産党はソ連の核実験については擁護。制服反対で文化祭展示。数年後に制服廃止。一九六三年東大文科II類に入学。駒場で留年し、経済学部に進学。闘争で一年卒業延期（六九年七月）。六九年四月から都立高校教員。

小さい頃は病弱だった。その上、小学校四年生頃だろうか？　朝鮮戦争後の不況で父がそれまで勤めていた製薬会社をやめ、失業。すでに五〇歳を過ぎていた父が、家で何十通もきれいな毛筆で履歴書を書いていた。ある晩、バシッという音で目覚めたら、あの温和な父が母を初めてなぐった姿が見えた。母もいらいらして父にあたっていたことへの腹立ちだったろう。結局、父は製薬とは全く畑違いのミシンの集金に従事するようになった。母は低賃金の内職。私もした。

そういう事情もあって、私は引っ込み思案で、教室では小学校を通して授業で、手をあげたこともなかった。中学に入って少し勉強に自信がついたころ、担任の高橋まつ先生が指してくれた。どういう発問か忘れたが、その質問に教室のはじから答えさせていって、そのいずれも私の考えと違うので、自分の意見を述べるのを躊躇したが、思い切って手を挙げたところ、すかさず指してくれた。それ以後、少し自信がついて、三年時にはクラスの中央委員に立候補した。また社会科の先生の「何でも疑え！　盲従するな」との発言に共感をおぼえた。今から考えれば戦後初期社会科の雰囲気を漂わせていた先生だったのだろう。そのせいか、中学卒業時には、謝恩会（？）で生徒代表になり、君が代斉唱に異議を唱えた。

高校（東京教育大付属高校）では、一年時がちょうど安保闘争にあたり、先生も授業中デモに参加した話をしてくれ、私も安保条約そのものの理解はないものの、国会での強行採決には怒り、銀座のフランスデモ、そして、多分六月一八日の国立劇場予定地での三〇万人集会に参加。その後、岸内閣が倒れ、国民の力で政府が倒すこともできることを実感。その後高校では新聞委員会に属し、自己紹介に書いたとおり、自作の核実験反対署名を集め（生徒だけでなく先生も協力してくれた）、自分でソ連大使館に届けに行った。また文化祭で「制服制度の問題点」を調べて、発表。このことについては、高校の『百年史』に掲載されている。また当時は知るよしもなかったが、民間教育研究団体の高生研（全国高校生活指導研究協議会）の幹部だった世界史の山本洋幸先生のもとでエンゲルス『空想から科学へ』の読書会にも参加した。また同じく民間団体の数実研（数学教育実践研究会）の横地清先生には選択授業で「ブール代数」を教わった。さらに後に和光大学長となる藤井清先生が担任であった。

一九六三年に文科Ⅱ類に入学。当初は新鮮で、よく駒場図書館に通い、マカレンコなどを読んでいた。しかし五月には誘いがあり、民青に加入。主に組織活動に従事。その頃から「授業に出るのは日和見」の意識にそまり、ほとんど大学での学びはストップした。出なければわからず、わからなければ出ずらい。この繰り返し。同志にはまじめに出席していた人もいたのだが、後悔先にたたず！　英語の成績を示すと、一年前期＝優、同後期＝良、二年前期＝可、同後期＝不可。あえなく留年。その頃から心の変調。周期的に「無気力」と「元気」を繰り返し、調子が悪いときはキャンパスにも行かず（行けず）、家で時代小説を読みふける。そんな調子で一年おくれで、本郷・経済学部へ。ゼミを含め、少しは授業に出た。最初は鈴木鴻一郎ゼミ。次いで大塚久雄ゼミ、最後は関口尚志ゼミだった。かろうじて自分で勉強したと思えるのは、有志でやっていた『資本論』の学習会のみ。

そんな気分不安定なところに、東大闘争がおそってきた。そんな状態なので、この闘争の意義や歴史的位置づけなどは当時の私には把握できなかった。断片的に、経済学部棟での攻防（廊下を石が飛び交っていた）、図書館前の攻防などが記憶に残っている。やがて卒業延期になり、ようやく卒業後の進路を「教職」

に求め、有志三人で学習会を重ねたが、東大では教職単位がとれず、日大の通信で（しかも女子学生のAさんにレポートを手伝ってもらって）必要な単位をとった。「確認書」も、当時の最先端の成果を文書化したものとはとらえていたが、それよりも自分の就職が先だった。

就職当初の心がけとしては、「調子悪さ」が周期的にくるので、なんとか仕事をこなしていくことだけ考えた。しかし、身についた思想は外にあらわれてくるので、定時制の職場で、若手三人の読書会を開始。全国教研に出かけて、校長と対立（組合の分会が助けてくれた）。やがて青年部、教研委員（当時は週一回定期的に支部ごとにひらかれていた）などを経験。こうして職場を中心に活動を展開していく中で、これまで以上の「高揚感」や「全能感」を味わうようになり、四〇代半ばで初めて精神科受診。そして入院。ここで初めて「躁鬱病」の診断が確定（いまも「寛解」にはいたっていない）。入院中に、自分がいなくても職場はまわり、世界も動いていく。そのことを実感（当たり前のことだが）。生き方を変え、職場の五〇分の一の力で、肩の力みを抜き、生きていくことを決意。

民間団体「全民研」の役職は続けながらも、極力自分の時間を確保することに留意。「一日一五分を捨てて」のデイリー体操のアドバイスもこの頃受け、その後、体の面ではジョギング、山登り、スキー、卓球とそれぞれのジャンルで、ある程度の「上達」を実感し楽しめるようになってきている。

東大闘争そして大学闘争に戻る。教職についた頃は、高校紛争も吹き荒れていた。自分の心の変調もあったが、このような大闘争について、私はまったく予想できず、突然に襲われたという感にとらわれていた。社会科の教師として、世の中の微少な動向から未来を予測するということがまったくできなかったことを恥じた。

同時に、大学・高校の闘争後についての欧米との比較に、早くから関心を持っていた。乾さんもこの『証言』で、ふれているようだが、パリの五月革命、アメリカなどでのベトナム反戦運動（公民権運動が重なる）を通して、欧米では「一八歳選挙権」「学校運営への生徒・児童の参加」が広く実現していく。歴史的実証は、二〇〇八年に国立国会図書館の調査及び立法考査局によっても行われている（「主要国の各種法定年齢——選挙権年齢・成人年齢引下げの経緯を中心に」）が、この報告では「徴兵制」との関わりなどが重視されており、学生・高校生運動との関連はふれられていない。教育学者による調査と見解も散見する。が、まだ不十分である。東大確認書が、日本の学生運動史上もっとも高度な合意を獲得したことを再確認するとともに、また確認書が今日での東大では、一部にせよ生かされていることは過日の集会で知った。

高校紛争について言えば、特に大都市部では、制服廃止、校則の緩和、（一部での）生徒処分決定過程への生徒参加、（当時の授業のあり方への批判から）自主ゼミの公認など、広範な変化が実現した。にもかかわらず、数年後には高校急増期の「新設校」での制服制定などが、早くも逆流として訪れていた。このような変化の大元には、六九年に出された文部省の「高校生の政治活動禁止」の通達があり、これが若者の政治参加・学習を大幅に抑圧してきたことは間違いない。欧米との比較に注目する理由である。ようやく実現した一八歳選挙とそのための政治活動も、文科省の制約が大きい。

現在七四歳。無理せずに、活動と人生を楽しんでいきたい。

# 13

# 東大闘争の「周辺部の人」の経験した駒場時代

佐原　雄二（さわら・ゆうじ）

ストライキ開始時は教養学部二年。理科II類から理学部動物学課程へ進学。博士課程修了後、弘前大学に就職、二〇一四年に定年退職。現在は弘前医療福祉大学に在職中。主な著書、『さかなの食事』（一九七九年、岩波書店、毎日出版文化賞受賞）、『魚の採餌行動』（一九八七年、東京大学出版会）、『メダカとヨシ』（二〇〇三年、岩波書店、共著）、『幻像のアオサギが飛ぶよ』（二〇一六年、花伝社）など。

あの時代がなければ今の自分はありえない。あの時代で自分の人生コースは大きく定まった。「あの時代」と私が言うのは、正確には東大闘争そのものというより、それも含めて駒場での日々のことである。後の時代の人が当時の社会学的な分析をしても、「あの時代の学内の気分・雰囲気」は体験者でないと分からない。そういう意味であの時代を個人的に振り返ってみることにする。いわば、東大闘争の周辺部にいた一学生の回想記である。意味は後づけになるかも知れないし、記憶違いもあるかも知れないが、大きくは間違っていないはずである。

## ●高度経済成長期と環境問題の噴出

あの時代は高度経済成長期の否定的な面があらわになった時代だった。それは四大公害問題に象徴されるように、まず何よりも産業公害の時代として現れた。石牟礼道子の『苦海浄土』は名作で、私は現在、大学一年生むけの講義「人間と自然」の中で「公害訴訟の話とか、農薬の生物濃縮の話とか、いくら話しても実感のわくものではない。しかし『苦海浄土』を読めば時代が分かる。文学の力とはこういうものだ」と言っている。付け足せば、個人的には一九七〇年が公害問題の転回点ではなかったかと思う。一九七〇年の夏、杉並区で校庭にいた高校生たちが光化学スモッグでバタバタと倒れる事件があり、この事件を契機にして、公害問題の性格が、特定の企業が地方都市で引き起こす産業公害から、大都市を舞台に、加害者の特定しづらい都市公害の時代に変わっていった。ちなみに、この光化学スモッグ事件をNHKの昼のニュースで見たのは、ちょうど学科の夏季の臨海実習中で三崎の実験所にいたときだった。実験所の食堂で「いま自分は日本史の転回点を目の当たりにしているのかも知れない」と漠然と感じたことを覚えている。

もちろん、農薬問題や食品添加物問題が突然始まったわけではない。当時、一世を風靡した本の一つはレイチェル・カーソンの『沈黙の春』(一九六四年の初訳邦題は『生と死の妙薬』)だった。環境問題は社会の一大関心事となりつつあった。二年生のとき、ストライキのさなかに行われた駒場祭の前に、私は「生物学と社会の関係を考えるサークルを作ろう」とのビラを撒いて呼びかけた。結局集まったのは、ほとんどが、同じクラスの数人だったが、駒場祭では新宿の労映から「公害と戦う」(新潟水俣病を描いた映画)のフィルムを借りてきて、学内で上映会を開いた。それに先立って、学内で私たちの手書きポスター(だったかチラシだったか)を目にした日本科学者会議(この団体名も初めて聞いた)の人から「ぜひ科学者会議との共催にしてほしい」と言われて、それを受けた。上映当日、タイミング悪く私は風邪で寝込んでしまったが、終わってから友人たちが高円寺の下宿まで訪ねてきて、「赤字覚悟だったのに、何と赤字を出さずに済んだ。すごいよ」と感激しつつ報告してくれたことを覚えている。このサークル(「アニメックス」、メンバーの命名）は二号ほど（?）冊子も作ったし、農薬会社に有志で話を聞きに行くなどの活動もした。この活動の延長線上のこととして、本郷進学後の五月祭では、全学企画の、水俣病に関して講演会のさい、ほんの少しだが裏方を手伝ったことも記憶にある。

### ●議論の時代

あの時代はまた、「議論の時代」でもあった。自分の記憶でも、いくつかの議論の場面がすぐ思い浮かぶ。入学してそんなに時間も経っていないころ、ベトナム戦争のテーマでクラス討論をやったことがあり、それまでそんな問題を考えたこともなかった私にとって、これはカルチャーショックだった。クラス討論の結果、手作りの「ベトナム戦争に反対しよう」という小さなプレート（誰が作ったのか思い出せないが）を胸に付けて私もひところ通学していた。一年のときの駒場祭では「科学者の社会的責任」と題して、延々と議論をやってパンフレットを作った。夜まで教室で議論をやっていて、私は「もう遅いので」と帰宅し、翌朝その教室に行ったら、何とまだ議論を続けている連中がいて、感心する以上にびっくりした（同時に笑いたくなった）。学外でも、夕方の新宿駅西口ではよく人だかりがしていて、その中ではベトナム戦争ほかをめぐって熱い議論の最中なのだった。概して当時の社会は、特に大学生は、議論をよくしていたと思う。

もちろん、ストライキ中には何度もクラス討論をやった。東大闘争とは、私には何よりも「議論の季節」だったと言って過言ではない。あるときは、「私たちは今の事態についてこう考えます」というクラス決議をしてガリ版で刷り、それを学内で配布するだけでなく、夜になってから下宿近くの家々の郵便受けに投げ込んできたこともあった。真面目なテーマについて真面目に議論を交わす、そういう友人たちと知り合いになったことは人生の財産だと思っている。

## ●駒場寮と学生サークル

東大闘争中で果たした役割が大きく、しかも今は絶滅したのは寮、中でも駒場寮だった。当時は、「苦学生」という言葉がまだ現実味をもっていて、駒場寮生はとりわけ貧乏生活をしていたと思う。一般にどこの大学も、寮生の第一の帰属集団は学科でも研究室でもなく寮みたいだが、自治権も自治意識も高い駒場寮は格別だった。私は、ストライキの最中には時々駒場寮に泊まったが、川崎セツルの部屋を主に利用させてもらった。汚くて古い建物の、天井を見ると落書きがいっぱいである。中に「平手もて吹雪に濡れし顔をふく友共産を主義とせりけり」と書いたものがあり、後年、それが啄木の歌だと知ったときにはちょっと感動した記憶がある。

学生サークルのあり方も今とは違っていた。学生セツルメントのサークルは学内にいくつかあり、各セツルには東大も含めて様々な大学の学生が参加していた。私自身は、セツルメントは中途半端なままに止めてしまったが、それに加わる前には、東大生研（生物研究会）に入っていた。これも個性的なサークルだった。一年生のときに、たぶん先輩が持ってきた件だと記憶するが、渡り鳥の中継地の東京湾の干潟を埋め立てから守る活動を、これも少々だったが手伝った。渋谷駅頭での署名集めは、地方からぽっと出の私には忘れられない出来事だった。ハチ公像のあたりで、署名板を下げて、「渡り鳥の渡来地を守りましょう」と声を出すのにものすごく緊張したことは今なおよく覚えている。

大学闘争が全国化した原因の一つに、「マスプロ授業に対する不満」がしばしば挙げられる。確かに当時は今では考えられない大人数の講義（九〇〇番教室の「社会学」がその好例！）があった。しかし、私は大学の講義にそんなに不満は持たなかった。マスプロ授業に対しては、「まあそんなものだろう」程度に思う一方、およそ大学の勉強というものは自主的にするものだし、サークル活動や学外にも人生の勉強というものがあると思っていた。今の学生はどうか知らないが、当時は学生だけでする読書会が盛んだった。そういう「読書会文化」は大学院に進学後も続いていた。

一年のとき、語学（ロシア語）クラスの担任だった生物学者の八巻敏雄先生は、碑文谷のご自宅にクラス員を、人数が多いので何度かに分けて招いてくれ、これは貴重な体験だった（何を話したかはサッパリ覚えていないが）。自分自身が大学で教えることになってから、ここまで一年生と交流を図ることはあったか、自問すると恥ずかしくなる。あの時代、学内には御用学者もいただろうし、軍学共同問題もあっただろうが、自分自身に関する限り身近な問題として感じることはなかった。「講義だけが勉強ではない」という気持ちから、かえってすんなりとストライキを受け入れたように思う。「この学費では安すぎるくらいの勉強を僕らはしている」とは友人の言だが、それに全面的に賛成する。

## ●進学後のカリキュラム改革

ストライキ終結後、私は理学部動物学課程に進学した。動物学課程は植物学や人類学と一緒に「生物学科」を構成するが、カリキュラムは全く別仕立てで、事実上の別学科だった。一九六〇年代の「理学部の民主化御三家」とは京大動物、名古屋大物理、東大植物をいうが、同じ東大理学部でも動物と植物とは全く雰囲気が違っていた。ちなみに学部学生数は一学年に八人だけである。その八人の写真が、各人の名前を記入されたうえで、各研究室にそれぞれ掲示されていた。新三年生の八人が動物学教室の教員スタッフと初めて対面・紹介されるイベントの際には、一方の側に八人が名札とともに並び、反対側には前から順に教授、助教授、講師……と並んでいた。この雰囲気は駒場で体験したものとは全く違っていた。正直、動物学教室に在籍中は息苦しさをずっと感じていた。さて、ここで私は何ができるのだろう。

五年あまり前に私は地方国立大を定年になったが、その一年前に東大動物の同級生で、やはり地方大学に就職していた某君から電話がかかってきて、何十年ぶりかで話した。彼の言うには「俺は一足先に定年になるのだが、覇気のない最近の学生を見ていて、最終講義では一言いいたくなっている。俺らが学生のときはカリキュラム問題で教授たちと結構話し合ってカリキュラムを変えさせたよな。その事情について当時、自治委員だった佐原が一番知っているはずだから、そのときの事実関係を確かめたくて電話したんだ」。このような電話をもらったことは嬉しかった。

当時、理学部動物学教室の「教授会」は助教授以下が含まれず、教授だけで構成されていた(今はどうか知らないが)。その教授会に対して我々学部三年生がカリキュラムについての話し合いを申し込んだ。要望した中で、とくに記憶に残っているのは次の二点である。

① 動物学のカリキュラムで扱う学問分野が狭い。もっといろんな分野の話を聴きたい。——当時、植物学教室には「生物科学セミナー」というのが、ひと月かふた月に一回くらいの頻度で開催されており、学外のいろんな人の様々な分野の話を聴くことができた。中でも、動物学教室出身の故・日高敏隆先生(動物行動学。当時は農工大)が、開口一番「私がこの建物に居た時は冷や飯を食いましたよ」と言われたのが記憶に残る。ご本人の出身の動物学教室でなく、植物学教室が彼を招いてセミナーを開いたのである。ちなみに、日高先生の『世界を、こんなふうに見てごらん』にも先生の院生時代のエピソードが述べられている。

② 現在行っている実習(基本的に午後の時間は実習だった)は、曜日ごとに毎日、違った分野の実習内容が予定されており、そのたびに準備と後片付けをせねばならない。これを改めて、週単位で実習の分野を変えるほうが合理的でよいのではないか。

この、教授たちとの話し合いに先立って、他大学のカリキュラムを事前に調べることもした。東京教育大やお茶の水女子大など、生物学科のカリキュラム内容を、直接その大学まで出かけて入手したり、知人を通じて取り寄せたりして眺め比べた。

話し合いの当日、どうなることかと小心者の心臓はドキドキものだった。教授たちも当初は警戒感を持っている様子だったように思う。しかし実際に教授たちと話し合ってみると、カリキュラム問題に関してはずいぶんと理解してもらえた。②の、実習を日替わりでなく週替わりにする件はすぐにOKが出された。①の、他分野の話を聞くことについては、単位化は難しいが（だったと思う）いろんな人を呼んで話を聞く機会を作ることには同意を得、実際に八杉竜一（進化学）、佐々学（衛生動物学）、北沢右三（動物生態学）などの学外の先生たちの話を講義室で聴く機会があった。カリキュラム改革に関する限り、「小さいけれど、改革を実際にやった」という満足感と自負心は、今もある。

一方、そのころは、東大闘争直後の雰囲気を反映して、それまで動物学教室では講義は全部が必修だったのが、実習だけは必修とし講義はどこの学科・学部のものを受講してもよいことになっていた。これは東大闘争の成果を享受できていると実感できた。実際に私たちの学年にも、人体解剖学を受講しに医学部まで出かけていた人もあった。私自身は同じ理学部でも植物学、生物化学、化学など別学科の講義を受けたし、農学部まで出かけて沼田真先生の植物生態学の講義も受講することができた。後年、講義の自由化が見直されて再び必修ばかりになったと聞いた。まったく残念な話である。

個人的で懐メロ的な話なら、どこまでも書けそうに思うが、きりがない。ここで筆をおくことにする。当時の雰囲気の一端を伝えることができていれば幸いに思う。

# 14

# 東大闘争は何をもたらしたのか

永尾　廣久（ながお・ひろひさ）

いま福岡県大牟田市で弁護士をしている。福岡県立三池高校から一九六七年（昭和四二年）四月に東大文科Ｉ類に入学した。駒場寮に入り、川崎セツルメントでずっと活動した。東大闘争とセツルメント活動の両方を紹介しようと思って『星よ、おまえは知っているね』そして、長編小説の体裁で『清冽の炎――１９６８東大駒場』を書いた。また、『小説・司法試験』『小説・司法修習生』（すべて花伝社刊）も書いている。

## ●『清冽の炎』

私は二〇〇五年から二〇一二年まで、七年かけて東大闘争の全経過とその後のそれぞれの人生の歩みを描く小説風ドキュメント『清冽の炎』（花伝社）全七巻を刊行した。あれだけ世間の耳目を集めた事件だったし、通史として類書がないのでベストセラーまちがいなしと確信していた。ところが、ほとんど反響はなく、本はさっぱり売れなかった。

一巻から五巻は、東大闘争の始まる頃の一九六八年四月から、東大闘争が終結し、授業再開が軌道に乗った一九六九年三月までの一年間の東大駒場を主とした東大の状況を刻明に描いている。当時の状況を詳しく再現するため、『朝日新聞』『東大新聞』の縮刷版のほか、国会図書館にある、当時のビラを最大もらさず集めている資料集（山本義隆編）にもあたった。

東大裁判に関する資料も入手した。安田講堂に立て籠っていた東大全共闘のトップと加藤執行部とのあいだには秘密の直通電話があり、終始、電話で意思疎通していたことを知った。

## ●全共闘側の本の嘘

私が東大闘争の通史を書きたいと思ったのは、全共闘の側から、とんでもない間違い、歪曲がたれ流されている状況に、なんとか反撃したいという思いからでもあった。たとえば、動物学者としては私も敬意を表している島泰三の『安田講堂』（中公新書）には、一一月一二日の総合図書館前で全共闘を撃退したのは共産党が全都から動員してきた都学連行動隊であり、短いカシの棒のため、もろくて長い角材をふりまわすだけの全共闘は敗退せざるをえなかったと書かれている。私はそこにいたし、私の周囲には何百人という駒場の学生がいた。そして、カシの棒ではなく、もろくて長い角材を持っていた。もっていた棒が折れて手を怪我して今も手の指に傷跡がかすかに残っていると私に示してくれた同期の弁護士（元裁判官）もいる。宮崎学の率いる都学連行動隊がいたことは後で知ったけれど、駒場の学生と本郷の学生、そして、周囲には心配そうに見守る一般学生や院生など千人をはるかに超える人々がいたのであり、島泰三の描くような小集団の小競りあいというものではなかった。

永尾廣久

島泰三の本は、実は宮崎学の本（『突破者』南風社）とほとんど合致している。この二人とも現場にいたようだが、どうして、こんなデタラメが書けるのか私には不思議でならない。

「衝突」が起きたのは総合図書館前の広場中央にある噴水から時計台よりの空間であって、石段ではない。『安田講堂』の写真からも平坦な広場での衝突だということが分かる。そして、左手の「民青」側（私もそのなかにいた）の密集した学生が手にしているのは長い角材で、折れやすかった。

最新（二〇一九年一月刊）の『歴史としての東大闘争』（富田武）もひどい。「一二日、助手共闘も加わった全共闘は総合図書館を封鎖しようとして、図書館前で民青、実は共産党直属の『あかつき部隊』を背後にした東大民青と激突した」とする。前述したとおり、激突したときに全共闘と対峙した主力は私たち駒場の学生であり、それは民青が組織したというより「全学連行動隊」として民青と民青シンパの学生を含む幅広い学生だった。図書館を勝手に全共闘が封鎖するなんて許せないという思いが学生を行動に駆り立てたのだ。それを簡単に「東大民青」と全共闘の対決という図式でくくられてはたまらない。

一二月一三日の駒場寮食堂での代議員大会もそうだ。これについても、わずかの代議員しか食堂内にはいなかったと声高に叫んでいる人がいる。しかし、私と同じクラスだった舛添要一氏もそのとき代表団に立候補し、あえなく落選している。同じクラスの民青活動家だった内山田明君が挙手している代議員をカウントしている写真が残っているが、代議員数は数十人ではなく、五〇〇人以上いたことは間違いない。駒場には、当日、三〇〇〇人以上の学生が登校していたのであって、何百人レベルの「衝突」では決してない。

一月一〇日夜に起きた駒場寮をめぐる攻防戦について、『カルチェラタン』（千葉偕子、三一書房）は次のように描いた。

「十日午後九時過ぎ、中核派、ＭＬ派を先頭にして反日共系学生千人以上が、五メートルもの竹竿、三メートルの鉄パイプ、角材などで入り口の戸を叩き壊して明寮に突入した。日共系学生は三階屋上から拳大の石を盛んに降らせて抗戦したが、二十分後には彼らに一、二階を占拠されてしまった。午前四時、日共系学生は反撃に出て、明寮のはずれの第一研究室に七百人で攻め込んだ。第七、第八本館で仮眠していた反日共系学生もこれに気づき、七百人がそこに駆けつけ、乱闘は朝まで続いた。主戦場の明寮はもはや人の住めるところではなくなっていた」

これも見てきたような嘘だ。このとき私はたまたま明寮にいた。たしかに一階は全共闘に攻め落とされて私たちは二階に追い上げられた。階段の上と下でゲバ棒の押しあいがしばらく続いたが、やがて全共闘は全

駒場、12・13代議員大会開催のためにクラスごとに円陣を組んで議論する学生

駒場、12・13代議員大会支援に集まった無防備の学生に襲いかかる全共闘

12・13代議員大会会場となった寮食堂。左、採決で票数を数える故内山田明君

学連の応援部隊（外人部隊）に押されて撤退していった。この衝突のあとも明寮は普通に寮生が生活していた。また、明寮のはずれに第一研究室など存在しない。

## ●暴力だけでなく、議論もしていた

全共闘の支持が凋落していったのは決して暴力的な衝突で彼らが敗退したというだけではなくて、クラスで討論があり、全共闘支持代議員が次々にリコールされていったことにもよる。つまり、ネトライキを決め込む学生もいたけれど、何かしなくてはと思って登校し、クラス討論に参加する学生は少なくなかった。そして、その討論の結果として、リコールが成立したり、あるいは成立しなかったりしていた。「ポツダム自治会は破産した」と全共闘は機関紙で叫んでいたが、全員加盟制の自治会の自覚があるなか、クラスの枠を生かした議論はまだ成立していた。

実は、私が書きたかったのは、『清冽の炎』の六、七巻だった。つまり、東大闘争を経験した東大生たちが、その後、どんな人生を歩いたのだろうか、ということ。それを知りたくて、クラスの同窓会に二度だけ私も出席した。

私のクラスは全共闘支持の学生が多く、民青の側で活動していたのは私をふくめて三人だけだった。自治委員も代議員も全共闘側に占められていたので、そのリコールに取り組んだ。中間派の学生は秋から冬にかけて次第に民青・クラ連側を支持するようになっていたので、なんとかリコールが成立し、私も代議員の一人になった。

同窓会に出ると、クラスメイトの一人が東大教授になっていた。学生のころはかなり積極的な全共闘支持だった。まさか「東大解体」までは叫んでいなかったと思うけれど、全共闘を支持していた人が東大教授になっているのには違和感があった。

クラスのなかで、唯一、過激派（解放派）のセクトメンバーとして活動していたＩ君は出席する代わりに、近況報告のペーパーを配った。予備校の講師などをしたあと、今は郷里で反原発の住民運動に関わっている。今なお一本筋を通していることを知り、偉いと思った。

## ●前川喜平氏とアイちゃん

『面従腹背』を書いた前文科省事務次官の前川喜平氏は、自分は「河野学校」の卒業生だと名乗っている。六年先輩の河野氏に学び鍛えられて、今の自分があるという。ふうん、誰だろうね、その先輩って……。同じセツラー仲間で、今は横浜で弁護士をしている野村和造君から、河野愛さんのことだと教えてもらった。ええっ、あのアイちゃんのことだったのか……。

アイちゃんは、駒場の学生のころ、私と同じ川崎セツルにいた。彼女は法律相談部、私は青年部で、活動していた分野は異なったが、同じ川崎市幸区古市場が舞台だった。アイちゃんは明朗・活発な大柄の女性で、いつも物怖じしない発言をして注目されていた。法相セツラーの多くが司法界を目ざしたのに、アイちゃんはなぜか文部省に入った。その後のことは何も知らなかったが、いつか彼女が病死したらしいというのは聞こえてきた。

「河野学校」って何だったのか知りたいと思っていると、佐高信が追悼本を書いていて、アイちゃんもそのなかに入っていると教えられ、早速、その本『葬送譜』(岩波書店)を注文した。うむ、なんだか、すごいぞ……。さらに文科省の現役官僚として亡くなり、その追悼集を寺脇研氏が責任者となって出していることも判明した。それでアイちゃんが文部省に入ってからも、その持ち前の正義感を失わず、抜群の行動力を生かしてすごい活動をしていたことを知った。セツルメント活動でつかんだものを見事に生かしていたのだ。

官僚になっても、志を高くもてば、たとえ面従腹背を強いられても、人権を守り、高い志をもって活動できるんだ。前川氏の言動は、私をふくめて多くの国民を励ましたが、その前川氏に大きな影響力・励ましを与えた存在として、アイちゃんがいたことを知り、私は本当にうれしかった。

## ●青法協会員の裁判官

駒場で私と同じようにセツルメント活動していた人が司法試験に合格して司法修習生になると、青法協(青年法律家協会)に入り、活動を始めた。元セツラーで青法協に入り、会員のまま裁判官に任官した人を私は複数知っている。まだ、この年はそれが可能だった。任官拒否はすでに起きていたが、それをくぐり抜けて裁判所に入った。そして、裁判所のなかで苦労した、いや、させられた。それでも、最後まで筋を通した。人権感覚に富んだ判決を書き、職場では人間関係も良好なのに、東京や大阪の裁判長にはなれず、中小都市の裁判所に配属されるか支部まわりをさせられた。彼らは、差別に耐えてがんばった。

## ●東大闘争と暴力

東大闘争を語るとき、忘れてはいけないのが暴力の問題だ。全共闘の側だった人は、自分が何をしたのか、あまり語っていないが、暴力は今に尾を引く深刻な問題だと思う。

一九六八年一一月ころ、私も駒場の弥生道で学生同士が押しあいへしあいしているときに、全共闘の側から投げられた小石で頭をケガした。まだ誰もヘルメットなんかかぶっていなかった。駒場寮近くの医務室で手当てをしてもらったが、しばらく頭を白い包帯でぐるぐる巻きされていた。町を歩いていると、いかにも暴力学生だと思われているようで恥ずかしかったし、嫌だった。

全共闘が孤立し、第八本館に立て籠った。そのころは双方がヘルメットをかぶり、ゲバ棒をもっていた。民青の側も「正当防衛権を行使する」と称してゲバ棒をもつようになっていた。たしかに、全共闘の暴力に屈するわけにはいかなかった。勝手に「学園封鎖」なんてやられてはならなかった。警察機動隊が駒場の外に待機しているという状況のなかで学内で「武力衝突」があった。負傷者を出すのはまずい。しかし、かといって、建物が次々に全共闘の学生によって、何の根拠もなく封鎖されていくのを指をくわえて見ているだけというわけにもいかない。

全共闘は、その機関紙で、「全学封鎖、東大解体」そして、「敵は殺せ」とまで書いた。暴力がどんどんエスカレートしていった。結局、全共闘は多くの学生の支持を失い、自滅していった。しかし、暴力の問題がきちんと総括されているとは思えない。

『歴史としての東大闘争』(富田武)は、「基本的には、全共闘の武装は『自衛武装』である」としているが、嘘だというほかない。さらに「主要には国家権力＝機動隊に、副次的には闘争の武装敵対者＝民青、とくに六八年一〇月から導入された共産党直属の暴力組織に向けられたもの」というのも東大駒場での経過をふまえて、まったく事実に反している。総合図書館前の激突のとき、はじめ私たち駒場の学生は誰もヘルメットも角材も手にしていなかった。全共闘のゲバ部隊が本気で突っ込んでくるという事態になって、その直前にヘルメットが後方から配られ、角材を手にした。したがって、民青というか全学連行動隊がヘルメットと角材をあらかじめ用意していたことを私も否定はしない。ただ、初めから武装していたのではなかったということを、その場にいた学生の一人として言っておきたい。やむなく私たちはヘルメット・角材で防衛し対抗することにしたが、まだ多くのためらいがあった。私の身近にはヘルメットはかぶっても、角材は手にしなかった学生がいた。

あとで、第八本館内の籠城生活の様子も全共闘側で参加した学生の手記を読んで知ることができたが、第八本館の占拠に積極的な意義があったとは当時も今も思えない。バリケードの中の籠城生活はまったく何の意味もなかった。しかし、参加者は今も反省していないように思える。

『歴史としての東大闘争』は、第八本館内部の生活について、「自由の回復と人間性の奪還を質的内容とした結果に支えられた内側における楽しさ」があったとしている。「とにかく自由だ。しかも規律は保たれている」というが、初期の段階で瞬間的にそのような時期があったことを否定はしないが、体験記を読んでも、そのようなことが最後まで続いていたとは思えない。対外的に暴力を振るい、閉じこもった空間にどれだけの意義があったのか、やはり私は消極に解するしかない。

# 15

# 五〇年前の良き体験と心の引っ掛かり

三木 俊博（みき・としひろ）

当時、教養学部一年。昭和四三年（一九六八年）入学（教養、文科Ⅰ類）、四七年卒業（法学部）。卒業後、大阪にて開業弁護士。

あの頃から五〇年とのこと。当時一八、九歳の私も六九歳を迎えた。二〇一九（平成三一）年一月一〇日（木）夕刻、あの頃に心意気と行動を共にした旧友たちと山上会議所で再会した。柴田章さんや川人博さんの顔を見て、あの頃の駒場構内の風景やそこでの幾つもの場面が思い出されてくる。私は四三入学なので、入学後まもなく東大闘争が始まり、全共闘派が教室の長机等を持ち出して学館を封鎖したことから、授業が開かれなくなった。駒場授業の思い出は少ない。強い思い出は、同じクラスの学友たちとの議論（全共闘傾倒者を含む）と懇談（親友たちと）。前者はなかなか厳しいものだったが、後者は多く誰かの下宿で一杯飲みながらの楽しいもので、いまにつながっている。七学部の学生代表と加藤一郎総長（当時）との協議妥結を以って、学館封鎖を解放する方向に踏み出した。とは言え、まだ一八、九歳の私は先輩たちに付いて右往左往していただけのように思える。なお、全共闘派が孤立してより先鋭化し、例の安田講堂「攻防戦」なる惨事が起き、この映像が東大闘争の象徴となったのは残念なことだ。

その後、本郷・法学部に進んだ。先輩たちは去り、同輩たちも勉学熱心な者は講義出席などに集中。私は、大教室での法律学講義に馴染めず、本学社会科学研究所の法律系教授陣にお願いして同志学友と自主ゼミナールを持ったり、緑会大会という伝統ある教授方と学生たちとの懇親大会に山田洋次（映画）監督を招いて講演してもらったり……。その時だったか、山田監督が法学部大教室に馴染めずに端っこで窓の外を眺めていたと聞いて、私も同じだと思ったのは。

その頃、司法の世界では、裁判所で「任官拒否」「再任許否」が起きていた。「青法協攻撃」が吹き荒れていた。そこで、私は同志学友と共に、任官拒否すなわち裁判官に志願したが拒否された司法修習生である先輩卒業生を招いて安田講堂前学生集会を開催したり、講義に先立って教室内の学生に事情報告と協力依頼を行ったりしていた。五月祭の法学部企画として、その問題を取り上げて、裁判所から飯守重任判事（当時、地裁所長）や青年法律家協会から佐々木秀典弁護士（後に衆議院議員）また学内社研から渡辺洋三教授に参加して貰ってパネルディスカッションを開催した。当時の社会的な関心の高さを反映して大教室が満員になったのは消えない記憶だ。

また、当時は、高度経済成長の歪みとして全国各地に公害被害が生じたことから、四大公害訴訟また森永ヒ素ミルク中毒訴訟さらには大阪空港（夜間飛行）差止め訴訟などが取り組まれていた。青年法学徒の端くれと言える私にとって、その中の弁護士は自らの進むべき道を示唆してくれる人たちだった。弁護士になるには司法試験に合格しなければならない。勉学熱心ではないが集中するしかないと思い定めて、構内の図書館で受験勉強を続け、なんとか、弥生町の下宿で同室の根岸さん（現在横浜）と一緒に合格することができた。

その後、私は、昭和五〇年に郷里大阪に帰り、本学の先輩が運営する法律事務所に所属して弁護士の道を歩み出した。一般民事・一般刑事・親族相続といった市民生活に生起する法律事件を取り扱う傍ら、社会的な事件にも積極的に参加した。大気汚染大阪西淀川訴訟・サラ金被害者救済運動・豊田商事（投資詐欺）事件などだ。その中から、言わば芋づる式になって最近まで続いているのだが、証券取引における個人投資家の被害救済を専門分野のひとつとしている。それらの経験を踏まえつつ、消費者諸法の制定・改定を求める立法運動にも参加してきた。

このように、私の社会人人生を方向づけたのは五〇年前の東大闘争と直後の法学部時代だが、ひとつだけ、心に引っ掛かっていることがある。それは、法学部学生大会でストライキ（授業放棄）を多数決で決議したことから（その決議理由までは思い出せない。何かの学外集会に参加することを含んでいたと思う）、講義を行おうとして小林直樹教授（憲法学）が大教室に来られたのを、同志学友とピケットを張って実力阻止したことだ。

小林教授は私たちが有無を言わせない固い態度に終始したことから、諦めて、その場を立ち去られたが、このような（私たち学生の）態度は果たして良かったのか、正しかったのかと、その当時から私の心に引っ掛かってきた。学生たちが或る意思を強く表明するために授業放棄して集会やデモに参加することは時に有って良いと思うが（この原稿を書いている今日も世界各地で大学生や高校生たちが環境保全の意思表明のため授業放棄して集会やデモに参加している）、授業に参加したい学生たちや授業を行おうとする熱心な教授陣を実力阻止するまでのことは良くない、（当時も）良くなかったのではないかと。当時の私たちの心意気は良いものだったと思うが、その実現方法においては、年齢も年少であったことから甚だ未熟で、意見を異にする学友や教授陣に無用の迷惑をかけたと遅まきながら反省することしきりである。

# 16

## 一月一〇日討論集会に参加した人、参加しなかった人

吉川　富夫（よしかわ・とみお）

昭和四三年入学、LⅠⅡクラス、昭和四五年経済学部進学。昭和四七年卒業後、公務員歴二五年、大学教員歴二〇年、今日に至る。

### 1　一九六八年（昭和四三年）の駒場の記憶

一九六八年は私が東大に入学した年であり、東大闘争の始まった年であった。だから、一九六八年から六九年にかけては、毎日のことが記憶に鮮明である。当然一九六九年一月一〇日が確認書締結の日であることはわかっているのだが、その日の出来事はそれほど強い記憶にはない。43LⅠⅡ（フランス語履修）クラス会の友人達に聞いてみると、秩父宮グラウンドに行って交渉の一部始終を見ていた者もいたのだが、どうやら自分は駒場の「行動隊」に参加していたらしく、確認書締結への臨場感はあまりない。さらにその後も本

郷に進学してしまい「確認書」を基に何か大学改革をやった経験もないので、「確認書」の中身もほとんど覚えていない。

当時の駒場の自治会活動の基礎単位はクラスであり、自治会としての意思決定機関はクラス単位で選ばれた代表による代議員大会であり、駒場の九〇〇番大教室が代議員大会の会場であったことはよく覚えている。しかし、昨年一二月、九〇〇番教室の近くのフレンチ・レストラン「ルヴェソンヴェール駒場」（元同窓会館）で行われたクラス同窓会の時に通りかかった九〇〇番教室からは、当時の喧騒を想像することもできない。夕暮れの静寂さと大教室内の明るい照明が時の変化を映すだけであった。

今回の一月一〇日の東大闘争五〇周年討論集会のことを知ったのは、同じ43LⅠⅡであるが他のクラスの友人と三人で集まった一二月初めの昼食会の時のことである。企業を退職している友人の一人には、集会の呼びかけ人の川人君から案内状が来ているということであった。しかし私には来ていないし、もう一人の別の友人にも来ていない。どうも連絡網が不均一のようだし俄か仕立ての集会のように思えた。その友人から見せてもらった案内状呼びかけ人は、七学部代表団有志とあるので、この推測はあたっているようだ。それはそれで構わないことだが、全学自治会レベルの大規模な集会を想像していた私には、いささか拍子抜けしたところとなった。

## 2　一・一〇討論集会に参加した人、参加しなかった人、それぞれの事情

一月一〇日の討論集会のことを知って、私はクラス会の幹事に連絡をして、在京のクラス会メンバーにこのことを知らせた。というのも私の43LⅠⅡのクラスは、東大闘争時から結束があって、何事にもクラスで

討議して参加するという気質があった。おそらく六〇年安保の頃の駒場の学生気質をたまたま受け継いでいるクラスだったのであろう。これを今日でも持ち続けているので、毎年クラス会をやれば半数以上が集まるし、在京の者（いわば代議員）は六―七人で毎月集まるという変わったクラスなのである。今回は急場の連絡網であったが結果として計三人が討論集会に参加した。

私たち三人にとって、集会の場（山上会議所）で、何十年ぶりに再会した他の43LⅠⅡの友人たちと旧交を温めることが出来たことがなによりも喜びだった。ただし、「なぜ呼びかけ人はこの人たちだけなのか？」とか「もっとノンセクト学生にも発言させてもらいたかった」とか「集合写真は新聞に出たりしないだろうね」といった声が聞かれたことも確かである。

他方では、この日の集会のことを知っていながら、参加することを避けた他の43LⅠⅡクラスの友人たちが居たことが、今も気にかかっている。

その一は、一二月の昼食会に集まった三人の友人のうちの一人である。彼は東大を卒業後、自治体の公務員となって教育畑の仕事をしてきたが、その間も東大闘争に関する書籍を系統的に沢山読んでいて、時々それを私に紹介してくれた。一二月の時も『季論21』二〇一八秋号に掲載された「東大闘争五〇年」と題した関係者座談会の記事を紹介してくれた（座談会「東大闘争五〇年――確認書の意義と今日の大学」『季論21』二〇一八秋、四二号増大号）。

それほどに東大闘争にこだわりを持ち続けてきたのは、東大闘争が彼の人生を大きく左右する事件であったからなのであるが、結局三五年間の公務員生活の間、周りの誰にも口にすることなく一人で東大闘争の足跡を追求し続けてきたようである。その彼が語った一月一〇日討論集会に参加しない理由はなにかというと、「昔を懐かしむ同窓会では、お互いに腹の探り合いをするだけで、集まる意味がない」ということだった。

その二は、在学時から明るく行動的な人で自治会の様々な役員をやっていたが、卒業後すぐに大学の教員となった。学生時代から理論好きで、私とよく論争し雑誌に原稿を書いたりしていたので、特に親しかった友人である。一〇年ほど前になるが、二つ目の大学赴任で東京に戻った時に再会して昔話に花を咲かせたことがあったが、その後は挨拶状程度の連絡でも返事が来なくなった。今回「一月一〇日が人生最後の我々の会う機会だから」とまで言って彼を何度も誘ったのだが、結局来なかった。それほどまでに昔の友人たちを避けなくてはならない理由がなぜ生じたのか、気になるばかりである。

その三は、大学を卒業してから出身地の高校の社会科の教師になっていたが、数年前に定年退職している友人である。毎年の年賀状には、教職員組合のこと憲法問題のことなど書いてくれたのだが、今年一月半ばに届いた年賀状には、「これで長年の付き合いを終わらせていただきます」とだけ書いてあった。他方、元日に届くように彼に出した私の年賀状には、一月一〇日の討論集会への案内を書いていたのだが、どうやら意図は全くのすれ違いに終わったようである。

その四は、参加することを避けたわけではないが、参加できなかった人もいる。彼は、在学中は自治会の役員を何度もやって、その後大学院に進学して研究者になって、六五歳まで東大に居た友人である。現在は私立大学の教員になっている。一月一〇日の討論集会のことは他からも連絡があったようであるが、その日は教授会の夜の会合があるので参加できないと言ってきた。そのメールの追伸には、「川上徹氏の著作など読むと、学生運動はサークル活動だったと感じますね」と書いてあった。

## 3　人生を過ごしてたどり着いたそれぞれの事情

ことほど左様に、東大闘争は私たち43LⅠⅡの同級生たちに大きな影響を残したということがわかるのだが、それが「友人との再会を避ける」という方向に作用している者が結構いるのはなぜなのだろうか。

それは一月一〇日集会に参加したものと参加を避けたものの間に、東大闘争の評価をめぐって、亀裂が生じていることを意味するものであろう。私のクラス会の東大闘争に関する気持ちの共通項は、①平和と民主主義の価値を昔も今も大事にしていることと、②教育や社会の問題に対して傍観者でなくて参加者でいたい、ということ、である。クラス会としてはこれで充分なのだが、大学を卒業して就職した会社や役所という大きな組織では、組織規範や行動原理は大学とはかなり違っていた。卒業後半世紀の世界と日本の経済・政治・社会の変化も想像以上に大きかったから、これらの会社や役所の中で生きていくことは巷で語られるほどに簡単なことではなかったのである。就職した会社や役所での人生経験が、東大闘争の記憶や友人たちとの再会を避けるべき契機とさせてしまうほどに、大きな否定的動機になっているものもいることを忘れてはなるまい。この点は、社会的拘束力の少ない大学の研究者や弁護士・会計士などの個人事業主的職業や組合専従的職業に就いたものと大きく違うところである。

「二五歳のとき左翼にならない人には心がない。三五歳になってもまだ左翼のままの人には頭がない。——ウィンストン・チャーチル」という有名な格言があるが、この程度の気安さで東大闘争を回顧できれば、あまり深刻にならずに済むのである。（この格言は大江健三郎の記事からの引用であるが、原典はWinston Churchillが言ったとされる「二〇歳までに自由主義者でなければ情熱が足りない。四〇歳でも保守主義者でなければ知能が足りない」(If you are not a liberal at 20, you have no heart. If you are not a conservative at 40, you have no brain.)。また、フランスの首相、政治家ジョージ・クレマンソーも「二〇歳で社会主義者でなければ、情熱が足りない。三〇歳でもそうならば、頭が足りない」(Not to be a socialist at twenty is proof of want of heart; to be one at thirty is proof of want of head.) と言ったと書き残されている。)

しかし、これが許されないような学生時代の記憶があり、許さないような人たちが討論集会への多くの参加者だと思われてしまえば、そこまで強い確信の無い人々は集会への参加を避けたくなるのは当然であろう。じつは、先に紹介した参加を避けた友人をはじめ43LⅠⅡの同級生たちの多くはこうした人たちなのかもしれない。

討論集会の冒頭では、川人君からドイツやアメリカ等海外の学生運動を取材し、紹介し回顧する報告があった。そして海外では六八年前後の学生運動を今も好意的に評価している世論があることが紹介された。これに引きかえ、日本では東大闘争を好意的に見てくれる世論はそれほど強くないのではないか、ということもコメントされた。

その違いは何か。先のウィンストン・チャーチルの格言を、「変節の合理化の理屈」のように見てしまうのではなく、長い人生の中では様々な知識や経験を得て、人は考え方が変わることもありうるが、これも自然の摂理として受け止め、私の43LⅠⅡクラス会に今も残された、東大闘争に対する気持の共通項のような良識の範囲内で社会に貢献できればよい、というように前向きに捉えることはできないものだろうか。欧米人の六八年の学生運動に対する好意的評価はこうした包容力感覚から来ているのではなかろうか。今後の学生運動では、こうした人間と人生の多様性への包容力を培うことが、①平和と民主主義と②社会課題への持続力ある参加を促す力になっていくのだろうと思う。

# 17

# 東京二〇一九年一月一〇日——有形の歴史

フロリアン・クルマス（Florian Coulmas）

一九四九年生まれ。一九六八年ベルリン自由大学入学。現在、デュースブルグ・エッセン大学教授（社会言語学者）。中央大学教授、ドイツ日本研究所（東京）所長などを歴任。

大教室の舞台上のスクリーンには、出席者は四つのグループに分かれて座るようにという指示が映し出されていた（日本のしきたりに則ってだが、一九六八年当時の学生だったらまったく無視しただろう）。グループのうち三つは本郷理系、本郷文系、教養で、四番目の「学生、メディアその他」は教室の右側後方が割り当てられていた。そこに座ろうと私は思った。周りを見ても外国人は私だけだったし、この特別なイベントには出席できるだけで光栄で、他の人が話すのをただ聞いていればよかったはずだった。ところが主催者に名指しされ、当時のヒーローたちが来賓として座っている左側の最前列に座るようにと言われたのだ。

こうして、過去を振り返る集会は始まった。一九六〇年代後半の日本の学生運動が相当過激であったのは私も知っていたが、「東大紛争」という言葉を知ったのは最近になってからだ。社会科学系の学生が最前線に立っていたヨーロッパの学生運動とは違い、東大占拠を主導したのは医学部の学生だった、というのも知らなかったことの一つだ。なぜだろう。

私と同年代の人々（中には少し年上の人もいた）が、次々と壇上に上がる。すべて男性だ。教室は一三〇〜一四〇人の参加者で埋めつくされていたが、そのなかに女性は二〜三人しかいない。これが歴史だ。六〇年代の日本の学生運動は、男性が主導していたのだ。

ベトナムへと向かうアメリカ海軍の原子力空母エンタープライズが、日本に寄港するのを阻止するためのデモ。アメリカのベトナム政策と共謀する日本政府への抗議活動。ナパーム弾や枯葉剤は、ヨーロッパの学生運動でも標的とされていたことが思い出される。

登壇者の中には、当時の経験をそのまま語る人もいれば、その経験から日本最高峰の大学や日本政府の権威に学生がいかに立ち向かおうとしたかを説明しようという人もいた。

近くに座っている人々を見ていると、私が中央大学で教えていたときに出席した数々の教授会が思い出された。当時同僚だった教授と同じように、彼らは静かで、何人かは眠っているようだった。しかし自分が発言する番になると、頭を上げ、中には昔と同じように興奮した激しい口調で聴衆に語りかける人もいた。私の眼前で明らかにされていたのは現在の出来事ではなく、歴史だった。

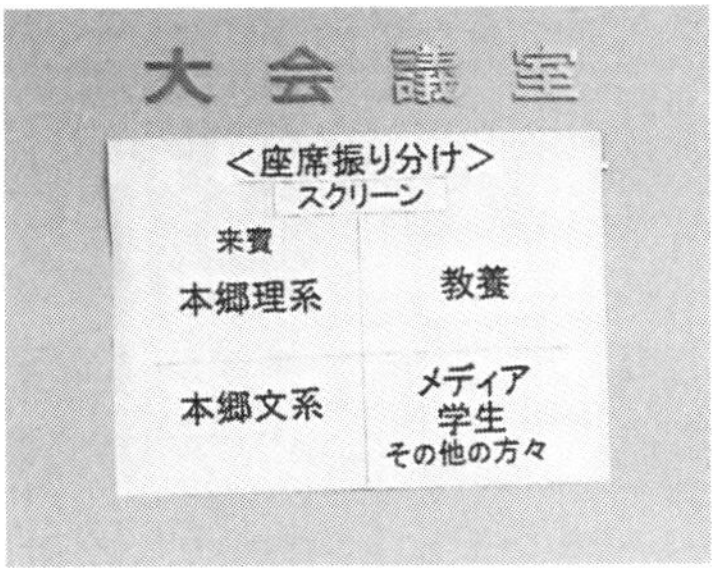

４つのグループ座席表

安田講堂前集会などの運動に参加した人々の証言も興味深かったが、最も心を引かれたのは、過去よりも現在にその身を捧げる人々の言葉だった。「今の学生はどこにいるのだろう」と彼らは問いかける。「どこまで無関心でいられるのか」、「三・一一当時、実際には何が起こったのだろう」、「日本の知的エリートの最前線にいる東大が、政府の代弁者となった。実に残念だ」。

声のトーンが上がり、手が振り上がり、本物の憤りが表明される。

これらの発言を私は今でも覚えているし、最後の登壇者が話を終え、皆が教室を退出する際に「二〇一一年以降、永田町の反核デモに毎週末参加している」と、ある参加者が語っていたのも覚えている。当時の学生運動を後押ししたエネルギーや不安感、あるいは責任感はまだ残っていて、その経験を今日の若い世代に伝えるのは、たとえ難しくても、価値あることかもしれない。

たかが五〇年。しかし、インターネット時代の大学は、ガリ版時代の大学とは別の世界だ。今では高校生が気候変動を心配している。

# 18

## 六〇年安保から東大紛争を経験して思うこと


畑野 研一郎（はたの・けいいちろう）

一九六二年、北海道立札幌西高校卒。一九七一年、東大薬系大学院修了、薬学博士。名古屋市立大学薬学部助手、一九七四年同学助教授、一九七七年、米ノートルダム大留学、一九八三年頃、名古屋市立大学教職員組合委員長。その後は薬学会、化学会などの学術活動に専念。二〇〇七年名市大准教授退職。

本一・一〇集会の呼びかけ人になり、また当時薬学系院生自治会の委員長として確認書に署名し、この寄せ書きに参加している者です。なぜ理系の学生であった私がこのような活動に参加したのか今でも十分に整理分析してない部分がありますので、まず自身のことを回想しながら考えて見たいと思います。

私が社会的活動に最初に関わったのは高校時代で、たまたま学力テストの指定校となったことに関する学生集会の議長をやったことでした。そこには文部省の押しつけテストになんらかの抵抗することを考えて参加したと思います。その集会ではボイコットの提案もありましたが、結局は学力テストには反対の意思表示をするが、行動は各自の判断で、とまとめたと思います。私自身はボイコットしましたが、大多数の学生はテストに参加したようです。それが私の学生運動の初めかもしれません。一方当時は街頭で地方都市でも安保反対デモがありそれにも参加しましたが、樺美智子さんの死でショックを受けて私の六〇年安保は「安保とは」を考えることだけで終わったと思います。

一九六二年に大学入学し当初は駒場寮で過ごしましたが、寮の前では江田五月氏が演説し、駒場駅は吉永小百合が通学している噂話もありました。それらを聞き流しながら、授業料値上げ反対で文部省デモが全学連の主導でありましたので参加しました。しかし、座込み戦術には参加をしませんでしたので、警察の放水には遭わずにすみました。

その後の駒場から本郷時代は普通の大学生活をして過ごしました。当時の学生運動は七〇年安保の政治課題を意識しながらも全学連は分裂し、セクト化とその抗争が激しくゲバ棒が登場し混迷した状況でした。私は学部自治会の副委員長になり福利厚生活動を主とし、他大学自治会との個別交流などにも取り組みました。そこで接触した学生が連合赤軍や浅間山荘事件に関連し、またシャンソン歌手で出現した加藤登紀子氏が学生紛争にも関わったのを後に知ったのは驚きでした。ベトナム戦争も激しくなる中、結局学生生活四年はボーリングや野球大会に楽しんで参加し、卒業式も平穏に安田講堂で終わりました。

一九六六年に大学院に進学しましたが、院生自治会で副委員長を引き受けました。その役割としては主に東院協（東京大学全学大学院生協議会）等の学内組織との連携活動でした。当時、他大学の学園紛争では諸外国と同様な民主化が模索されていたと思いますが、その民主化とは何かは具体的にはよく分からないものでした。それが身近の東大医学部で青医連の活動に参加した学生への処分問題で、医学部教授会等当局側の弾圧的な対応で明らかになったと思います。特に医学部や薬学部では講座制が強く、一部教授などの権威、特権主義への反発が学生側の底流にあり、それが民主化への要求になったと感じます。一方処分撤回を掲げた医学部学生自治会はセクトの影響もあり、その過激活動が機動隊導入の誘引ともなり、それが大学自治を守るという問題として大学全体に民主化課題が広がっていったと思います。

医学部の紛争が始まった後に自治会委員長を引き継いだ私は紛争が全学に広がる中で民主化方向の活動に参加しましたが、この紛争に関わった二つの事件が記憶に残ります。一つは大学当局が処分問題と機動隊学内導入についての総長による説明会が六月に安田講堂で開かれたことです。私も講堂の二階席でモミクチャになりながら参加していましたが、その当局の姿勢は激しい学生の怒りとなり、強行派は大衆団交を要求し安田講堂を封鎖のターゲットにし、当局との要求交渉は不安と成りました。その後全共闘の結成がありその要求を通すため安田講堂を再占拠したのですが、封鎖占拠方針には反対する私達も民主化方向で七者協に結束していました。その時期には封鎖戦術を容認する幾つかの学部自治会もありましたが、夏休み中に大学当局側に変化がみられ、加藤一郎総長代行とする新執行部体制になり当局の交渉体制も変革し始めました。

もう一つは秋学期が始まり要求交渉の体制が徐々に整えられていく中、全共闘はさらなる総合図書館の封鎖戦術を打ち出しました。それは全く私たちには容認できるものでなく、私も仲間の大学院生と共に初めてヘルメットを被り、阻止行動に参加しました。その結果は封鎖を阻止し、全共闘活動への批判が広がることとなり、紛争の収拾の一歩に繋がっていったと思います。

確認書へのその後の経過は多くの方々の参画で知る処を多とすると思いますが、組織を回想すると、私と目良氏は理系農系の大学院生と共に東院協の一員として参加しましたが、学部としては教育学部の尾花氏は文系の民主化運動の拠点として、経済学部の故町村氏と教養部の牛久保氏は私の出身地に関係してその参加に心強く感じました。確認書に至る闘争に参加した方々は信条・意見を異としていましたが、民主的に集約し、問題解決への同志として活動したと思います。その意味で確認書は全共闘と戦いつつ民主化を実現した同志の証明書であったと思います。

確認書締結後、全共闘が逃げ出した安田講堂での機動隊との騒動を大学構内のテレビで見ていましたが、その茶番劇には虚しさを感じ、またその結果、大学入学が中止となったのは非常に無念でした。

その後私は当時ビザが必要だった沖縄を訪問し、七〇年安保は沖縄返還で一段落したとの感を強くし、さらにその後ポスドクで米国留学した際にベトナム戦争に反対した理系のアメリカ人の同世代の話には感動しました。

憲法と民主主義は日本で七〇年余を経ましたが、この原稿を書く間に元号が平成から令和と変わり、また憲法と関係して国民主権の中での象徴天皇と戦争を巡る平和主義にも変化も見られます。昭和後期の一〇年間の学生時代に安保問題と大学民主化に参画したのは私には貴重な経験で、それを確認書の意義として、真に民主的で平和な日本となることを祈念していきたいと思います。

# 19

# 思えば遠くに

## ——東京教育大闘争を振り返りつつ

佐藤　進（さとう・すすむ）

一九六六年、東京教育大学入学。一九六八年、教育学部自治会委員長。都学連、全学連の役員を経て、一九七二年、大学在籍のまま埼玉県東松山市で障害者福祉事業に参加。その後、県立大学で福祉職養成にも関わりながらこの道で。二〇一一年に「介護離職」、「老々介護」を経て、現在は「独居老人」暮らし。学生運動への参加から今日まで時代のトレンド（？）を追うと振り返る。

若者らしい正義感はもっていたつもりだが、政治的には全く無垢といってもよいまま始まった私の学生生活も、二年生にすすんだころには必ずしも安穏に日々を過ごす気分でもなくなりつつあった。そんな私の背中を押したのは一九六七年一〇月八日、いわゆる羽田闘争において学生と機動隊が衝突する中で起きた京都大学学生の死亡事件だった。晩生だった私もデモや集会に参加するようになり、やがてのめり込むように運動に参加していった。そのうち、気がつけば自治会の委員長に祭り上げられ、さらにその後も都学連や全学連の執行委員として「学生運動」に没頭していった。

あれから五〇年余、私も今では古希といわれる年を超えて二年になろうとしている。あの「疾風怒濤の日々」から半世紀を経たと思うと過ぎ行く年月の速さに改めて驚く。そんな折に、お互い大学こそ違っていたが「闘う青春」を共有し、以降も五〇年来の交友を重ねてきた川人博くんに、この度の「一・一〇討論集会」への参加を誘われた。懐かしいいくつかの顔とも再会できるかと期待しながら集会に参加することを楽しみにしていた。しかし、年明け早々に私が入院手術という仕儀となり残念ながら欠席せざるをえなかった。にもかかわらず、川人くんから「同じ時期に筑波移転反対闘争を闘っていた東京教育大学のＯＢとしてメッセージを寄せてもらえないか」と声をかけられ、こうしてＰＣに向かっている。

あの時期、世間の耳目は東大闘争に集中していた。あるいは、せいぜいその規模や展開のドラマ性から日大闘争にも目が向けられることがあるぐらいだった。もっとも、いちいち個別の大学の闘争を取り上げることなど新聞もテレビも出来ようはずがないほど国中の大学はそれぞれに沸き立っていた。そんな中、東京教育大学はと言えば、私が入学した一九六六年には筑波移転をめぐって既に学内は騒然としており、六八年にはほぼ全学的にストライキに突入した。年が明け、東大闘争は「全学集会」で確認書が取り交わされた直後に安田講堂の攻防戦がテレビで「実況中継」され、それを口実にして政府が介入し入試中止を決定するという事態となった。以後、急速に闘争は収束していったように見えた。

我が教育大は東大より一足早く六八年末に大学評議会が入試中止を決定し、年明けの二月には学長の専断で機動隊が導入され、それ以降一年以上の長きにわたって大学は常駐する機動隊の管理下に置かれることになる。こうした体制の下で当局は筑波への「移転」を決定していく。かくして長きにわたる「筑波移転反対闘争」は完全な敗北に終わった。それは、「大学の自治」とか「学問の自由」という大学のアイデンティティそのものを蹂躙、あるいは自ら放擲し（東京教育大学の廃止）、財界の要請にこたえ産学協同をめざすために当時の文部省が総力を挙げて取り組んだ「筑波研究学園都市構想」の中核としての「新構想大学」へと道を開くことにほかならないことを意味した。筑波大学の運営管理体制は今日の「国立大学法人」のプロトタイプともいえ、さまざまな面で今日に至る大学の退嬰と荒廃への道を開く露払い役になったと言っても過言ではない。

その後、それぞれの大学であれほど燃え上がった「大学民主化」闘争の嵐がまさしく雲散霧消するのに要した時間はあまりにも短いものだった。このように学内課題を失った学生運動は活力を失い、その後の七〇年安保も沖縄返還をめぐる闘争もどこか「劇場」的でさえあった。自分が舞台の上で演じているのか、演目を見上げながら拍手を送る観客なのかわからないという不確かさの中で、私は運動から「卒業」していくことになった。しかし、あの日々の体験は紛れもなく私の人生の基盤であり指針ともなっていたことは確かだ。

ともあれ、我々教育大生は元々勝ち目なぞありえなかったかもしれない「筑波移転」反対闘争に悪戦苦闘しながら、一連の学園闘争のいわば象徴的存在であった東大闘争の支援にも駆けつけていた。いやもっと有り体には「駆り出され」たというべきかもしれない。支援の内実は、常にゲバルト要員だった。そのピークは図書館前の攻防戦であったが、それこそ「命懸け」で最前線にいて激しくぶつかりあうことに躊躇はなかった。何かを固く信じていたのだろう。しかし、信奉する「何か」を明確に思い出すことは難しい。おそらくは動員指示そのものを信じて行動していたにすぎず、その指示が何を意味してどのような結果を求めるものかということに思いを及ぼしていなかったのではないか。率直にいえば「無知で思慮のない子ども」のようでさえあったのだろう。それでも、それらの経験もその後の自分の人生を支えた一部であったことを疑ったことは一度もない。当たり前ながら、あの頃に比べれば知恵もつき多少は思慮も深くなったと思う今日でも、あの当時の自分と向き合っても目を逸らさないでいられる人間でありたいと思っている。

そんな学生時代を経て、いささかの彷徨の後に私は障害のある人たちの育ちや暮らしを支援する福祉の仕事にたどり着き、今はもう現役を終えたが、四十年余にわたって打ち込むことになった。この仕事は、近年盛んに議論されるようになった「多様性」に富む社会、あるいは人々が互いに理解し支え合う「包摂」を問いつづけることを課題としていたと改めて気づかされている。共生社会と言い換えられることもある社会モデルが福祉の仕事の目標となるが、「人権」と「民主主義」をその思想的基盤とすることはいうまでもない。

私はこの仕事に巡り会えたことをとても幸運だったと信じてきた。四十数年前の障害者福祉は入所型の施設を中心に「保護」を目的に制度設計が行われ施策が展開されていた。障害があるとはいえ、同じように人として生まれ、ならば当然にも人はそれぞれに個性的に生きているはずである。にもかかわらず「障害者」として一括りにして、そんな人たちを「まとめて生かす」ような福祉を変えたいと思った。やがて、その思いは私にとっての「闘い」となり、障害のある子どもや人たちが当たり前に地域社会で育ち暮らしていける社会をめざして、さまざまな試みに挑戦する社会福祉法人を立ち上げることになった。今は次世代に託したが、その法人も三〇周年を迎えようとしている。この間、こうした試みが障害者福祉の制度のいくつかを地域に根ざす仕組みに変えていく契機になったという手応えも感じてきた。

振り返れば、障害者福祉の仕事はこの国と社会のあり方を問い続ける仕事でもあった。この仕事に出会えて幸運だったと先に述べたが、学生時代に染みこんだ価値観や感性のままに自分の仕事を理解しその役割を自覚し、しかもあの頃に身にまとった運動や説得のすべを持って世の中に立ち向かうことができたと実感してきたからである。

だが、それらはあくまで個人的かつ主観的な感慨にすぎないのかもしれない。この国の現状を見れば、漠然とではあったにしても若い頃に望んでいた社会とは違いすぎる現実が目の前にある。民主主義の惨状というべき姿が広がっている。障害者福祉の世界にも明らかに反動が見える。だから、ノスタルジックな気分に浸っている場合ではないのかもしれないだが、今や病気がちの老兵の身となってはただ切歯扼腕するしかないのだろうか。

# Ⅱ　確認書と大学・社会

## 20

# 東大確認書五〇年に関する報告

藤本　齊（ふじもと・ひとし）
当時、法学部。弁護士。

「大学当局は、大学の自治が教授会の自治であるという従来の考え方が現時点において誤りであることを認め、学生・院生・職員もそれぞれ固有の権利を持って大学の自治を形成していることを確認する。」（一九六九年一月一〇日、秩父宮ラグビー場での七五〇〇人の学生・院生、一五〇〇人の教職員が参加しての交渉後、日本青年館で調印された東大確認書第十項二号）

多くの皆様、お久しぶりです。多くの皆様、初めまして。一九六四年入学、今弁護士の藤本齊です。確認書から五〇年。あの更に五〇年前というと、実は、第一次大戦です。それだけの月日、これは尋常なタイムスパンではありません。五〇年の歴史変動は確認書ごときは吹っ飛ばす程のものかも知れません。さてどうだったんでしょう。そこで改めて確認書の五〇年です。

東大の中の若干の部局などでの相談や助言に携わってもきた者として知る限りでの確認書のその後と現在について、要請もありましたので報告して、ご議論の素材として提供させていただきます。

藤本齊

法人化が二〇〇四年、今から一五年前、その法人化に向けての動きの中で、私も若干の学部部局での相談や助言に携わるようになりました。その時期にたまたまある不祥事を起こした学生の処分についての相談を受けたことがあります。そのために、当該部局の職員らが私に東大での学生処分に関する当時の法体系規則体系を説明してくれるのですが、その説明のためのファイルの冒頭に綴ってあったのは、何と、調印から既に三〇数年がたっていたあの確認書そのものでした。ある種憲法でも条約でもあるのですから当然と言えば当然なのですが、ちょっとした感銘ものでしたね。

そのファイルには、確認書に続いて昭和五六・二・二四評議会承認の『現行懲戒処分制度について』というのが綴ってありました。

その総論では、確認書の内容が再確認され、それまで矢内原三原則で必ず退学処分とされていた学生大会での「ストライキ」の提案・議決・実行（授業放棄）は処分の対象としないこと、正当な自治活動への規制となる処分は行わないこと、一方的手続きでの処分はしないこと等が再確認され、各論において制度の運営について詳述され、合わせて、「この評議会承認は、よりよい懲戒処分制度の制定に向けての努力の必要性を否定するものではない。」との了解事項が付せられているものでした。

法人化後は、どうなったか。

法人化によって学内の規則体系は上から下まで形式的には全部入れ替わります。何しろ、国の一部だったのが、「独立」の国立大学法人になり、教職員も非公務員労働者に地位変動したのですから。

学生の懲戒に関しては、移行後も、学部通則二五条により、「教育研究評議会に置かれる学生懲戒委員会の議を経る」こととされますが、そのための手順として、まずは同委員会の担当班が調査をしたうえで懲戒処分案を作成します。興味深いのはここから先です。「その公平性と透明性を高めるため」として、その案の妥当性を検討し直す「参考人団」（評議員一、教員団員五、学生団員五）が設置されるのです。その学生団員は、各学部部局から相応数選出された学生参考人（計四二名）による「学生参考人会」が互選するという造りとなっています。この参考人団の評決により案は確定されたり再審査に付されたりすることになるわけです（現行『学生懲戒処分規程』東大規則第二五三号平成一七年一月一日施行。* これは、前掲昭和五六年『現行懲戒処分制度について』の各論部分を敷衍し、且つ、新たに様々に細部を構築し直したものとなっています）。

職員に聞いてみますとこの参考人団・学生参考人会、これは今も選出され現にちゃんと機能しているそうです。

＊ https://www.u-tokyo.ac.jp/gen01/reiki_int/reiki_honbun/au07408411.html

尚、この『規程』に付されている［了解事項］の3の本文は、「東京大学は、学生処分の歴史的経過を踏まえ、懲戒処分を進めるに当たって当該学生からの事情聴取および当該学生の意思確認を重視している。（続く「ただし書き」の内容は、それが困難な逮捕拘留されている場合の扱い方等についてです。）」とされていますが、この「歴史的経過を踏まえ」の特記あたりなどで、東大闘争と確認書への繋がりを表現しているものなんでしょうね。

更には、特に焦点のひとつであった自治活動に関連する処分についての中心的特記は明文で引き継がれています（第三条（懲戒処分の対象）第七号「ただし、学生の正当な自治活動の一環として、大学または部局等への意思表示のために、授業を受けることの放棄を呼びかけること自体は、ここにいう行為にはあたらないものとする。」)。

なお、この平成一七年一月一日施行のこの『規程』の制定時の付則第二項で、法人化前の前掲評議員会承認『現行懲戒処分制度について』は施行前日をもって廃止するとされました。(これは制定時の付則で、現在の一九年改正の規則のネット上には載っていません。)

「廃止」とは何ごとだと怒る方々もいらっしゃって、そのお気持ちも分かりますが、法人化での法主体内部の法体系としてはそういうことならざるを得ないのかも知れませんね。

しかし、それはそうだとしましても、重要な問題は次にあるというべきでしょう。

単なる内部問題という側面だけではなく、確認書は、その経緯からしてもその内容からしても、明らかにお互いに他の主体として認め合ったもの同士の間での、即ち互いに独立した主体である別個の団体間での確認書なのですから(しかも、学生自治会とだけでなく、教職員の職組との確認書もあり、また、東大生協のような関連団体との間でも新たな関係の結び直しはあったのですから)、他者との契約としての性格、ある種条約的性格をもち、相手方の不履行とか違反とかや定めにのっとること等という相互間を律する理由なしに、自分たちの都合だけで一方的に破棄とか廃止とかできるものではなくて、相手方との関係での拘束力は当然引き続き継承されているものだということです。要するに約束なのだ、満天下にも向けられた。

実は、現在の東大駒場の教養学部自治会もそのことを堂々と示しています(東C自治会のホームページ——TCZ東京大学教養学部学生自治会/「運営案内」「大学の自治とは」「大学の自治と学生の関係」「確認書*」)。

* http://www.geocities.jp/todaijichikai/daigakujichi.html

http://www.geocities.jp/todaijichikai/kakunin.html

東大新聞もこのことを取り上げていましたが、ごらんのとおり、現在の彼ら彼女らも、この確認書、特にその全構成員による自治の確認条項を先頭に掲げて、毎年の対学部交渉に様々な要求を掲げて臨むという活動をしているのです。また、新入生に対する大学の自治の説明もここから出発するものとしてこのホームページ上でも丁寧に説明しようとしています。しかも「大学の自治とは」の項目を設けて、あの複雑多岐にわたる各条項をも掲載してです。五〇年前のをですよ。かの私たちにとっての第一次世界大戦のものをですよ。今や全学連を脱退した自治会ですが、そんなことの評価とは全く別に、日本中で学生自治会の崩壊が続いている中で、私はある種の感慨なしには見れませんが、みなさん如何でしょう。

東大闘争全体の特徴の第一は、教職員にとっても学生その他すべての関係者にとっても、何よりも大学の自治のために戦われたのだということにあるはずです。よりよい大学を作ろうということだったはずです。だから確認書なのです。そして、もう一つ学生の運動としての側面での特徴としてみれば、河内君が最近言うところの「戦いを始めるか否か、何を要求してどう進めるか、どう解決するかのすべての大事な局面は、結局は一般学生が決めてきたのだ。我々も役割は果たしたとしてもそれはその中でのことなのだ」と言うとおりだと、本当にそうだったなあと私も思います。そういう側面の話もありますし、確認書に関しても、教職員組合との確認書（別添資料「東大当局と東大職員組合との確認書」にあります通りこれも格調高く要点の分りやすいものです）もあり、また、生協その他学内諸団体との新たな関係も構築されなおしてきました。それやこれやについては皆様のご検討に委ねます。

私としては、確認書に絞ってご報告しました。

なるほど、見方によっては、確認書の精神はどこへ行ったのだとか、実現なんてされてないじゃないかなどとも言えるのかもしれません。しかし、目良さんもおっしゃるとおり、日本国憲法の完全実施問題を連想しても、完全実施がなされていないからと言って、価値はなくなったなどと言うべきものなのでしょうか。少なくともかような形での継承はなされ続けてきたし、また、川人ゼミなどに繋がる自主講座などが模索され、当該自治会のＨＰ「大学の自治とは（大学の自治と学生の関係）」にも半世紀を経てなお掲げ続けられているのです。逆に言えば、確認書もないままに、あのままの全共闘などによる暴力が支配する荒廃状況が続いていたとしたらどうなったかと想像すると、実に何とも寒々としませんか。学問の自由と大学の自治を改めて問い直し、今から五〇年前に、ここ東大において、全構成員の自治を掲げ、その理想と理念を認めさせ、その実現と内容作りのための模索を開始・継続させてきた、そういう歴史がそこに厳然としてあるのだという、そのことの意義は、実はとても大きいものだったと言えないでしょうか。

と申し上げて、私からの報告を終わります。有難うございました。　（一・一〇討論集会第二部冒頭報告より）

# 21
## 東大パンフから確認書へ

山下　俊史（やました・としふみ）

一九四四年二月愛媛県生まれ。六二年県立新居浜西高校卒業、東大理科Ｉ類入学。六四年工学部原子力工学科進学、休学。六五年教育学部社会教育学科転学。六七年卒業、東大生協入職。東大闘争時（六八―六九年）、東大生協職員・同労働組合員。その後、東大生協常務理事、新潟大学生協常務理事、都民生協常務理事、コープとうきょう専務理事、同理事長、日本生協連副会長、同会長。現在、上場会社社外取締役など。

## はじめに

今年に入って新聞紙面を飾るワードは、「大学紛争」「安田講堂事件」「入試中止」などである。あるいは六八年を「全共闘とヤクザ映画」と特徴付けるものもある。コラムなどでは駒場祭のキャッチフレーズ「とめてくれるなおっかさん　背中のいちょうが泣いている　男東大どこへ行く」が再現されている。人物ものでは「全共闘世代のその後」などとくくられている。世の中に残された東大闘争の残像とはそんなところなのだろう。

いま、なぜ、東大闘争なのか。基盤的経費が減らされ投資的資金に誘導されるなかで、自主性・自律性を失いつつあるように見える大学。医学部入試差別問題にゆれる大学。研修医・医師不足と地域・診療科偏在問題。これらの問題を掘り下げようとする場合には、東大変革・研修医制度改革の結節点となった東大闘争・確認書に立ち返るべきかとも思う。東大闘争体験者として、具体的な体験を書き出してみたい。それが大学・医療制度の現状への何らかの問題提起につながれば、それでよしと思う。

とはいえ私は、東大闘争についても確認書についても、その全容を立体的に語ることはできない。東大闘争を六八年から六九年とすると、私はすでに卒業し、東大生協に在職していた。生協に勤務しながらその傍らで、学生組織と学内外の諸組織との連携支援に努めた。学生組織の最前線での闘いや、確認書に至る折衝・大衆団交などについては、直接の体験者に委ねたい。私は、「東大闘争の契機としての東大パンフ」「東大生協勤務の傍ら東大改革の活動」「最後の大学紛争のひとつ――新潟大学生協」「その後のことなど」について、私自身の記憶をさかのぼり報告することとする。

## 1　東大闘争の契機としての東大パンフ

「君たち学生自治会のやっていることが、大学の自治を掘り崩しているのだ。」大内力学生部長は高々と足を組み背を丸め、メガネの奥からねめつけるように言い放った。すでに面談した大河内一男総長は穏やかだったが、大内力学生部長は強圧的だった。学生自治会中央委員会議長として私は、大学の自治を教授会の自治と規定する東大パンフに抗議し撤回を要求していた。学内の構成員による自治に支えられることを否定する教授会の自治では、外圧と闘えないと私は考えた。東大パンフの論旨は、大学を背負っているというより、国家を背負っているかのように読み取れた。これでは主観的には教授会の自治であっても、客観的には国に寄り添う権威主義だ。当時、伝統的なマルクス・レーニン主義の理想は、既にスターリニズムや毛沢東主義によって陰りを帯びていたが、東大経済学部のマルクス経済学の権威には、内外から敬意が払われていた。なぜ学内の民主主義を否定するのか。なぜ学生自治会を否定するのか。なぜ学生の言い分に対して、聞く耳を持とうとしないのか。東大パンフの筆者とされていた大内力学生部長はかたくなだった。私は東大執行部に失望を感じた。

私たちの自治会活動の何が大学の自治を掘り崩すのか？　アメリカのベトナム侵略に反対する、ビラを配る、ポスターを貼る、タテ看板を出す、討論する、デモ行進する、そのどこがいけないのか？　私は教育学部学生自治会委員長として、スト権集約もした。しかし常に学内共闘の立場であった。教職員組合との共闘を重視した。時に手続きを守るよう注意されることもあったが、先生方にも協力をお願いした。学生にとっては授業放棄、先生方にとっては休講、これは可能だった。このような意思表示のあり方は、東大執行部には甘えの表現と考えられたのだろうか。駒場寮時代ははるかに自由で牧歌的だった。寮委員会食事部長として寮食堂の運営にあたっていた私に、西村秀夫厚生課長（助教授）は「メニューをカレーにしぼってはどうか」とおせっかいを焼いてくれたほどであった。

もちろん私は、中央委員会議長が甘えの許されない立場であることは理解していた。議長の中に処分された事例があることも、矢内原三原則も知っていた。ストライキ（授業放棄）を中央委員会が呼びかけ、学部学生自治会が学生大会で決定し決行するなどの事態を、東大執行部はおそれたのだろうか。あるいは、そのような学生自治会こそ大学の自治を掘り崩すものとして、教授会としては守るべき大学の自治の外に置きたかったのだろうか。東大パンフが矢内原三原則と学部共通細則を、官僚的に裏付けようとしていることに、私は怒りを覚えた。

私たちは反論を発出し、シンポジウムや討論集会なども企画した。七者協にも問題提起した。東職からは、「職場の要求を実現する運動と自治の問題を結び付けて考えるべき」といった指摘がなされた。東大生協はかねてより施設獲得運動の中心的な担い手として、要求実現に取り組んできていた。いずれの場合にも全面拒否の東大執行部に、要求貫徹の風穴をどうあけられるかが、共通の問題意識であった。学生自治会としても要求の掘り起こしに取り組んだ。焦点化されたのは「インターン」問題であった。学部学生を卒業した後の、医師国家試験を受ける前提条件としての、無報酬など劣悪な労働環境のもとでの医療研修は、学生・インターン・青年医師の怒りの対象となっていた。学生でもない医師でもない立場での研修制度は矛盾に満ち

駒場寮委員会・新旧委員長・食事部員と寮食職員たち。前列右から５人目、私（旧部員から新部長として留任)。1963 年 9 月 23 日

1965 年 6 月 8 日、ベトナム侵略反対・教育学部共闘集会。学生は授業放棄、先生は休講して参加

6.9 ベトナム侵略反対国民共同行動日、安田講堂前集会に 1500 名(駒場 900 名、本郷 600 名)。1965 年 6 月 9 日

ていた。私たちはインターン闘争を全学の闘いと位置付け、これをてこに東大パンフを撤回させたいと考え、これらを「東大民主化闘争」「東大改革」などと呼び始めた。

この時期、私は自分の就職先を考えていた。やっつけ卒論ではあったが、社会教育学科教授宮原誠一先生は、卒業を許して下さった。第一志望の就職先は、中国文革のあおりで引き上げた人員が余剰となり、面接を断られてしまった。第二志望は東大生協だ。私にとって入学以来の東大は、学ぶ場であり、自己の変革と自立を求めて生きる場であった。食っていけて、東大改革にかかわることができる場として、東大生協は最適であった。美濃部選対につめていた私は卒業式に出ることもなく、東大生協の面接で「東大改革を見届けたい」と入職を希望した。

## 2　東大生協勤務の傍ら東大改革の活動

入職後の私は勤務しながら東大改革活動に取り組んだ。東大闘争が文字通り全学の闘いになった契機は、医学部インターン闘争にたいする不当大量処分への反発であった。東大パンフの権威主義に加えて、医学部執行部には白い巨塔の権威主義が重なっていた。東大闘争が内包したテーマは重層的であった。東大執行部が、医学部執行部の事実誤認を含む不当処分を自ら決定したことは、その責任を問われるに値した。変革すべき対象は、東大パンフと白い巨塔に同根の権威主義に収斂された。私が所属した東大生協・同労組は、それぞれ七者協の構成員として、東大闘争の全過程で、「不当処分撤回」「医学部闘争勝利」「安田講堂占拠反対」「病院封鎖反対」「総合図書館封鎖反対」「機動隊導入反対」「大学の自治を守れ」などの行動を共にした。

東大生協・同労組は組合員の生活の場を守るためにも、全共闘による全学封鎖に反対し強く批判した。封鎖阻止に立ち上がった学生組織には、その求めに応じて生協がおにぎりなどを供給した。労組は総合図書館封鎖阻止に加わった。全共闘のゲバ棒から身を守るために、私を含め労組員はヘルメットを着用した。過激さを挑発する全共闘との戦いにおいて、つきまとう暴力の問題は悩ましかった。全共闘が占拠する安田講堂に、封鎖に反対し無期ストを解除しようとする学生ともども拉致されたことがあった。バリケードの中「手の一本、足の一本、折ってしまえ」と小突きまわされたが、救出団の交渉によって全員軽い打撲傷程度で解放された。安田講堂に機動隊が導入された後、静かになった銀杏並木で突然襲われたこともあった。たまたま手にしていた傘で応戦している写真が週刊誌に掲載され、ばつの悪い思いであった。

大学執行部に対しては、大河内一男総長の収拾策の不十分さから退陣に追い込み、新執行部による全学集会は収拾策動として拒否するなどしたが、その後は加藤一郎総長代行に要求を明示し、大衆団交によって合意確認を目指す方向に収斂された。成立した確認書は、東大変革の金字塔であった。私にとっては、医学部処分の白紙撤回をはじめ、東大パンフの廃棄とこれに関連する大学管理運営の改革、学生院生の自治活動の自由、矢内原三原則の廃止などは最大の喜びであった。確認書によって私は東大闘争を終えることができた。

私の前には東大生協に残るか、東大生協を去って別の道を選ぶか、二つの道があった。私は東大生協に残った。東大闘争の数年間、私の立場と行動に最大限の配慮を示してくれた東大生協に感謝し、仕事を通して多少なりとも報いたいと考えた。思えば東大闘争に軸足を置いていた期間には、職場ではよく居眠りが出て叱られたものだ。書籍部の万引き防止台の上でも睡魔と闘ったものだ。私は仕事に打ち込みながら、労働組合にも取り組んだ。労働力の再生産に必要十分な賃金を目指してスト権集約しても、実力行使には踏み切れないほど東大闘争での経営悪化は厳しかった。民主的に運営されている東大生協にとっても、労働者に分配できる原資は限られていた。駒場に移動した私は食堂店長の経験を通して、事業経営の手ごたえを確信し、常務理事に就任するにあたって迷いはなかった。

東大闘争の当時、加藤一郎総長代行の特別補佐だった福武直文学部教授は、七〇年の東大生協理事長就任以来、「学生が食べ、学び、来たくなる大学に」との言葉のとおり厚生施設の拡充に奔走されていた。既に時計台一階に書籍部が移転し、安田講堂前地下には食堂・購買部の新設が進んでいた。あの安田講堂に厚生施設ができる。感慨深いものがあった。

## 3 最後の大学紛争のひとつ――新潟大学生協

私は新潟大学生協に単身赴任することとなった。東大闘争の終息後なお大学紛争は全国に広がっていた。そのひとつに新潟大学生協問題があった。新左翼系が支配していた新大生協旧理事会の学生が、生協民主化後の理事会・役員に対して、新左翼系従業員と呼応して暴力を振るい、威力業務妨害を働いていた。私の前任者は家族同伴で、新大学長宅の隣に住んだが、赴任直後から出勤が困難となった。学内の新左翼系学生による「〇〇を殺せ」「〇〇を浣腸せよ」などの立て看板、事務所に入るや否や新左翼系従業員からの連絡で襲ってくる新左翼系学生による暴力、暴力を誘導し容認する新左翼系が支配する労働組合の業務妨害や怠業などによるストレスであった。

私のミッションは暴力一掃と経営再建であった。事前踏査のうえで七四年一月、学生専務の補佐として着任した私は、すぐ襲われ逃げた。何度目かに襲われ逃げる際に、窓から飛び降りた学生専務が足指を骨折した。この骨折を契機として、私たちは暴力一掃キャンペーンに転じた。暴行による被害として警察に届け出た。私も供述書を提出した。略式裁判での命令は罰金刑だった。新左翼系学生による暴力は一掃したが、新左翼系従業員による業務妨害はなお残されていた。とりわけ一名の行為は、暴力的な威嚇を伴っていた。月末の棚卸し残業を命じた役員の胸ぐらをつかみ、投げ技をかけるそぶりをして、残業を拒否した。棚卸しは経営管理にあたる役員のやることであり、従業員の仕事ではないという屁理屈であった。

最初の経営問題は賃上げであった。労組は高率ベアを要求し、私を含む団交団を拒否してストライキに入った。地区労の労組員数百人の動員を得て労組は数日を経ても団交の席に戻ろうとはしなかった。私は地区労にかけあい、三者協議の場で妥結した。総代会で常務理事に就任し、私は経営再建に着手した。ひとつの柱は新食堂建設である。大学執行部とは合意ができつつあった。経営は黒字化でき累積欠損も解消できる。問題は労働協約であった。新左翼系支配化の労使間で交わされた労働協約は「事業拡大の際には全パート従業員を正規雇用する」として、私たちの手を縛っていた。これでは経営は再建できない。私は労働三法を研究した。そして、期限の定めのない労働協約の一方の当事者として、労組に解約を通告した。新食堂は大学生協連からの応援人事もあり、軌道に乗りつつあった。黒字化の見通しはついた。

新左翼系の支配する労働組合は、経営再建に対して、なお敵対的だった。配置転換にたいして指名ストを構え、労働委員会の調停に持ち込まれることもあった。私たちは経営再建を進めながら、労使関係の円滑化に努めた。そのためにも、新左翼系労組員のなかでも暴力的な一人をどうすべきか考えた。私たちは解雇には慎重だった。この従業員に対して、新大生協を脱退するよう、勧告する決議を総代会に諮ることにした。脱退勧告を受けた従業員は退職届けを提出した。これを機に暴力的な威嚇や威力業務妨害はなくなり、労使関係は劇的に好転した。ともに闘ってきた友人に新大生協のその後を託し、私は大学生協での役割を終えることができた。このころ既にアメリカのベトナム侵略戦争は終結し、米軍は撤退していた。

## 4　その後のことなど

私は東京の地域生協のひとつ都民生協に移籍し、店舗チェーンの確立と共同購入組合員の拡大に取り組んだ。事業領域は都道府県内に限られ、出店に対する風当たりは強く、員外利用は規制されていた。生協規制に反対し大規模消費者集団をめざしながら途上で死去した創業リーダーの後任として、都民生協理事長に就任したのは福武直先生であった。先生は既に大学生協連会長として、大学生協を施設獲得運動体から協同組合事業体に転換するなどの、大きな足跡を残されていた。総代会での就任挨拶で「私は女性の皆さんの敵ではありません」と、年金審議会初代会長であった自身への風当たりに配慮されたのは印象的であった。市街化調整区域開発問題などの報告で、自宅に伺った折には、饅頭をごちそうしてくださった。やさしい気配り目配りの一方で、役員の失言などには手厳しかった。「共済は儲かる」との発言には、すかさず「君、共済は助け合いだよ」と叱責が飛んだ。懇篤な指導をいただいていた福武直理事長の八九年の急逝は、私たちにとって痛恨の極みであった。

葬儀委員長を務めた加藤一郎先生は、別れの言葉の中で東大闘争に言及しこう述べた。「昭和四三年から四四年にかけては、東大紛争が起こりました。私は総長代行として、大内力さんなどとともに事に当りましたが、福武さんには特別補佐をお願いし、助けていただきました。私どもは、学生たちと話し合って解決をはかろうと努力したのですが、うまくいかず、昭和四四年一月一八、一九日の安田講堂の事件に立ち至りました。福武さんは、これによって心身ともに疲労され、大学に姿を現さなくなりました。これは、学問と学生を愛した福武さんの、誠実な人柄を裏付ける出来事だったと思われます。」

総長代行代理経済学部長だった大内力先生は、友人代表として「フクちゃん」と呼びかけ、東大闘争とその後の生協のことにくわしく触れた。「とくに東大紛争の間は君を頼りにしながら事の処理にあたってきたようなもので、いまに至るまで、戦友のような懐かしさが胸に残っています。そして、大学生協を中心とした生協運動の面です。君は、紛争後、荒廃していた東大生協の理事長を引き受け、生協を大学社会の尊敬される一員にするというスローガンを掲げて奮闘され、数年でこれを立派に立ち直らせました。その後を継いだのは僕でしたが、もうそのころは生協は東大のなかで立派な一員として通用するようになっており、なんの苦労もしないですみました。その後、君は、大学生協連の会長を引き受け、全国の大学生協の発展をリードしてきたし、さらに地域生協や日本生協連のためにも多くの貢献をされてきたわけです。僕を大学生協東京事業連合に引っ張り出したのも君ですが、昨年の暮れ、大学生協連での対談の折、君が『これからはすべての大学生協を大学から頼りにされる存在にする』と誇らしげに語っておられたのを思い出します。それは、君でなければ言えない言葉です。日本の大学生協の歴史に大きく記された君の足跡は、永久に消えることはないでしょう。」

私は、教授会の自治にこだわった大内力先生が、大学構成員すべてを組合員とする自治組織としての協同組合について語る言葉を、東大パンフ筆者の言外の「総括」として、感慨深く聞いた。これらの別れの言葉は、『回想の福武直』(福武直先生追悼文集刊行会、一九九〇年七月二日、東京大学出版会)としてまとめられ、逝去の一年後に刊行された。

時代は大きく転換していた。ベルリンの壁の崩壊、東西冷戦の終結、共産主義国・社会主義国の自由化、新自由主義のもとで拡大する格差と貧困。バブル崩壊後の日本は先行きの見えないトンネルに入った。都民生協は東京生協と合併してコープとうきょうとなったが、地域生協の一部には経営破綻やトップによる私物化などの問題が表面化した。これらの問題に関わりながら、私は仕事の軸足を次第に日本生協連に移し、副会長に就任後まもなく常勤することとなった。

私の念願は生協法改正であった。敗戦後まもなく施行された生協法は、「雨後の筍」といわれるほど多くの生協の設立を後押しした。しかし高度成長期には、生協が社会的に規制され、生協法が法的規制の根拠とされた。おりしも米国資本による金融自由化圧力の中で、生協共済にも圧力がかけられていた。法改正要求の重点は、事業県域規制緩和、員外利用規制緩和、ガバナンス拡充などであった。隣接県の生協が合併できるようにする県域規制緩和には異論もあったが、県域を緩和した上で生協が自治判断できることだ。事業の範囲は本部が所在する県の隣接県までとする改正案にまとまった。改正生協法は、二〇〇七年五月連休明けの国会において全会一致で成立した。直後に起きたミートホープ事件や中国製ギョーザ農薬注入事件など、日本生協連コープ商品の品質・安全管理問題の克服に努めるなか、改正生協法に基き、コープ共済連と医療福祉生協連は日本生協連からの独立を果たし、コープとうきょう・さいたまコープ・ちばコープは合併してコープみらいとなった。

私が大内力先生と最後にお会いしたのは、先生の生協総研理事長就任披露パーティーでのことであった。私は日本生協連会長として、先生の業績と大学生協や高齢協など生協への貢献をご紹介した。先生は背筋を伸ばし、よくとおる声で、淡々と挨拶された。お互いに、東大パンフ・東大闘争・確認書にふれることはなかった。

# 22

# 大学の自治と大学コミュニティ——東大闘争の前と後

岡安　喜三郎（おかやす・きさぶろう）

一九六六年理科Ⅰ類入学。

## 1　概括

「東大紛争」といえば一九六九年一月の「東大安田講堂攻防戦」、そして「入試中止」というのが多くの方々の印象であり、もはや歴史である。私が当時「東大紛争」に関わっていたと言うと、「安田講堂に？」と聞かれることがある。中学・高校の同窓生などである。少なくとも私は当時の安田講堂には入っていない。逆にその闘争方針を批判していた立場である。

紛争が「もつれて争いになること」（『広辞苑』など）という意味では確かに東大も「紛争」ではあったが、あまりにも解釈的・傍観者的であるので、当時者として何を変えようとしていたのかに焦点を合わせるため、以下「東大闘争」と呼ぶ。

東大闘争の経過そのものについては他で語られるのでここでは省略する。しかし、歴史的な見方をすれば、やはり大学の自治をめぐる闘いであったことは論を俟たないであろう。そこでは対立する価値や利益をめぐって論争も繰り広げられた。

発端となった医学部学生処分は、医教授会に事実を見る力がなかった、行政能力の基礎がなかったという象徴的事象とも言えるし、そもそも大学全体の既存の体制＝独善的「大学の自治＝教授会の自治」運営そのものに齟齬があったことの必然的結果であった。

大学は一つのコミュニティである。構成員が自分たちのことを自分たちで処理する、自らが自らを治めることが自治である、というこの当たり前のことを、利害関係の異なる集団のコミュニティで実現するのが、コミュニティの自治の当為性を基礎づける。コミュニティにあって、その中の一つの構成集団（例えば教授会）が他の構成員を治めることは決して自治とは言わない。それこそが、教授と学生を一つの社団とする中世以来の大学自治の考え方の蹂躙である。

私は卒業後、東大生協およびその後の全国大学生協連の役員として、学生・教職員（いわゆる固有の大学人）との付き合いが多かった。特に大学生協連時代には、東大闘争時の加藤一郎総長代行を補佐した経験のある、福武直《ただし》東大名誉教授および大内力《つとむ》同名誉教授の会長理事のもとで長きに渡って専務理事を務めた。これの関係も含めて、東大闘争終結半世紀を経た時点で、大学の自治が大学コミュニティと密接に関係するという考えに至った半生を振り返ってみたい。

## 2　駒場学生寮の寮生として〈闘うことは学ぶこと〉

東大闘争の期間を一九六八年から一九六九年とすれば、私は留年してまだ教養学部の学生であった。一九六六年に理科Ⅰ類に入学、当時の呼称は「四一《よんいち》入学」、昭和の元号が使われていたのを記憶している。

駒場時代は、間に東大闘争があったとは言え、工学部進学の前に四年半も教養学部に在籍し駒場寮に住んでいた。今から思えば棲息していた感もあるが、人との付き合いではもっとも人間らしい生活を教えられたのかも知れない。

入学したその年の五月には第四九期駒場寮委員会の内務担当副委員長を引き受けてしまった（一期四ヵ月）。就任前の任務が寮委員の勧誘であった。浪人していたかも知れない二年生（当時は前年まで一浪が過半数）などを一八歳の若造が勧誘するのだから一見無謀である。引き続く第五〇期も副委員長（渉外担当）を引き受けた。ここでは教養学部厚生課長との交渉も多く、大人としての付き合い方を覚えたように思う。

駒場寮には確かな自治が存在していた。食堂経営を含む運営執行部、総代会制度の議決機関、寮生で構成した退寮処分の権限を持つ懲罰委員会の存在など。変わったところでは、退寮・引越しの際に寮費滞納のままでは区役所出張所が住民票の転出を受け付けてくれないので、滞納者は慌てて何万円もの支払いをする羽目になった先輩元寮生を見ている。

副委員長になっての夏、全寮連（全日本学生寮自治会連合）の定期大会が明治大学で開かれた。大会は現執行部を追及する反主流派の諸氏が、壇上で報告する三役を小突いたりして発言を妨害する一方、出入り口は封鎖されたままという、異常な事態が数時間にわたって続いた。結局は支援部隊による封鎖解除による救出を得て、大会は終了したが、その時初めてゲバ棒なるものを見た。

二年生になる前の一九六七年三月初めに、「善隣会館事件」なるものが起きた。日中共産党の不仲の下、日中友好協会が後楽園近くの善隣会館から強制退去されるのを阻止しに行った際、協会入口ドア前で小競り合いがあり、不幸にも一学生が顔面眉のあたりに蹴りを喰らい傷を負った。じつは私である。負傷した私は同会館の在日華僑学生寮の一室に連れて行かれたが、拉致・監禁ではなく、女子学生がひたすら謝っていた。私は紅衛兵運動の如く暴力を振るう体質を許せず批判していた。その後、厚生年金病院まで車で送られた。

その時の傷口手術跡が今でも残っている。

　大学二年目の一九六七年六月から一九六九年六月の二年間（二期）ほど都寮連（東京都学生寮自治会連合）書記長を務めた。二期も務めるのは好き者と思われたが、委員長も書記長の私といっしょに二期続けたので、それほどの違和感はなかった。全寮連や都寮連の書記局は駒場寮だったが、同じキャンパスでの授業も、一年生の五月からほとんど出ていなかった。

　都寮連に加盟していた学生寮には戦前の自治寮時代の寮歌が残されているところもあった。その中でもっとも印象が強かったのが、旧東商大予科寮（一橋大学一橋《いっきょう》寮の前身）の寮歌「紫紺の闇」である。「橋人うまず築きゆく　自由の砦自治の城」（一番より）とか「纜《ともづな》ときし三寮よ　自由は死もて守るべし」（四番より）。何とも自由や自治を守るには堅い決意のいることか、感動である。

　一九六七年当時、沖縄はアメリカ統治下で日本人の本土との自由往来が厳しく制限されていた。渡航には首相発行の身分証明書が必要だった。この渡航制限に抗議し自由往来実現を要求する沖縄県民集会が六月二二日に企画され、これとの「連帯のため」として渡航申請闘争を取り組んだ。実際発行されたのは数人で、当時の民放労連教宣部長と渡沖した。瀬長亀次郎さんという方に初めて会った。隣接した刑務所の監視塔が瀬長さんの家を向いているのが妙に印象に残った。

　一九六八年の八月には、ブルガリア・ソフィアでの世界平和友好祭に全寮連の代表として参加した。民青（日本民主青年同盟）と社青同（日本社会主義青年同盟）協会派を軸に青年学生組織で参加団を結成した。ソフィアで初めて南ベトナム解放民族戦線の戦士と交流した。帰国の際、入国審査待ちの新潟港沖で、ソ連軍のプラハ侵攻のニュースを聞くことになり、「これがソ連旅行中だったら抗議行動でもして捕まったかも知れない」と目を合わせたものである。

すでに当時、ソ連や中国、朝鮮などの現実の社会主義建設のついて見方は冷静だった。

寮運動の原点に戻ると、学生寮の存在意義は、大学教育の機会均等を保障する場、および生活の場での自治を実践し社会正義に基づく良き知識人となることを保障する場ということになる。私個人は加えて半分返済無用の特別奨学金の受給がさらなる後押しをしてくれた。

寮運動の主要課題は、「負担区分反対」「○管規《まるかんき》反対」「希望者全員の入る新寮建設」などとともに「文化・レクリエーション活動」であった。後の二者はともかく、前二者は隠語のように見えるが、これが寮運動、寮自治を守る運動の根幹でもあった。

「負担区分」の押し付けは受益者負担の原則の名目で行われたが、それに反対する運動は教育の機会均等を守る立場からであった。「○管規」(「○○大学学生寮管理運営規程」)は、集会の自由などさまざまな自治の制限であった。各大学は新寮要求にも「○管規」承認を条件という頑なな対応であった。これらに営造物理論とか特別権力関係論が使われるのだから、法学部でもない私なども勉強しなければならなかった。実に〈闘うことは学ぶこと〉そのものであった。

こういう学寮政策は、大学政策・文教政策・厚生政策とともに、運動主体からは、〝戦後反動期〟の一環と認識され、われわれにも日本の未来に対する危機感が存在した。それが東大闘争以前の学生運動の推進力でもあった。世界史的には東西冷戦の緊張下、アメリカのベトナム侵略に反対する運動、学生の社会正義の運動などで世界的な拡がりを見せていた。もちろん政党の思惑もあったろうが、多くの学生、また寮生は自主的判断で運動していたことは間違いない。

〈闘うことは学ぶこと〉という実践は、学生団体が共催で、「一一月全国学術文化集会」「三月集会」などの研究集会を通じて現実化していた。ここに、医学部不当処分問題が入ってきた。怒りが沸き起こらない筈がない。「権力の使い方や行政能力の未熟な集団が他人を統治するのは自治の蹂躙である！」と思うのも必然であった。

## 3　確認書、その後の「大学コミュニティの充実」

この項を立てた理由は、「東大確認書」によって結構な恩恵を享受したのが、意外と東大生協ではないかと思うからである。学生・教職員のための福利厚生施設の充実、具体的には大学食堂、書籍店舗、勉学研究用品店舗、生活用品店舗などが、一九七〇年代に急速に充実したという実態がある。

事態を列挙すれば、駒場では一九七一年に食堂拡張、一九七二年には厚生会館建設で購買部と書籍部が大幅拡充。それまでの古い木造建物から、日本の大学でも有数の広さの店舗が成立した。書籍店舗については木造二〇・五坪から鉄筋の二階に一二四坪（バックスペース込み）が出来上がった。同じ頃、本郷においても法文一号館の安田講堂寄りの一角にあった二五坪ほどの書籍小店舗が、安田講堂地下（裏側一階）の七五坪ほどの店舗として開店した（一九七〇年五月）。書籍と同時に、プレイガイド、写真・印刷部門も書籍の隣に移転、その分購買部の活用が充実した。一九七〇年には農学部食堂も拡充された。医科研（医科学研究所）でも閉鎖されていた食堂が一九七一年に生協食堂として開設された。

これらには長年の組合員の願いと運動があったことが付記されなければならない。象徴的には、一九六八年一一月に東大生協が発表した『東京大学の厚生白書』であろう。発行にあたっての前文では「現在、東大民主化闘争のなかで、大学内のさまざまな非民主的な体制、補導的、学生運動対策的な大学当局の姿勢が明らかになっていますが、厚生問題についてもその例外ではありません」として、本郷、駒場の生協センター構想、学内食堂の構想、各支所（東大附属研究所の生協施設の呼称）の厚生施設構想を展開した。

それでもまだ、学生食堂の拡充が喫緊の課題であると大学当局も認識していた。東大闘争での学生の怒りの源流に劣悪な勉学研究生活環境があったという認識である。本郷地区では食堂施設の拡充がなかなか進んでいなかった。そのような大学交渉に東大生協を代表して生協理事長に就任した福武直教授が臨んでいた。その存在は東大のみならず、その後全国の大学生協の路線を大きく、かつやんわりと変えたという計り知れない大きさがあった。その点は後述する。

なお、福武理事長の時に大学の総長側で責任者となっていたのは大内力教授であったようで、福武―大内ラインで「生協側の要求をだいたいにおいて満たすことになったのです。おかげで大学と生協の協力関係はずっと強化され」たと、暴露気味に書かれている（『埋火――大内力回顧録』二〇〇四年、御茶の水書房）。ちなみに、この回顧録には「V 東大紛争の渦中で」の章で、一一項目六二ページのインタビューが掲載されている。「もっとも熱がこもった話は東大紛争だ」（編者あとがき）と言うだけあって、様々なことが書かれている。歴史観としては如何なものかと感じるところはあるが、大学の事務方、文部省（当時）とは異なるいわば大学総長室側の視点が見えて興味深い。

こうして現在もある「東大中央食堂」も、オイルショックの影響を受け、当初より二年遅れて一九七五年にオープンした。これに先立ち、中央食堂の南側に新店舗が建設されていた。今の生協第二購買部である。これらの施設拡充の波は一九八〇年代まで続いた。

その中で、現在の本郷書籍店舗が第二食堂建物に拡充して移転したのは八〇年代初期であった。もはや安田講堂地下の七五坪では狭隘となっていたので拡大を目指していたが、同じ場所では無理、また大学も「安田講堂再開発」をしたいという両者の思惑が相まって、赤門地区から離れるものの、一五〇坪店舗、バックスペースを含めると計二〇二坪に惹かれて移転を決めた。

さて私と言えば。

東大闘争も一段落し、人より長く在籍し、この間、政党の選挙専従アルバイト（青森県議補選や東京・立川市長選ほか。選挙政策単発ビラなども作っても構わない大らかな時代であった）で稼いだり、都学連（東京都学生自治会連合）で北部地区の学生自治会担当でいわゆる〝オルグ〟で駆け回ったりしながら、実験・実習のある工学部を卒業して東大生協に就職した。学生時代は生協の総代になったこともなかったが、東大生協や全国大学生協連の専務理事、最後は副会長理事に就任した。

生協に入るきっかけは、前述した世界平和友好祭に同じく参加した大学生協連の職員、後の東大生協専務理事の方を知っていたことによる。所属した研究室からは就職先として有名化学企業の研究所なども紹介されていたが、生協に就職することにした。一九七三年春のことである。

それから東大生協労働組合の委員長や専務理事などを経験して、一九八五年に全国大学生協連の専務理事に就任した。その時福武直会長理事は、就任して一〇年ほど経っていた。大学生協で、マイルストーンとなる出来事の一つは、一九七八年一二月、全国の大学生協専務理事等に向けの講演「大学生協の現状と課題」（通称「福武所感」）である。要約すれば以下のようなことが言われた。

大学は教員や職員そして学生と、役割や立場の異なる人たちで構成されているが、大学生協は生活の場でそれぞれが対等な立場で参加し、役割を果たすところである。また、大学生協は大学にとって「厄介な存在から頼りになる存在に」ならなければならない。経営は「赤字は良くない」との意識に改革すべきである。施設獲得闘争から大学との協調による生協施設充実へ。「学生生協」から教職員も参加する文字通り大学生協になる必要がある、等々。

この当時、東大生協の常務理事で駒場購買部店長を兼任していた筆者としては、このレジュメをすぐにコピーして職員に配ったくらいだから感動したということである。もちろんここでは〝大学の自治〟のあり方を語ったわけではない。しかし、生活の場と限定はしているが〝大学コミュニティ〟のあり方（対等な立場で参加）に言及し、少なくともそれは大学生協運営の場で現実化していると語った。この所感の背景には、東大闘争の前後の東大生協の変化を実感した福武直さんだからこそ言えたのではないか。私自身も学生運動から〝卒業〟していたので、より実感したのだとその時代を顧みている。

大内力さんは、福武直さんから「いわば他動的に生協の世界にひっぱりこまれる事になった」としながらも、「協同組合思想とそれにもとづく協同労働*を基幹とした新しい生産関係の構築を考えてみようとする発想をもつ契機を与えられることになったのは拾いものでした」と回顧している（前述『埋火』）。

＊　この「協同労働」は「協同組合一般での労働」を意味するものではなく、労働者協同組合法として日本で間もなく法制化されようとしている新しい形の協同組合での働き方を指している。大内力さんは二〇〇四年当時「『協同労働の協同組合』法制定市民会議」の会長である。

東大闘争も終結して二十余年。大内力さんは大学生協連会長理事時代の一九九〇年代初期、当時の島田副会長理事とともに、東京都知事選候補の畑田重夫さんを推薦したことが鮮明に焼き付いている。数年後、推薦した理由を聞くと、「世の中が右傾化したので、相対的に左傾化したのだ」と酒の場で笑って答えていた。

## 4　付随する重要事項

本論のテーマである「大学自治と大学コミュニティ」については以上であるが、二、三どうしてもお話ししたいことがある。

第一に、東大生協労働者の立場と運動である。

東大闘争には、生協労働者（生協職員）も参加した。生協労働組合の一九六九年九月の定期大会総括（副委員長報告）によれば、「病院封鎖」「全学封鎖」が全共闘によって叫ばれたため対決が必然的になったと記されている。多くの生協職員の率直な怒りは、全共闘グループの一部からとはいえ、職場（店舗や食堂）を荒らされ、商品・物品を持ち去られたことが契機となる。社会運動としては決して許されるものではない。生協職員にとって、東大闘争は自らの職場と生活を守る運動としても認識され、大学民主化とともに暴力排除も主体的な課題になっていった。

生協職員が大学固有の構成員かと言われれば、議論は別れるかもしれない。大学構成員として大学の運営に関与しうる（全構成員自治論）かの論点では、別の法人（生協）の構成員だからである。しかし、生活の場と見た大学コミュニティ充実の実践的な担い手であることは明瞭である。そもそも、学生・教職員の生活を守るという生協の使命は、生協職員の働きがいでもあったのである。

第二に、東京教育大学（教育大）の筑波移転反対闘争との関連である。

冒頭に挙げた二つの事件のうち、六九年の「入試中止」は東京大学固有の問題ではなく、教育大も「入試中止」になった（体育学部を除く）。当時の『朝日新聞』には「①一部学生の暴力によって両大学の入試が中止されたことは遺憾だ、②政府も今日の事態について深く自覚し、教育の再建に全力をつくす、との保利官房長官の談話を発表した」との記事が掲載されている（一九六八年一二月三一日付）。

教育大ではこれを機に学長、学部長、評議員ら首脳総退陣となり、翌年から学生募集は復活したものの、教育大そのものは廃校方針となり一九七三年に学生募集停止、筑波大学へと引き継がれて、大学は一九七八年三月に閉校となった。閉校を前にして、学生数の減少も必然であって、教育大生協も解散を決断せざるを得なかったが、店舗を閉鎖しても教育大生協の組合員は東大生協を利用できる措置を採った。当時私は生協本郷書籍部の職員（店長）であったが、理事会の決断には心から賛意を表した。

ところで、当時活動していた教育大学生には、東大闘争について複雑な思いを持つ方々が多いと思う。「筑波移転反対闘争の重要な時期に、どうして東大に応援に行かねばならないのか」という思いがあったのは事実である。「東大のおかげで我が大学（の運動）も犠牲になった」との声は、単純な濡れ衣でもない。私自身も、都学連、東大生協、大学生協連時代から今でも複雑な思いを持っている。

第三に、敢えて否定的に述べるが、これを機に進んだ自治活動の衰退についてである。衰退したことについては論争にはならないと思われる。大学の自治を語る学生・教職員の主体が意思をはっきりさせないこともあるが、もっとも象徴的な学生自治会活動も衰退をたどった。

さまざまな要因があると思われるが、まずは暴力事件の喧伝であろう。ゲバと殺人に象徴される暴力的行動は「内ゲバ」として「学生運動・左翼運動の象徴」かのようにマスコミで記事が踊った。あさま山荘事件しかり。東大駒場においても七〇年代前半に、鉄棒で頭を破られ脳漿が飛び出て死亡したことがあった。寄り付かなくなるのは当然であろう。共産党内部では「新日和見主義」を一掃するとした事件は、六〇年代を支えた活動家、東大闘争を進めた活動家の中でそれまでの運動や理論と一線を画す契機にもなった。

敷衍すれば、革新政党とのかかわりで〝賛意・反感〟の関係性が大きかった東大闘争までの学生運動・左翼運動の状況から、その関係性が〝無関心〟へと変わっていったのが七〇年代の緩やかな変化であると実感している。別な側面では知識人が革新政党に関心がなくなっていったのである。極めて残念な時代でもあった。私見としては、運動側に〈闘うことは学ぶこと〉という学習意欲が急速に薄れ、文化活動、理論闘争などのイデオロギー闘争が死語になっていったのが印象として拭いきれない。これらの事実は解明しなければならないと思っている。

# 23

## 東大闘争と東大看護学生の民主化運動

鈴木　享子（すずき・きょうこ）

旧姓長谷（はせ）享子。東京大学医学部付属看護学校二一回生・同助産婦学校一八回生。助産婦の臨床経験をへて、都立の看護学校で看護教員。大学院で安産と乳房治療手技を研究。二〇〇四年、東京都立保健科学大学（のち首都大学東京）看護学科、助産学専攻科教員。

### ●東大闘争後に看学に入学

東大闘争の翌年、一九七〇年四月、東京大学医学部附属看護学校二一回生として入学を許された私は、龍岡門脇の「芙蓉第三寮」に入寮し、修業年限三年の看護の勉強と学生生活を本郷構内で始めることになった。東大紛争を象徴する「東大安田講堂事件」は、高校二年生当時、富山の自宅のテレビで視聴し、詳しいことは解らないけれども、東大の「学生運動」は「全共闘」が「ヘルメット」を被り「暴力的な主張」を繰り返す、過激であり、やり方が危ない、怖い、愉快ではないとの先入観が強く植えつけられた。

ところが、学寮の先輩の案内で本郷構内の大学生協で学用品を揃え、授業が始まり、本郷キャンパス内を往来するようになると、たかだか四、五名のヘルメット学生が旗を振り、ほそぼそと構内を走り抜ける昼休みデモに出会うこととなり、東大当局の『改革フォーラム』も手に取り、学内には前向きの話し合いの場があり、東大紛争後の合意の実践や改革が進んでいる気配が感じられ、一年前の認識との違いを肌に感じていった。

看護学校には、学部学生や地域の労働者との合同サークルが沢山あり、先輩たちの活き活きとした姿に惹かれ、多くの新入生がサークルに加入した。歌声サークル「あらぐさ」、寝たきり老人訪問活動「寝た老」、田端保線区国鉄労働者健診活動「労災研」、「障害児問題研究会」、運動部の「卓友会」などがあり、私は読書サークル「ひこばえ」と「弓術部」に入った。三〇人余りの同級生は、芙蓉第三寮で寝起きを共にして、同じ釜の飯を食べ、定期試験は協力して勉強し試験をクリアした。学生寮では歌をよく歌っていた。二一回生は「ひょっこりひょうたん島」をクラスソングとしていた。

私は東大闘争には直接関与していなかったが、私たち二一回生が一年生だった七〇年の秋、看学自治会は総力をあげて民主化闘争に取り組み、病院長・学校長との団体交渉で、学生自治の承認をはじめとする歴史的確認書を結んだことは記憶に新しい。これは東大闘争の成果の上に立つもので、東大闘争の一年後に展開された私たち東大看学の民主化の運動について、東大闘争時に学生だった先輩たちからの聞き取りや、文集『東大看学　閉校によせて』（東大医学部付属看護学校は二〇〇二年に閉校）、当時の『東大新聞』をもとに紹介したい。

## ●看護教育と寮生活

戦後、日本の医療は慢性的かつ深刻な看護婦不足状況にあり、多くの大学病院・市中病院が看護婦を確保するために、看護学校を運営していた。私たちの東大医学部付属看護学校も東大病院の看護婦養成のための施設で、それまでの厚生女学部をもとに一九五〇年に設立された。看学は三年制で、卒業すると看護婦国家試験受験資格が与えられ、多くが東大病院の看護婦の道を歩んだ。戦前・戦時中の従軍看護婦養成制度を引き継いだ看護学校は、給費制で食事・住居付き、全寮制できびしい門限があり（自宅通学不可）、昼間は看護学校の授業、病院での実習にあてられ、夜は寮の舎監（学校の教務主任が兼任）の監視のもと、集団での寮生活を送り、二四時間すべてが「教育」とされた。

「実習といっても作業員のように扱われた実習場もあった。各実習場に専任の指導者がいたわけでもなく、看護婦さんが患者さんを受け持ちながら、学生指導をしていた病棟もあった」（六八年入学一九回生阿部喜子先輩）。「病院へ実習に行くと、放り出されたまま、誰が指導してくれるのかもわからない。親切な医師や看護婦はよくしてくれるけど、その人たちにはそれだけ余分に負担がかかっている」（『東大新聞』六九年一〇月二七日付、「付属看学芙蓉第三寮から」）。病院実習の実態は看護婦の下働きも多く、夜勤のシフトも入っていた。看護学生の「実習」ぬきには、病院運営は成り立たなかったのである。病院側の教育体制がととのわないまま、労働力として求められているという点では、医学部のインターン（研修医）と構造を同じくしていた。

東大看学設立直後は、看学生たちは東大病院看護婦の寮である芙蓉寮に看護婦たちと同居していたが、一九五三年に看学生専用の芙蓉第三寮が木造でできた。本郷キャンパス構内で龍岡門の脇にあった。当初は、風呂場もなく龍岡門を出て向かいの春木町の銭湯にかよっていた。風呂場ができたのが一九六〇年、かろうじて食堂にストーブが入ったのが一九六四年であった。

東大闘争を経験した一九回生（一九六八年入学）の阿部喜子（旧姓中島）さんは記す。「入学当時、学校も寮も本当に古く、びっくりした。暖房も冷房もなく、十畳間に火鉢が一つ。裸電灯の下、相部屋四人で火鉢を囲んで、半纏や毛布をかぶって暖をとり、お湯をわかした。炭割り当番があり、大きな袋に入った炭を割り、各部屋に配るのだが、そのときは、鼻の穴まで真っ黒になっていた。洗濯は洗濯板をつかってごしごし手洗いだった」。実習で着る白衣の洗濯と糊付けは大事な作業で、それもたらいと洗濯板が足りず、順番待ちをするありさまだった。

「寄宿舎規則」には、「学生の寄宿生活をあらゆる方面から指導」とあり、舎監四名が学生全員の一挙手一投足に目を光らせ、外泊、面会、集会・団体出版物の掲示も許可が必要とされ、サークル活動、自治活動に対する干渉は、他の学部とは比較にならなかった。舎監は学生を監視するだけではなく週のうち二日間、風呂場を占領するなど、お邪魔ムシだった。

東大闘争の前年の六七年秋、看学自治会はベトナム人民支援・安保廃棄・沖縄返還の一〇・二一全国学生闘争にストライキで参加する方針を掲げたが、教務が「ストならば自治委員長は退学」と脅し、ストは流れ、一〇・二一行動参加は一一名にとどまった。あとでこの一一名は舎監から注意を受けている。

## ●全国の運動交流

東大看学の定員は一学年五〇名だったが、教育の質保持のため実際の在籍が三〇名程度、看学全体で一〇〇名程度であった。一九六六年当時、全国の看護学校は三〇〇校を数えたが、いずれも東大看学と同様の小規模校で、各看護学校での学生の要求を実現する上でも、全国的な経験の交流は大きな意義があり、一九五

1972年、第15回全国看学生ゼミナール、名古屋大学

八年、全国五三校が参加して全国看護学生連盟（看学連）が誕生した。看学連は、全国の看学生が毎年つどう全国看学生ゼミナールの発展と歩みをともにしてきた。東大看学はたびたび看学連に委員長など役員を送りだしてきた（看学連設立の経緯は、『看護学雑誌』一九六六年九月号掲載の、第八代看学連委員長、山本ユウ子さんのインタビューに詳しい。山本ユウ子先輩は、東大看学六四年入学の一五回生）。

## ●東大闘争の中の看学

東大闘争の起こる一九六八年、看学では、新カリキュラムで一般教育が導入されたが、講師はすべて外部からの非常勤で、学年により教育内容が全くちがうなど、形ばかりで中身がともなわず、看護学校としての教育体制の不備がいっそう浮き彫りとなった。

六月一七日機動隊導入、六月二〇日の一万人全学集会と学内は騒然となっていったが、看学は一日二四時間の教育・実習・寮生活が続けられていた。「授業中、学生のシュプレヒコールが絶えず聞こえる」（当時三年だった一七回生のI先輩、『閉校によせて』）。「臨床実習の東大病院の壁や研究室にはアピール文が書かれ、ビラ、ビラ、ビラでいっぱいでした」（二年だった一八回生のK先輩、『閉校によせて』）。

六八年の九月、一〇月、全共闘による東大病院封鎖の試み、病棟封鎖に対しては、日々接している患者さんへの心配、そして臨床実習が制限されるかもしれないことから、看学自治会、クラス会として、学内に反対表明を出していった。

前年同様、看学連加盟自治会として、東大看学も一〇・二一全国統一行動に参加。これをきっかけに、二年生二〇名ほどで、「社問研」、読書サークル「ひこばえ」を結成し、さらに学内サークル「合唱団あらぐさ」にも参加。「あらぐさ」は、六九年一月一〇日の東大確認書をうけて、各自治会とともに「二・一東大闘争の勝利をよぶ大音楽会」を催し、千人が結集するなど、終始、東大闘争を歌い続け、応援してきた歌声運動の合唱団である。

また東大全学の闘争にならって、看学でも、寮生活の要求をかかげて、三年生（一七回生）が看学・学校長と団体交渉を行っている。東大闘争までは、東大病院長が看学校長を兼任していたが、八・一〇告示で学部長、病院長が交代。あわせて病院長・看学校長の兼務体制をあらため、羽田野教授が看学の学校長に就任していた。医学部教授会として学生と協議する姿勢に転じていたことも、看学での団交実現の背景にあったと思われる。各学部の大学当局追及の形態に影響されたのだろうか。東大闘争当時三年だった一七回生のI先輩は、「『大衆団交』はこの時の流行語。私たち一七回生も羽田野学校長と寮生活をめぐり大衆団交を行った。交渉事はこのような形で行うものか疑問だった」と回想している。

この六八年、看学自治会は、全寮連に加盟している。

### ●「安田講堂事件」

本郷キャンパス構内に起居する看学生は、学生と機動隊の衝突も目撃することになった。「安田講堂事件のときは、ヘリコプターが四六時中飛行し、芙蓉第三寮の退去命令が出た。私は機動隊の人にタクシーを依頼し、姉宅に避難した。テレビに釘付け、涙が止まらなかった」（K先輩）。

しかし、地方から出てきて退去先の当てのない看学生もいたのだろう。「学校、寮のすぐそばまで、火炎瓶が飛んできた。教室の窓から、機動隊に逮捕された学生は銀杏の木に押しつけられ、殴られ、蹴られ、顔から血を流し、写真を撮られるのが見えた」「夜中、安田講堂陥落の様子を見に行った。消防車が何台も集結し三四郎池から給水し、時計台めがけて集中放水をしている。すさまじい光景だった」（I先輩）。ちなみに芙蓉第三寮は、本郷キャンパス構内にある唯一の学生寮であった。

## ●六九年の団交

一九六九年一月に七学部団交の場で一〇項目確認書が結ばれ、二月には医学部学生大会が教授会との合意書を批准して、六八年一月以来の無期限ストライキを一年ぶりに解除するなかで、看学では、民主化の取り組みが進んでいった。

この年、東大の入試が政府・文部省の強権により中止される中、看学だけは二〇回生の入試が実施された。「その日は大雪となり帰りの列車は運休し、地方からの受験生は急遽寮に宿泊するという、その後の激動の三年間を暗示するかのようでした」（二〇回生T先輩、『閉校によせて』）。この年六九年四月からは全寮制が廃され、通学が許されるようになっていた。

六九年一〇月、芙蓉第三寮の四人の舎監が寮から退去した。舎監の廃止は四年前から要求されていたことであった。これによって、二四時間監視体制がなくなり、事実上、学生による寮自治が開始された。舎監が使用していた五部屋が、サークル活動、自治活動に活用されるようになり、なによりも、毎晩、寮生が風呂場を使えるようになった。看学連の書記局が芙蓉第三寮におかれるようになったのも、この年のことである。

一〇月二〇日、一一月七日の二回にわたって、病院職員組合とともに病院長交渉に臨んだ看学自治会は、

芙蓉第三寮。龍岡門脇にあり、火災が起きたらあっという間に全焼すると教えられた。1970年

各居室の炬燵を勝ち取り、六台の洗濯機設置を確約させた。この交渉を通じて、看学自治会は、臨床指導者の設置、病院の実習体制の確立、老朽化した学寮の改築、看護婦養成人数の増大、北病棟問題など、七項目要求を明確にしていった。

六九年一一月一二日には、自治総会を開催し、病院長交渉の成果と課題を確認するとともに、安保廃棄・沖縄全面返還一一・一三全国統一ストライキへの参加を決議し、さらに、全学連加盟を決定している。

## ●新米の中央委員会書記局員

私が七〇年に入学してみんなと一緒に勉強に励んでいた夏休み前、学生自治会中央委員会から看学自治会に、オブザーバーとして書記局員派遣の要請があり、一年クラス委員だった私は、尊敬する先輩からのすすめもあって、戸惑いながらも書記局員を引き受けた。議長の牛久保秀樹さん、副議長の宮崎康さん、事務局長の中村憲さん、そのほか藤村元さん、高野安正さんと、東大闘争を中心的に担ってきた錚々たる面々のなかに、厚顔無恥で堅物の一八歳が飛び込んだわけである。出身高校は喫茶店出入り禁止のような学校だったので、中央委員会で初めて喫茶店でミーティングをした時に、「私はお水だけで結構です……」と言って、みなさんを驚かせた。私は、全学連機関紙『祖国と学問のために』の係になり、本郷キャンパスの各学部へ毎週配達して、徐々に様子が理解できるようになった。中央委員会と加藤一郎総長との会議にも、牛久保議長たちの後ろについて行き、たしかにこの目で東大の民主的改革が進展していることを実感した。

## ●七〇年の看学確認書

この七〇年の秋、看学民主化運動は頂点を迎えた。

九月二二日、教務主任の一人が学生の新寮実現委員に重大発言をした。「どんな私立大学と同じように（東京大学にも）影の警察みたいなものがあって、あなたたちひとりひとりがどこで何をしているのか全部わかっている」と。それを裏付けるように、守衛の一人も、四人乗りのライトバンの中の一人をさして、「あの人は警察の人だ。ああやって構内を巡回しているのだ」と語り、東大闘争以後の学生の自治活動に対するスパイ活動が疑われる事態となった。

看学では九月三〇日、自治総会が開かれ、「影の警察」発言の教務主任の自己批判、自治会の公認要求を決議し、学生自治会中央委員会がこれを支援して、全学総決起集会を提起するに及んだ。

さらに一〇月一二日、再度、看学自治総会が開催され、「影の警察」問題とあわせて、全寮制生活や臨床実習などの教育実態の改善が提起され、二年生の村松いく子自治委員長から、一〇月一九日、二〇日、二一日の三日間のスト権確立が提案された。私は、どうしても授業を受ける権利を譲れず、ストライキ提案に反対の手をあげた。反対は私ただ一人で、スト権は圧倒的に可決されたが、それでも私は仲間外れにもされず、臆せず寮生活を続けた。スト権を背景に、一五日に学校長交渉が開かれたが、教務主任は発言を訂正したものの、謝罪はせず、自治権は寄宿舎規則に抵触するとして認めなかった。三日間のストライキは決行され、スト権の意味を考え続けていた私も参加していた。

一〇月三一日に病院長・学校長交渉が開催されることが決まると、一〇月二四日から二八日まで、自治会と学校当局の予備折衝が連日もたれ、合意内容が煮詰められていった。東大闘争の確認書にいたる教訓をふまえての取り組みである。さらに二六日からは三年生（六八年入学、一九回生）有志が、ここで運動が頓挫したら一生後悔すると、卒業延期覚悟でストライキに突入し、連日、学習会を開き、東大闘争の意義について、私たち一年生や二年生に訴えた。先輩たちの言葉を通じて、私たちは、東大闘争の本質とは、安田講堂事件のようなものとはちがって、学問研究の自由をめぐる「東大民主化闘争」であることを知った。三年生は家族に手紙を書き、看護の未来のためにと理解を訴えた。

10.30 看学支援集会、1970 年 10 月 30 日

団交前日、一〇月三〇日には、医学部や薬学部の学生、病院職員組合の看護婦さん、好仁会職員組合が応援にかけつけ、看学支援集会が開かれた。心強かった。当日一〇月三一日午前は、当局との折衝で授業が休講となるなか、九七名中七六名が参加して自治総会が開催され、午後二時からの病院長・学校長交渉に参加した。

私たちは、団体交渉の場で、自治権の承認を求める看学自治委員長の訴えに深く共感した。ストライキをふくむ連日の取り組みと二時間半に及ぶ交渉の成果として、確認書を紹介する。

**確認書**

一、学校当局は学内のスパイ調査活動に反対する。

（1）学生の自主性を尊重し、自治活動への介入を行わないことを約束する。
（2）思想信条の自由を尊重する立場に立つことを約束する。
二、学校当局は学生の固有の権利を認め、学生自治会、寮自治会を公認する方針をとり、誠意をもって、話し合いに応ずることを確約する。また次の二点について確約する。
（1）クラス会の時間をホームルームの形で保障する。
（2）定例学生大会の時間は休講にする。
なお具体的な時間の保障についてはカリキュラムとの関連で教務と学生自治会とで話し合って決める。
三、学校当局は充全な看護教育を保障しうる体制を確立していくことを確認し、当面授業について学生自治会と話し合う場を設け、実習については学校当局、臨床指導者、学生の三者の代表からなる三者会談を設置し、学生の要求が反映されるよう努力する。
四、学校当局は、新校舎新寮実現の際、学生自治会、寮自治会の意見を充分に反映させることを約束する。
五、学校当局はこの間の問題について、いっさい差別、処分しないことを約束する。
（1）一〇月一九日より二一日までの三日間の授業については、単位、授業内容とも保障する。
（2）保健所実習については単位、内容とも差別のないよう最善の措置をとる。
一九七〇・一〇・三一
病院長　吉川政己／学校長　羽田野茂

この確認書締結を契機として、学生の意見がさまざまな局面で尊重されるようになり、学生寮は自治寮として運営されるようになり、寮の老朽化がはげしく、新寮建設計画を進めるなかで、私たちは、「全ての構成員の意見が反映されるよう運営されるシステムとしての大学の自治」を直接体験して、理解できるようになったと考える。

七二年、池之端門近くの新寮「さつき寮」が完成し、七月に引っ越しとなった。新寮は二人部屋で、机といす、ベッドが備えられ、大きなお風呂、各階に二台の洗濯機と、生活環境がガラリと変わった（二三回生後藤さん、『閉校によせて』）。

看学の確認書の成果は、文字通り、東大闘争の勝利の上にあった。東大看学の学生たちは、自らの看護学び舎と寮生活の場で東大民主化闘争の成果を体得することができたのである。当時の東大看学生のほとんどが、討論の場を大切にしながら、自分の目で見て自分の頭で考え、自分で決めて行動していたと思う。

私は二年の後期には看学自治会委員長となり、政府が出した看護教育改悪案「高卒一年コース制度」に反対してストライキを提起し、実施した。一〇・二一統一行動にもストライキで参加した。同期で全寮連執行委員をつとめていた長理恵子さん（旧姓市川）曰く、「私たちって、しっかり学び、活発に活動していた」「国会デモ行進から終電のあと歩いて寮に帰って、おなかペコペコだったら、参加しなかった寮生たちがおむすびをつくっておいてくれて、うれしかった。社会とつながっている満足感、達成感を共感していたよね。」

## ●首都大学東京での出会い

助産婦としての十数年の臨床経験、看護教員、大学院での研究などへて、私は二〇〇四年、東京都立保健科学大学看護学科教員として着任した。ときあたかも、石原都知事の号令一下、二〇〇五年に、同大学が東京都立大学、東京都立科学技術大学、東京都立短期大学とともに、公立大学法人「首都大学東京」に再編・統合される一年前のことである。すぐに教職員組合に加入した。このとき、学生時代、東大学生自治会中央委員会に結集していた田代伸一さんが都立科学技術大学教授、乾彰夫さんが都立大学教育学部教授で教鞭をとられていて、組合活動にも熱心に取り組んでおられた。お二方は、保健科学大学の新入組合員が、一九七〇年から本郷キャンパスにいた私と気づかれて、教職員組合大会冊子を届けにこられて、私はほっと一安心して大学教員生活をスタートした。

移行過程の大学への攻撃から学生や教職員、大学自治を守ろうと、田代さんも乾さんも積極的に教職員組合の執行委員長や執行委員を担当し、大活躍されていた。横暴な大学管理本部に対して粘り強く交渉を継続し、連日のように機関紙『手から手へ』を発行し、組合員、非組合員を分け隔てなく励まし、全キャンパスに情報伝達した。まさしく、東大闘争の中で培われた「大学の自治」「民主的な運営」を具現する闘いだった。そうしたなかで、たとえば、首都大学東京教職員組合は、粘り強く、非常勤職員、固有職員の正規雇用職員化を認めさせていった。私の助産学科でも、分娩介助の「夜勤実習」が実施されていたが、万が一の事故発生の対処方法が整備されておらず、この問題を、教職員組合執行部として取り上げて交渉し、夜勤勤務手当を認めさせることで解決した。これは、全国の助産師教育機関における懸案事項でもあったので、全国助産師教育協議会ニュースレターで報告した。

十数年をへて、二〇二〇年に「首都大学東京」は、名称は元の「東京都立大学」にもどることとなった。

私の学生時代は、自治のあり方、民主的運営の考え方、生き方の基礎を学んだ時期であったと確信している。ただ、今日の大学では、教授会の自治、学生、大学院生、教職員による自治は侵され、学問と研究の自由、民主的な運営システムは悲惨な実態にある。民主的な運営の実現には、体得する直接体験が求められていると痛感してやまない。

# 24

# 欧米の大学における学生参加と六八年

乾　彰夫（いぬい・あきお）

一九六八年理科Ⅰ類入学（43ＳⅠ）、駒場で東大闘争を経験後、教育学部大学院、法政大学教員を経て、東京都立大学人文学部在籍時の二〇〇三年に当時の石原慎太郎知事による「都立四大学廃止・新大学設立」攻撃に直面。駒場時代からの同志だった故田代伸一さんとともにまさかの生涯二度目の大学闘争を体験した。田代さんの「一〇年戦争」という言葉に腹を据えたおかげか、「教員全員任期制」などもなんとか元に戻すことができ、大学名も二〇二〇年には東京都立大学に戻るとのこと。東大闘争の経験が活かされた思いです。

## 1　ヨーロッパの大学政策における学生参加

最近、ＥＵカウンシルから二〇〇四年に出版された *University As Res Publica*（Bergan, 2004）という興味深い文献を見つけた。これはＥＵが域内大学間の学生移動を容易にするためなどを目的とした標準化を進めるための、いわゆるボローニャ・プロセスを始めるにあたって、各国の大学と高等教育政策への学生参加の状況を明らかにするとともに、参加の促進を図るための報告書である。ボローニャ・プロセスを進めるため二〇〇一年にプラハで行われた閣僚会合では、「学生は大学コミュニティの正規の構成員である」ことが唱

乾彰夫

われた。そしてこの報告書の編者ベルガンはその中で、「学生は生産物の受け手や買い手ではなく参加者である」「学生は構成員の一員として大学で受ける教育とそれを枠づけている大学機関に対する責任を共有している」と、大学における学生の位置を明確に述べている。

　同書では、ヨーロッパ文化協定加盟四八ヵ国（二〇〇二年時点）の高等教育担当閣僚、学術組織、学生組織の三者を対象に行われた学生参加に関する調査結果が以下のように紹介されている。第一に、学生参加への全般的な姿勢として、高等教育政策や大学の管理運営への学生の影響力を高めることについては、三者とも総じて積極的な回答であった。第二に、国レベルの高等教育政策に関しては、回答を寄せた国の半数あまりにおいて、審議会等への参加など、学生代表の関与を法的に規定している。また多くの国では、担当閣僚と学生代表との間で、定期的な会見や会合がもたれている。第三に、大学レベルの学生参加については、二ヵ国を除くすべての国で、全学・学部・学科のいずれかにおける学生参加が法的に規定されている。全学的決定機関構成員中に学生の占める割合は一一—二〇％が最も多く、ほとんどの場合、学生代表にも議決権が与えられている。

　ちなみに学生の立場からボローニャ・プロセスの進行状況を評価するレポートが、ヨーロッパ学生連合（European Students' Union）の手で毎年出されているが、そこでも学生参加は常に最重要項目の一つとされている（ESU, 2018）。

　このようにヨーロッパにおいては、高等教育政策と大学管理運営への学生参加は法的な規定を含めて相当の程度に制度化が行われている。例えばフランスの二〇〇〇年代初頭における制度は以下のようになっている（大場、二〇〇六年）。

各大学には、①管理運営評議会、②学術評議会、③教務・学生生活評議会の三つの全学評議会の設置が法的に定められており、それぞれの評議会に教員・職員・学外者とともに学生代表の参加が義務づけられている。

①管理運営評議会は、大学政策の策定や予算の承認、教職員定数の配分などがその主たる権限で、委員数は三〇―六〇名、内訳は教員四〇―四五％、職員一〇―一五％、学生二〇―二五％、学外者二〇―三〇パーセント。

②学術評議会は、研究・学術情報政策策定、研究費配分の基本方針、教員の資格審査等が主たる権限で、委員数は二〇―四〇名、教員・職員で六〇―八〇％、学生（但し大学院生のみ）七・五―一二・五％。

③教務・学生生活評議会は、教育に関する基本方針の提案、学生支援諸方策の策定、教育評価委員会構成の提案などが主な権限で、委員数は二〇―四〇名、内訳は教員と学生で七五―八〇％（両者同数）、職員一〇―一五％、学外者一〇―一五％。

ただ学生代表が大きな割合を占める教務・大学生活評議会においても経験不足などから学生の発言力はそれほど大きくないといわれているが、それでも二〇一二年のストラスブール大学の学長選挙では学生票がキャスティングボートになった（大場、二〇一四年）。

## 2　背景としての一九六八年

ところでヨーロッパにおいて学生参加がこのように定着するきっかけは何だったのか。ベルガンによれば、そこではやはり一九六八年の影響が大きかったという（Bergan, 2004）。一九六八年の学生たちの運動については、これまでに多くの著作が国内外で公刊されてきた。しかしそれらの多くはベトナム反戦や公民権運動など学生の政治的活性化（Frei, 2008=2012 など）やその後の社会運動などへの影響（西田・梅崎、二〇一五年など）といった視点からのものであり、六八年における大学の民主化や学生参加について触れられているものは以下のトゥレーヌを除いてほとんどない。

だが六八年の学生の闘争がその後の大学への学生参加に直接結びついている事例は、海外に少なからず存在する。例えばフランスでは、パリ大学の学生たちの抗議行動に始まり、労働組合や市民を巻き込んで八〇万人の大集会と労働者のゼネストに発展したいわゆる「五月革命」である。一般に知られているのは、学生と警察機動隊とのバリケードを挟んだカルチェラタンでの対峙や、その運動がCGTなどの労働組合の一〇〇〇万人のゼネストに発展し、時のドゴール政権を危機に追い込んだ社会的インパクトである。

だが、運動の発端となったパリ大学ナンテール校の社会学教員で、直後にこの運動の社会的政治的性格について詳細な分析を行ったトゥレーヌによれば、この運動のなかでは、パリ大学法経学部、リール大学などにおいて、学生・教員対等の協議機関がつくられるなどの試みがあった（Touraine, 1968=1970）。そして同年一一月にはフォール法と呼ばれる学生参加を含む大学自治の拡大を規定した法案が成立した（Fomerand, 1975）。トゥレーヌ自身は、五月の運動のなかにあったこうした参加・共同管理への動向について、いくつかの留保条件をつけながらも、その将来へ向けての可能性を示唆している。

また映画『いちご白書』のモデルにもなったニューヨーク・コロンビア大学も同様であった。キャンパスに隣接するハーレムの公園を買収しての体育館建設と、大学の軍事研究協力に抗議した学生たちの一週間にわたる校舎占拠は、最終的に武装警察隊による強制排除となった。コロンビア大学の闘争については多くの文献で言及されているが、ほとんどはここまでである。しかし校舎占拠の強制排除直後の同年五月から、学生たちによる管理運営改革をめぐる要求と議論が始まり、その後の全学的な検討を経て七一年に学生代表を含み、全学的な問題を議論する場として大学評議会（University Senate）が発足した（Columbia University Senate）。大学評議会設置にいたる過程の詳細はコロンビア大学図書館ホームページのアーカイブに掲載されている。この制度は現在も維持されており、学生代表二四を含む一〇八のメンバーについて、毎年選挙が行われている。

六八年の闘争は日本においても、東大確認書ばかりではなく、全国の多くの大学で学生参加を制度化した。例えば一橋大学・東京都立大学では学長・学部長などの選挙への学生による除籍投票制度が導入された。立命館大学では理事会・教員・職員・学生各代表による全学協議会が設置された。横浜国立大学・東北大学理学部・北海道大学教育学部では学生を含む全学あるいは学部協議会が設置された（全学連中央執行委員会）。

1969年4月、全学投票で大学評議会設置が承認されたことを告げる大学新聞（コロンビア大学図書館HPより）

ただ残念ながら、日本においてはこうした六八年のもたらした痕跡は、ほとんど現在までに引き継がれていない。筆者の知るところでは、東大教養学部学生自治会ＨＰに東大確認書がいまでも掲載されていることや、筆者の在職していた首都大学東京（旧東京都立大学）人文社会学部の学部長選挙に学生による除籍投票などが維持されていることなどにすぎない。

ヨーロッパなどとの分岐がなぜ生じたの

か。そこには、六〇年代末から七〇年代の政治状況の違い（日本では依然として自民党単独保守政権が続いたこと）や、学生運動をめぐる状況（六九年以降、全学連の運動を含めて全体として大学改革よりは七〇年安保へと向かった）など、さまざまな要因が考えられるが、その検討は他に譲りたい。

しかしいずれにせよ、六八年の遺産を日本の大学がいま、どのように掘り起こし、大学をめぐる国内外の今日的な状況に繋げるかは、大きな課題ではないか。

## 参考文献


Bergan, S. ed. (2004) *The University as Res Publica*, Council of Europe Publishing.

Columbia University Library, https://exhibitions.library.columbia.edu/exhibits/show/ 1968/consequences

Columbia University Senate, http://senate.columbia.edu/information/40th_anniversary/40th_anniversary_page.htm

Fomerand, J.（1975）*Formulation and Change in Gaullist France: The 1968 Orientation Act of Higher Education*, Comparative Politics, 8 (1).

Frei, N. (2008) *1968 : Jugendrevolte und globaler Protest*. ノルベルト・フライ著・下村由一訳『一九六八年――反乱のグローバリズム』二〇一二年、みすず書房。

大場淳「欧州における学生の大学運営参加」『大学行政管理学会誌』第九号、二〇〇六年。

大場淳編『フランスの大学ガバナンス』、二〇一四年、広島大学高等教育研究開発センター。

西田慎・梅﨑透編著『グローバル・ヒストリーとしての「１９６８年」――世界が揺れた転換点』二〇一五年、ミネルヴァ書房。

Touraine, A.（1968）*Le Mouvement de Mai*. アラン・トゥレーヌ著・寿里茂・西川潤訳『現代の社会闘争――五月革命の社会的展望』一九七〇年、日本評論社。

全学連中央執行委員会編『大学問題資料集』一九七〇年。

# 25

# 東大闘争確認書の歴史的意義

## ——「産学協同」と薬害問題

片平　洌彦（かたひら・きよひこ）

東大闘争「確認書」保健学科共同代表。一九六九年六月、東大医学部保健学科卒業。二〇一九年現在、一般社団法人メディックス、臨床・社会薬学研究所所長。

（1）私は「粒良君処分」問題に端を発した「東大闘争」では、その発火点とも言うべき医学部医学科のいわば「隣」に居た「保健学科」に在籍し、三学年クラス会代表の西垣克《まさる》さんと共に、四学年クラス会代表としての役割を担い、加藤一郎総長代行との確認書調印も行なった者として、一言発言させていただきます。

（2）東大闘争確認書の歴史的意義は、この集会で先ほどから皆様が縷々お話されている通りだと思いますが、私は学部学科卒業後、大学院の医学系研究科保健学専門課程（修士及び博士課程）に在籍し、博士課程進学後に「薬害スモン＝キノホルム薬害」事件に遭遇したため、この問題の研究に没頭いたしました。以来四〇年以上、サリドマイド、ＨＩＶ、ソリブジン、ＣＪＤ、ＨＢＶ、ＨＣＶ、タミフル、イレッサ、そしてＨＰＶワクチン（子宮頸がんワクチン）と、この日本において連綿として続発してきた「薬害問題」の解明を重ねてきました。

これらの薬害事件で共通しているのは、いずれの事件においても、製造販売する製薬企業と、その許認可を行なう国が、当該医薬品のリスク・害を早期から知っていたのに、その情報を軽視・無視して、早期にかつ適切に医療現場に伝えなかったということです。そうした事実は、主に法廷での証人尋問によって明らかにされました（ＨＰＶワクチン薬害については今後ですが）。患者・国民の生命・健康にかかわる重大な情報をなぜ早期に患者・国民に伝えなかったのか？　その背景には、紛れもなく、利潤追求を優先し、医薬品の害作用を軽視・無視する「資本の論理」が働いていると言わざるをえません。

片平洌彦

（3）「東大闘争」の確認書では、七学部集会においては、「大学当局は、大学における研究が資本の利益に奉仕するという意味では産学協同を否定するものであることを確認する」、職員組合との間では、「大学当局は、大学における研究が自主性を失って資本の利益に奉仕することがあれば、そのような意味では産学協同を否定すべきであることを確認する」という文言が確認されました。このことの意義は、五〇年を経過した今日でも、決して失っていない、否、今後ますます重要になってくると私は思います。

（4）大学教員を含む科学者が資本の利益に奉仕することを優先してしまうことをチェックする方法の一つとして、近年は「利益相反」（Conflict of Interest, COI）という言葉が用いられるようになり、国内外の科学論文には、「利益相反」の記載が義務付けられるようになりました。このこと自体は必要で、時に役立つものですが、記載さえすれば資本の利益に奉仕しても構わないというのでは、免罪符でしかありません。

（5）時間の関係で、皆さまに最後に是非お伝えしたいことは、このところ報道が以前に比較し少なくなっている「HPV、いわゆる子宮頸がんワクチン」薬害問題です。この問題では、率直に言って、事実を歪曲したり、隠蔽する力が国際的に働いていると言わざるをえない、極めて不当な出来事が次々起きています。例えば動物実験結果をまとめた論文で、通常の査読を経て国際誌に掲載された論文が、掲載後に編集長の判断で撤回されるという事件が二度にわたって起きています（二〇一九年になって英国で更に一回！）。その最初の事件はインバー、シェンフェルドらイスラエル等の研究者がマウスを用いて行い、HPVワクチン接種のマウスが異常行動を起したという動物実験で、通常の複数査読を経て二〇一六年一月に国際誌『ワクチン（*Vaccine*）』のインターネット版に掲載されたのが、短期間のうちに「方法論がひどく誤っている」等の理由で、編集長の権限行使で撤回されてしまいました。

この件では、私たちは同編集長の「利益相反」を調べた結果、HPVワクチンの生産・販売をしているメルク社との間にまさに密接な「利益相反」があることが判明したので、抗議文を作成し、私が所長を務める研究所と、日本科学者会議が連名で英文の抗議文をメールで送付しました。当然反論文が送られてくると「期待」していましたが、その後現在に至るまで、反論や弁明の回答文は送られてきていません。この問題の詳細は、大阪の寺岡章雄薬剤師と私が連名で投稿した論文が、英文の抗議声明と共に、『日本の科学者』二〇一七年一月号に七頁にわたって掲載されていますのでご覧下さい。

動物実験では、日本の東京医大等のグループがやはりマウスを用いた動物実験を行い、ワクチン接種群に異常が見られたとの論文が、『ネイチャー』の姉妹誌とされる『サイエンティフィック・リポート』誌に複数査読の結果掲載されたのに、その後撤回されるという事件も起きています。この件では、日本の共著者の一人が「これでは科学が成り立たない」旨の談話を出していて、当事者らが抗議をすると思い、私たちは抗議は控えております。

（6）ＨＰＶワクチンを推進する団体や産婦人科学会関係等の方々は、ＨＰＶワクチン接種を止めると、日本は将来「子宮頸がん大国になる」等の危惧の念を抱いて、「積極的勧奨の早期再開を」と声高に主張されています。二〇一八年にノーベル賞を受賞された本庶佑氏も、その旨厚生労働大臣に伝えたと報道されています。しかし、厚生労働省の現在のＨＰには、「ＨＰＶワクチンは新しいワクチンのため、子宮頸がんそのものを予防する効果は、現段階ではまだ証明されていません。……子宮頸がんを予防することが期待されます」（二〇一九年一月九日閲覧）と書かれていて、「有効性は未証明」であると記されています。

ワクチン接種後の副反応（疑いも含む）総数は、二〇一七年八月末までに三一三〇人で、うち「重篤」と判断されたのは一七八四人です（このうち医師が記載した診断病名が最多なのは、実に六一病名です）。また、医療費負担等の救済制度の対象者は、申請者四七二人中二九五人となっています（二〇一九年一月九日現在）。私が中心となって行なった、厚生労働省がＨＰで公表している症例報告の集計では、副反応疑いの報告数は、積極的勧奨中止前二ヵ月半に一三六人、中心後二ヵ月半に四三人ですから、前後で三分の一に減ったことになります。また、勧奨中止後から二〇一八年二月二四日までの副反応疑い総数は八九人となっています（日本社会医学会の機関誌『社会医学研究』の二〇一九年一月号の片平ら論文*参照）。

* http://syakaiyakugaku-ken.kenwa.or.jp/data/2019/190301_01.pdf

仮に「積極勧奨が再開」されれば、この数は再度大きな数になることは必至だと思います。このことを本庶先生にもご理解いただきたいと思っていますので、本庶先生と親しい方がおられたら、連絡先を教えていただければ、と思います。

以上は日本についてですが、海外諸国でも副反応疑いの報告が続いています、世界保健機関（ＷＨＯ）の国際医薬品副作用モニタリングセンター（ウプサラ）に世界各国から寄せられた疑いも含む副反応報告数は、二〇一九年四月一一日現在総数九万一八〇六人、内女性は七万八三九六人（八五％）、男性は一万二九九一人（一四％）、年齢は一二―一七歳が五二％を占め、報告大陸別では、南北アメリカが五五％を占め、日本を含むアジアからの報告は一万三四一一人で一五％となっています（以上、二〇一九年四月一一日にＷＨＯのデータベース VigiAccess から検索。http://www.vigiaccess.org/）。

以上、ＨＰＶワクチン薬害問題を例として、大学における自主的・民主的調査研究の重要性について述べさせていただきました。ご清聴に感謝します。ありがとうございました。

（本稿は、二〇一九年一月一〇日の集会当日の報告内容に、その後四月一一日までの数値を追加して原稿にしました。なお、上記紹介の数値等のデータの多くは、「臨床・社会薬学研究所」のＨＰ（http://syakaiyakugaku-ken.kenwa.or.jp/data/）に記載していますので、ご参照下さい。）

# 26

# 東大闘争と院生・若手研究者運動に関する一考察

小野澤　正喜（おのざわ・まさき）

一九六三年文科Ⅲ類入学、教養学科を経て、六九年当時、大学院社会学研究科修士院生。九州大学助教授を経て筑波大学歴史・人類学系教授、地域研究科長。日本文化人類学会理事、日本タイ学会会長、渋澤民族学振興基金運営委員長等を歴任。育英短期大学学長を経て現在、教授・理事。

一九六九年の「東大確認書」締結からすでに五〇年の歳月が流れた。東大闘争と「東大確認書」は、わが青春の思い出としては現在でも光を放ち続けている。しかし大学を取り巻く状況は、そうしたノスタルジーに浸ることを許さないような厳しいものとなっている。「東大確認書」の果たした意義や、その後の前進を語ろうとすることが空疎に響くほどに、現状の大学は絶望的に暗く、視界不明瞭であるといえる。個人的には当時社会学研究科の副代表として確認書に署名しているが、創成期にあった院生運動の側からのコメントをさせていただく。

## 1　「全構成員自治」の一翼としての若手研究者運動

「東大確認書」は全構成員自治を標榜することをもって、当時萌芽期にあった東大大学院の研究科自治会を大学の運営にかかわるべき主体として認知していた。このことは東大内にとどまらず全国で院生の生活と権利の主張を始めていた若手研究者集団、院生集団の運動の歴史における大きな画期であったと考えられる。

一九六〇年代から七〇年代への過渡期、日本の科学技術体制は大きな発展期にさしかかっており、それは大学自体の質量にわたる発展と密接に関連していた。

明治期に設立されて以来日本の大学における研究者養成は閉鎖的な講座制の中で行われていたが、一九六〇年代以後の科学技術の急展開の中で層としての研究者養成が喫緊の課題となっていた。日本の大学院進学者数は一九六八年度ようやく約一万人に達したばかりだったが、一九八〇年には一万五〇〇〇人、一九九〇年二万五〇〇〇人、二〇〇〇年五万人と急増し、現在の年当たり進学者六万人、院生総数二五万人時代に至っている。これは日本の大学の大衆化（マス大学からユニバーサル大学への変化）と科学技術体制の急速な発展に伴う変化によってもたらされたことであった。

小野澤正喜

全国的な大学および大学院の急拡大の中で一九六九年時点の東大も学生・院生数の急増局面にあった。一九五三年に新制大学院として再出発したばかりの東大大学院の研究科でも院生数急増の中で、教育課程や学位取得体制等の整備が遅れていた。その中で研究科の自治会を繋いだ東京大学全学大学院生協議会（東院協）が結成され、全国組織としての全国大学院生連絡協議会（全院協）の下で院生の要求を集約し、大学側および文部省との交渉が進められていた。院生側は研究プロジェクトを遂行する研究費の確保、院生生活維持のための奨学金拡充、修士・博士課程の一貫制等の要求を掲げた運動を進めていた。同時に旧来のたこつぼ型の研究体制を打破する「新しい型の研究者」をめざす運動を志向し、「層としての若手研究者」が科学技術体制の担い手として正当に位置づけられるべきことを提唱していた。こうした中で生じた東大闘争であったため、医学部処分問題等についても旧来の教授会体制のもたらした事態であり、学生・院生・助手等を含む「全構成員自治体制」への脱皮によってのみ事態の解決がもたらされることを主張し続けたのは東院協に結集する院生集団であった。

更に、東大闘争当時若手研究者の劣悪な研究・生活条件を訴えた院生集団の要求の多くはその後、文部科学省の政策・施策の中に汲み取られ、対策が打たれていったが、このことについても歴史的検証がなされるべきだと思われる。「修士・博士課程の一貫制」の主張は四年後に法案化された「筑波大学法」の中で具体化されている。また海外調査費を含む若手研究者の研究費確保の要求は、日本学術振興会の特別研究員制度等の形で国際的にも評価される制度として確立され、国家予算から支給されるようになった。学生支援機構の奨学制度の大規模な拡充も当時を起点にした運動の成果と見ることもできる。

このように創成期にあった日本の科学技術体制の整備拡充の過程で、「東大確認書」前後の院生運動が重要な歴史的貢献を果たしたことに思いを馳せるべきであると思われる。

## 2 戦後リベラルアーツ教育と東大闘争

東大闘争が大きなうねりを見せ、全国的に注目を集める中で確認書締結という成果をあげることができた背景には、戦後大学教育の民主化が進められ、学生自治会活動等の自由な発展が推し進められたことがあることを銘記すべきである。

戦前の大学教育が専門性をもった人材養成の面では成果をあげながらも、国際的な広い視野をもった人材の育成で不十分であったことが戦争総括の中で解明され、高等教育改革の主要な課題になった。昭和年間の軍部独走を許し、展望のない植民地拡張戦争を招いた戦前の日本のシステムへの反省は、専門性に特化し批判精神の欠落した大学制度の断罪に向かった。占領体制下、GHQ主導で進められた日本の教育の改革は旧制師範と大学・専門学校の解体と新制大学の設立を軸に進められた。

そのうちでも東大改革は他大学への範例としての位置づけのもと重視された。「矢内原―南原構想」として知られる東大改革の重点は駒場の教養学部設立に置かれた。旧制の一高と東京高校のリストラによって設立された東大駒場はアメリカ型の「リベラルアーツ教育」の府と位置付けられた。明治以来ドイツ等ヨーロッパ型大学に範をとって設立された東大は、アメリカ的な大学として再生していった。駒場の二年間は教養科目の履修を中心にした期間とされ、広い視野と柔軟な発想を鍛錬する場とされた。入学試験自体を学科中心の入学者選抜ではなく、四つの「類」という大まかな志向性で選別し、教養部期間の履修を踏まえて専攻の学部学科を学生に選ばせるという画期的な制度が導入された。学生寮も拡充され、学生による「寮自治」も確保された。更に駒場キャンパスの学部としての地位を確保させるため、卒業生を送り出す「教養学科」（のちに理科系の「基礎科学科」）が設置された。

このような抜本的な改革は、GHQの超越的な権力によって可能であったが、全国の新制大学設置に対してモデルとなった。専門教育に特化する前の二年間、学生たちには広い視野の獲得が求められ、国内外の政治経済や文化思想を学ぶ中で「天下国家を語る」時空間を保証された。「きけわだつみ運動」、生活協同組合、寮自治、政治課題への対応等、この新空間から学生運動が勢いよく胎動し、駒場は「学生運動のメッカ」と呼ばれるようになった。

一九六八年六月以後の東大闘争の大きなうねりと、その中で駒場の学生運動が果たした役割は、戦後リベラルアーツ教育の府として展開された歴史を踏まえてもたらされたものであり、戦後学生運動の一大決算としての意味を有していた。

## 3 「東大確認書」以後の大学制度変貌の軌跡

「東大確認書」が戦後学生運動の高揚の産物として生み出され、国民的な歓迎を受けた一方、文部省や政治権力の側からは最高学府における政治運動は抑圧すべきことと認識され、その後周到な反民主的な措置が講じられていった。それは一九六九年の東大入試中止に向けた文部省の圧力と東大側の抵抗の凌ぎあいに始まり、様々な形の学生運動つぶしと民主的諸権利剥奪の形で進められた。東大闘争直後に国会に提出された「大学の運営に関する臨時措置法」(一九六九年八月)と一九七三年九月成立の「筑波大学法」の中に反確認書の意図を明確に読み取ることができる。

### (1) 筑波大学

一九七三年設置の筑波大学は、七大学に次ぐ昭和の大型国立大学の設置であり文部科学省の知的資産と予算を注入したモデル大学であった。世界第二位の経済大国になった日本の科学技術推進の拠点とされた筑波研究学園都市に、文部科学省が高エネルギー研究所と共に設置した大学であり、当初より「新構想大学」「国際A級大学」の標語に象徴される大学を目指していた。この新構想大学はアメリカの大学に範をとっており、戦後の駒場改革に相通ずる積極面をもっていた。それは、アメリカ的リベラルアーツ教育の重視と国際的通用性の追求であった。旧来の日本の大学の学部制度を否定し、学士段階の教育システムとして大枠としての学群、下位区分として学類を設置し、一―二年次の基礎教養科目を充実させリベラルアーツ教育の徹底を目指していた。入試制度も柔軟性を持たせ、推薦入試等入試を多様化させている。大学院教育に関しても学士課程と直結しない大学院教育部門を設置し、しかも修士課程と博士課程を独立のシステムとして区分した。修士課程は募集定員百人規模の大型の研究科を設置し、それぞれに専属の教員枠を配分している。一方、博士課程は五年一貫の制度とされ、専属の教員枠を別途配分している。「一貫制博士課程」は全院協等が主張していた修士―博士一貫制の考え方を組み込んだ部分がある。

国際性の追求に関しては一元的な人事委員会のもとで採用・昇格がなされ、質の重視が図られた。また文部科学省が保有していた外国人教師枠三八〇のうち三四枠を筑波大に配分し、教員面での国際化を支援している。留学生比率の確保をめざし、留学生寮の充実、留学生センターの整備、国費留学生枠の重点配分等が手当てされた。

こうした新機軸導入の一方、筑波大学法の最大の特徴は学長権限の強化と副学長制の導入であった。大学の管理運営上の権限は全学的な評議会に集中され、学群・学類・研究科等の教員組織に決定権はなく、採用・昇格等に係る人事権は全学人事委員会に集中されていた。

学部自治の否定は分断された研究と教育のシステムの中に具現されていた。研究者の組織としての学系は二六の小規模の単位とされ研究活動を行うこととされた。一方、教育上の組織は学士課程レベルでは学群・学類に細分され主に教育課程の編成に責任をもった。修士課程レベルは八つの研究科に細分され当該教育課程の編成に責任をもった。博士課程レベルは二六の研究科に細分され当該教育課程の編成に責任をもった。各教育組織は固有のスタッフだけでは開設科目をカバーしきれず学系に担当者の派遣を依頼するが、この派遣は年度ごとに派遣先を変更することを前提としていた。

こうした研究と教育の分離によって研究・教育の変化に応じた柔軟な対応のできる組織となったとされたが、実際には有効に運用できたとは言えない。とりわけ大学院博士課程と研究組織の関係は、円滑な連携体制が組みにくくなった。また修士課程入学者が博士課程での研究を志そうとした場合、三年次編入学が不可であり、筑波大学の博士研究科一年次に入り直すか、他大学の博士課程に編入せざるをえない事態が生じた。また博士課程は五年一貫制であるが故に、中間段階では修士等の学位は取得できないとされた。このような事情から筑波大博士課程に入学した者は、学位取得と研究者としての就職活動において非常に不利な状況に追い込まれた。創立後十数年の当事者たちの辛苦を踏まえて、博士課程の中間で修士の学位を授与する便法や、博士課程研究科における三年次編入試験を認めるという便法を適用して現実的必要性にマッチさせるようになったが、文部科学省からは厳しい抵抗を受けつつの措置であった。こうしたシステムの不整合は、筑波大学法案を練る段階で当事者感覚の視点を織り込むことなしに作業が進んだことの結果であった。

筑波大のシステムには東大闘争・「東大確認書」の教訓から引き出されたと思われる反民主的な諸制度も導入されていた。学生に対しては学内での諸活動が厳しく制限されていた。まず年間の学生の取得単位数に下限が設けられ（一七単位）、それ以下の単位数の学生は退学とされた。学内の掲示や立看板等は禁止され、学生の諸活動は厳しい取り締まりを受けた。学生寮の管理運営は学外の組織に委託され、寮生の組織は認められず、寮の施設や諸経費の問題が大学に要求されることはなかった。

他方で「アメリカ的リベラルアーツ教育の推進」は、学群・学類の前期課程で追求されているかにみえる。しかしそれは主に学際的・広領域的なテーマで開講される多くの総合科目によってカバーされていた。細分化された学群・学類の教員枠は限定的であり、他組織の支援を求めなければならず、目的達成は困難であった。また学群・学類の専門教育についても固有の教員が不足する中で、従来の大学の講座制のような統合性を持たせることが困難であった。

学群・学類と大学院の接合についても、多くの問題が派生した。修士課程と博士課程の接続や学位取得、三年次編入上の問題は既にふれた通りである。さらに大学院設置の理念において修士課程については学際的な大きな括りとなっているのに対し(「環境科学」「地域研究」等)、博士課程は研究領域の細分化に沿った研究科構成になっていた。制度設計上の差違からして教員採用の基準が違っており、隣接分野の研究者においても連携や協同作業は必ずしもスムースにいかない面があった。

東大闘争と「確認書」締結直後に、文部科学省側からアンチテーゼの一つとして示され、具体化されていった筑波大学設立は以上述べたように、「新構想大学」としての積極面に乏しく、「反民主的」である諸点において多くの問題を抱えるものであった。

## (2) リベラルアーツの否定

日本の大学のあり方に関するより重大な改変は、確認書から二四年たった一九九三年に文部科学省から上意下達的に提示された「大学教育課程の大綱化」であった。バブル崩壊、冷戦構造の終焉といった状況下で打ち出された「大学教育課程の大綱化」は戦後新制大学で定着していた一年半—二年間の一般教養科目履修によって広い視野を確立させることを学問研究の基礎に据えようとする大学設置の基本理念を根底から覆す措置であった。人文科学、社会科学、自然科学を最低一二単位ずつ履修させる教育課程上の縛りを撤廃し、四年間で必要単位数を各大学の状況に応じて履修させることができるとする「大綱化」によって、戦後定着したリベラルアーツ教育の教育期間と教育課程上の構造がトータルに否定された。

東大駒場のように学部としての独立性を有していなかった多くの大学の「教養部」「一般教育部門」はそ

の相対的独立性を奪われ専門学部の中に組み込まれていった。京都大学、神戸大学等の大規模大学においては東大駒場をモデルに「教養部」を学部化する対処を行ったが、多くの国公立大・私立大では「教養部」「一般教育部門」が雲散霧消していった。東大駒場ですら同時並行的に進行した大学院大学化、高度化推進の流れにそって駒場の大学院「総合文化研究科」の充実発展の方向に注力し、一般教養科目、リベラルアーツ教育を死守するスタンスではなかった。一九七三年にリベラルアーツ教育推進を特色として設立された筑波大学においても専門教育の強化、一般教養教育の弱体化の方向に進み、「総合科目」自体が存在感を弱めていった。

こうした動きは国際競争が激化しているという前提の中で大学における専門教育の強化が必須であるという理由付けで推進された。しかしそれは一般教養教育が導入された終戦直後の状況との比較検討のうえでの立論ではなかった。戦前の軍国主義教育の克服の役割を担った一般教養教育という制度的前提に関する立論はなされず、ひたすらに国際競争力の強化と社会（産業界）的ニーズが根拠として提示されるばかりであった。国際比較の観点に立つならば、アメリカの主要大学が同時期にリベラルアーツ教育をないがしろにして専門教育強化に走っていたかと言えば否である。アメリカの大学においては目先の利害に左右されることなく、大学教育の基礎にリベラルアーツ教育を据え、その体系を粘り強く守り抜いている。

### （3）国立大学法人化

日本の大学の反動的再編に更なる追い打ちをかけたのが国立大学の法人化であった。二〇〇四年以後、全国の国立大学は国立大学法人に再編されていった。研究費調達において自助努力が求められ私学に近い運営に移行した。各大学に交付される運営費交付金には効率化係数が適用され漸減していった。中期計画の策定が求められ、「研究力」「社会連携」等の項目での達成率が求められる中で、長期的な研究者養成や教育基盤整備よりも、近視眼的な費用対効果や説明責任に左右される体制に変貌していった。研究評価において数量化された短期的な結果が重視されるようになり、外部資金獲得競争は熾烈をきわめた。こうした「大学運営の合理化」は国立大学にとどまらず、公立大学、私立大学も同様の変化に巻き込まれていった。

さらなる極めつけは文部科学省が大学の管理運営のシステムに大鉈をふるったことである。二〇一五年に学校教育法、大学設置基準等の改定が行われた。重要なポイントは教授会の権限を教務部門等に限定し、学校法人の決定権を理事会に集中したことである。合わせて学長選考制度をボトムアップの選挙によらないものとし、学長権限も大幅に圧縮した。この趣旨に沿った学則制定が全国の国公私立大で進められ大学の制度的慣行はトータルに否定されている。

このような中で「東大確認書」が掲げていた「全構成員自治」によるボトムアップの民主的大学自治は忘却の彼方に追いやられていっている。世界の大学制度の歴史の中でも、近年の日本の大学で進行している事態は特異な現象であると言われている。一九六九年から五〇年の歳月が流れ、この間に「日本の大学の自治」はいくつかの段階を踏んで、奈落の底に向かって転落しているかに見える。しかし、こうした事態をリアルに見据えながらも、絶望視するばかりでよいのだろうか。東大闘争五〇年の現在の地平に立って、よりマクロな観点に立って、長期的な楽天主義のスタンスを堅持したいものと思う。そうした心構えのために必要なことは、大学の変化に係る長期的な視点を堅持することと、国際比較上の確信を持つことであると考える。

第一の長期の歴史的視点についていえば、現状の日本の大学制度がいかに絶望的に見えるにしても明治初年の設立以来一四〇年の歴史の中で、何が達成され何が欠落しているのかについてリアルな視点から分析することである。明治以来戦後に至る七〇年間に日本の大学は様々な問題を孕みながらも、世界水準の成果をあげてきた。しかし敗戦後の総括の中では大学と卒業生たちが独走する軍国主義や官僚主義に対して無力であったことが断罪された。廃墟から再建された日本の大学制度は再建二〇年後の一九六九年に「東大確認書」という記念碑的な成果を生み出した。そこで達成された「全構成員自治」の理想からするならば、その後の五〇年は転落の一途であったと言えるかもしれない。しかし戦後持ち込まれたリベラルアーツ教育や学生運動の伝統は全く失われてしまったのだろうか。何が定着・残存し、何が失われたのかを丹念に検証する努力も必要であろう。また日本の大学制度や科学技術は戦前七〇年の到達点をはるかに凌いで発展している。大学の大衆化、科学技術の発展等の面で現在の日本は世界の先端を切っている。その中で、生じている制度上の「非民主制」と研究・教育者の直面している閉塞感等々の問題に対しては、我々と次世代が解答を与えていかなければならない。戦後二〇年に日本の大学が描いた軌跡と「東大確認書」に象徴される到達点は、そうした営みへの指針となっていくと思われる。

また国際比較の観点からみて、現在の日本の大学を俎上にのせた場合、大学の自主性や大学人の自由な活動がこれほどまでに奇形化されている事態が放置されたままでよいのか。これ程までに進んだ監督官庁の介入と財界等の直接関与が許されるのか。歴史的な淘汰によって日本の科学技術が最悪の事態に陥る前に何らかの「理性」が働き「再生」が図られるべきであろうと思われる。

# Ⅲ　東大闘争の再検証

# 27

# 私たちがストライキに入った理由
## ——科学者、教育者としての医学部教授の姿勢を問う

昭和四八年医学部卒、東京大学名誉教授、元医学部長。

清水　孝雄（しみず・たかお）

昭和四一年東大入学メンバーが、本郷に進学したのが昭和四三年（一九六八年）。ストライキで全員が一年留年したので、卒業は昭和四八年三月となる。六八年の一月に医学部学生は学生大会で無期限ストライキに入った。三月に上級生が駒場の学生会館で開いた何回かの説明会に出席する中で分かった事は、①医師法改正による登録医制度導入の問題点、②医学部長、病院長との交渉の中でおきた大量処分（医学部学生だけとっても退学四人、停学二人、譴責六名）の不当性、③大学の自治は誰が担うか、等という内容であったと思う。登録医の問題の詳細は別に譲るが、全国医学部四六校のうち、三六校の卒業生がこれに反対し、六八年二月の医師国家試験を全国で八七％の医学生がボイコットしたし、九大・阪大など多くの医学部教授会も反対声明を出していたので、インターン制度に代わる仕組みとして最良のものではなかったと思われる。

より大きな問題は学生処分に見られる教授会の体質だった。当時の病院長と交渉しようとした学生・医師は、それを阻もうとする医局長・医局員らともみ合いとなり、結果的には徹夜での交渉、缶詰になった。医局長は教授を守らねばという気持ちが強く、また、病室の付近で深夜まで大きな声や音を立てていた学生にも責はあった。この事件をきっかけに、先の苛酷な処分が三月上旬に決まったわけである。まさに火に油で

ある。

東大全学の評議会ではこの処分に異論が多く、一度は差し戻された（東大一五〇年誌編纂委員会資料）。また、後に当時の東大執行部の記述によれば、「批判はするけれど、最終決定者は医学部である」（坂本義和著『人間と国家（下）』岩波新書）という誤った学部自治の中でブレーキがかからなかったのであろう。今では、当事者からの弁明も聞かずに懲戒処分などあり得ないが、こうした強引なやりかたはすぐに破綻を招いた。当日、その場にいなかった学生も退学処分を受けていた。医学部の講師二人が九州へでかけ、氏の当日のアリバイを証明した。この事実は三月二七日の『朝日新聞』の朝刊で報告され、私も大変ショックを受けたことを記憶している。当然、誤認を含む、医学部の調査や処分に疑義が広がり、それを認めた教授会に不信が広がった。この二人は旧物療内科の高橋晄正講師（昭一六卒）と、精神神経科の原田憲一講師（昭二九卒）であり、その後も様々な点から医療の発展にご尽力された。しかし、当時の医学部長は「処分は間違いなし。大学は処分を撤回せず」（前記一五〇周年資料）と開き直り、多くの教授は残念ながら、これを黙認した。

昭和四一年入学組はこのような状態の中で、本郷に進学した。この当時は理科Ⅲ類の全員が医学科へ進めるわけではなく、駒場で必死に勉強し、本郷へ進学したわけで、医学を学びたい気持ちは強く、教授会が態度を改めてくれることを願い、話し合いを求めたのである。当時の教授会執行部は、代表とだけなら会うとか、氏名の無い文書は受け入れられないとか理屈をつけた。当時は矢内原三原則があり、「ストライキの提案者、会議の議長、自治会委員長は原則退学処分」となっていたので、匿名ビラにしたわけである（因みに、六九年一月、七学部と東大加藤執行部の「確認書」では機動隊導入や処分への謝罪と同時にこの三原則も廃止された）。ストライキ突入後は毎週のようにクラス会では、大学の自治や大学の在り方について、また、医師の育成や医療制度についてといった議論が続いた。また、医学部の若手の助手や講師の先生がたは学生の自主ゼミを応援して下さり、『ホワイト生化学』などを原書で読んでいた。安田講堂の中では、宇井純氏が公害原論を論じ、また、薬学部ではスモン、サリドマイドなどの薬害の勉強もした。同級生のS君とは夕方からアテネフランスへ通い、フランス語の勉強もした。この頃の自主ゼミナールの経験はストライキ解除後のフリークオータという教育システムの原点となった。

六〇年代はアメリカでベトナム戦争への反対運動が大きなうねりとなっており、またフランスでも「五月革命」でカルチェラタンを学生が占拠していた。私も他の学生と同じ様に髪を伸ばし、フォークギターを弾き、デモにも参加した。そういう政治の季節だった。高度成長の中で、言いようも無い不安と同時に、自分達の未来は自分達で決められるのでは、と思える時代でもあった。

医学部紛争を経験し、一〇名程度は地域医療に飛び込み、今も現場で活躍している。大学で医学研究を続ける者もいて、学年で九名は後に東大医学部教授会メンバーとなった。それぞれ分野や考えは違ったが、「学問や医療の権威は目指すとも、権力者にはならない」という思いは一緒であろう。私は後に医学部長を拝命し、学生や他職種からの意見は出来るだけ聞こうとした。ただ、医学生は自治会もないし、職員組合もあまり意見も言ってこなかった。卒後二年の初期研修が必修化されたときも、医学生からの声は聞こえなかった。

なお、以下に掲載の決議文は、数年前のクラス会で友人が配付した当時のビラの文面である。紛争は六八年の六月の機動隊導入で全学化したが、八月頃から、様相を変え、「民主主義や大学自治を求める戦い」から、「東大の存在意義を問う」東大解体論、さらに政治の介入、学生の内ゲバへと変質し、私自身の熱意も冷えていった。学生の中で様々な意見の違いはあったが、このビラに書かれた様な初期の思い、「過ちを認めないあなたたちは科学者か、教育者か」という医学部教授への問いは、皆に共通していたし、今の医学部教授に対してもまた意味のある問いだと思う。先の坂本義和先生とは、晩年、いろいろお話しする機会に恵まれた。入院加療を受けられた先生は、「東大の医師やスタッフの患者に対する態度が大きく変わった」と言って下さった。嬉しいお言葉だった。（本文章は、東大医学部同窓会新聞『鉄門だより』二〇一八年二月号掲載文を一部修正加筆したものである。）

**決議文**［文字おこしは『鉄門だより』編集部による］

前略

去る四月十五日十五時より　私達四十三年度医学部進学生百十一名は 圧倒的の賛成をもってストライキに入りました。私達が医学部での講義を一時間も受けないうちにストライキに入らねばならなかった事情をここに説明すると共に　現在の事態の真の解決のため　先生方一人一人が真剣に努力されることを切に願うものです。

私達進学生は　進学を目前にして　医学部の問題に無関心ではおれず、三月半ばより連日　合宿、クラス討論を重ね　日本の医療や医学部問題の学習を続けてきました。その結果として私達は「要望書」にある三項目の要求を確認したのです。

しかし豊川医学部長から私達に送られてきた「医学部進学の諸君へ」という書状では、登録医制の問題、卒業生の研修の保証、処分の問題等に関して不明確な点が多く、又　特に現在の事態の解決策について何ら具体的方法が示されていないことに　私達は多くの疑問を感じざるを得ませんでした。そこで私達進学生は私達の能度決定の前に　先生方の考えを聞くと共に　教授と学生の話し合いという事を通して解決の糸口を作るため、同封のような要望書を学部長に提出したのです。

私達は要望書の「話し合い」に関して三つの条件を示しました。しかしこれは進学生一人一人が　その個々の疑問点を尋ね　その場で説明を聞く権利は当然認められるべきであり、又そのためには　そこでの説明が単なる個人の考えではなく教授側の責任ある考えを示してもらう必要があるのです。十五日までの開催要求は　やや性急であったにしても、現状では授業開始までには態度決定する必要がありましたし、実際に十二日のうちに学部長の手にこの要望書が渡されており、誠意をもってこの事態の解決を望んでおられるなら　充分検討の時間があったはずと考えるわけです。

私達はこの要望書の話し合いの場で三項目の要求を認めさせようとしたのでは決してなく　教授側の考え方を聞くと共に　教授側と学生の話し合いのきっかけを求めていたのであって　そのことは口頭でも充分説明しました。しかし学部側は、責任者名が無い、クラス会なる団体は認めてない、等々の全く形式的な理由で私達の要望書の検討さえ拒否したのです。

授業開始を前にして、事態の説明を受けたい、何とか早く解決してほしい、という私達進学者の切実な要求に対して、学部側がこのような態度をとったことは、学部側に何ら解決のための誠実なる努力をする意志が無く、ただもっぱら学生の願いを強圧的に押しつぶすことのみ考えていると判断せざるを得ませんでした。そのようなわけで　私達は十五日にストライキに突入し私達の要求貫徹まで断固として戦いぬくことを決意したのです。

現在　上級生がストライキに入ってから八十日以上も経過したと聞きます。事態がこのようにこじれた大きな原因は、今回のように学部側が学生との話し合いを拒否し　教授のみの「大学の自治」を押し進めようとする態度にあり、又　内外にはっきりその不当性を証明されているこの処分に執拗に固執する能度にあると思います。私達に　教育をするはずの医学部の先生方が仮にも自然科学者なら　明らかに事実誤認を含む不当処分は　すぐさま白紙撤回すべきだと考えます。もし学部側に「確証」があるなら　一刻も早く学内外にそれを明らかにして疑惑を解くべきです。今回の処分が「春見事件」を単なる口実として　自治会活動に積極的だった者を狙い撃ちにしたような処分であるなら、それはまさに　教育者の衣を脱ぎ捨てて　単なる管理者という立場に立っての被管理者への暴力であると言わざるを得ません。先生方がこのような暴力をふるい　白を黒として押し通そうとするならば、私達は先生方を科学者として又教育者として受け入れることができるでしょうか。更に、今回の処分に真接［編集部注：「直接」の誤りと思われる］かかわらなくとも、傍観者的に事態を眺め　一部教授の独断や緘口令を容認してきた教授・助教授・講師等の先生方の責任も極めて重大であると考えます。そのような先生方の無責任な能度が硬直した一部教授を支えていると私達は考えるわけです。先生方一人一人が真の科学者教育者として　現在の異常事態を一日も早く解決するよう努力されることを切に望みます。

私達　新一年生は、自主カリキュラムによる基礎医学の共同学習等で長期的ストライキに耐えられる体制を固めつつあり、学部側が話し合いを拒否し、真実を隠蔽しようとする限り、最後まで強固な団結を守り、全学に　社会全体に、先生方の非科学性、強圧性、無責任ぶりを明らかにしていくつもりです。

どうか一日でも早く　東大医学部で真理を真理として学べる日が来るよう　全ての先生方が事態の解決に真剣に努力されることを　繰り返しここに望みます。

なお私達は　先生方一人一人がこの事態をどのように考えているかをぜひ知りたく考えます。個人的意見で結構ですから　是非ともこれに対する返事をいただきたいと思います。

四月二十三日　新M―クラス会

草々

# 28

# 東大闘争をふりかえって

田所　憲治（たどころ・けんじ）

昭和四八年医学部卒。元日本赤十字社常任理事・血液事業本部長。平成三〇年（二〇一八年）一〇月逝去。

昭和四三年（一九六八年）春、いよいよ本郷で医学の勉強が始まると期待していたら、そこは無給のインターン制度の撤廃、青医連の公認、研修協約の締結などを掲げた医学部学生自治会、青年医師によるストライキの最中だった。M1クラスとしてストの執行部である全学闘から話も聞き、教授会にも質問状を出したが、満足な回答も、説明の場すらも得られず、クラス会での勉強や議論を重ね、誤認による不当な処分の撤回や全学闘の要求項目を支持してストライキに入ることになった。

その後はクラスでインターン制度や卒後研修制度の在り方、医療の問題点などの自主カリキュラムによる勉強会を重ねながら、どうしたら強権的な教授会に要求を認めさせられるのか、その戦略、戦術が議論の中心であった。当時の全学闘執行部は卒業式粉砕、入学式粉砕等の過激な実力行動で闘いの東大全学化、社会問題化を主張。頑なな教授会や大学当局の対応に対して、それも仕方ないかという雰囲気もあったが、入学式粉砕等の行動が従来はあり得なかった警官の構内導入を来たす事態になったりして大学自治破壊や却って社会の反発を招きかねない行動であり、解決を困難にするとの立場から教授メンバーの説得、団体交渉が基本と考える意見が多数を占めていた。

そうした中、六月一五日、執行部系の一部学生が全学闘の決定も経ず安田講堂に突入、占拠した。これに対して医学部では合同クラス会を開いて、「時計台占拠糾弾、解除」を決議し安田講堂の周りをデモし、「機動隊導入反対、自主解決」を訴えたが、六月一七日大河内一男総長は機動隊約一二〇〇名を導入して占拠者達は排除された。この事態に対して機動隊の導入反対、処分撤回の動きが出て、文学部では学生大会が開かれ、二六日無期限抗議ストに入った。確かに、問題が全学化し、社会の関心も高まったが、大学当局の対応は変わらず、六月二八日に社学同などの三派系と革マルなどによって東大闘争全学共闘会議（全共闘、議長・山本義隆）が結成され、彼らは七月二日に安田講堂を再占拠する。この当時彼らの掲げた要求は医学部の要求項目と機動隊導入反対、文学部処分撤回などの妥当なものだった。

八月一〇日に大河内学長は告示を出し、処分の妥当性を再審査すると提案、豊川医学部長、上田病院長も辞任したことを発表した。これを受け、医学部の有志は、告示は納得が出来る所もあり、事態を収拾すべきとして「一一八名宣言」を出してストを解除する方針を出した。しかし、学生の中では学長告示では納得いかないという空気が強く、彼らは却って全共闘の攻撃の的となってしまった。全学は全共闘の主導権の下、次々と全学ストライキ体制に入って行く。

これに対して全学自治会中央委員会、教職員組合等からなる七者協議会は民主的な解決を目指して「〇機動隊導入自己批判、再導入をしない、○医学部処分白紙撤回、自治会活動を弾圧しない、○自治会中央委員会、東大大学院生協議会、青医連の公認と交渉権を認める、○その参加による大学運営協議会を設置すること」の「四項目」の提案をする。だが、全共闘からは妥協路線と非難され、学生も「自己否定」という言葉に惹かれたり、過激な運動で世間に訴えないと大学側は妥協せず、解決しないのではないかという気持ちが強く、全共闘は支持を広げていく。

しかし、このころから全共闘は、七項目の獲得というよりも、自己否定、全学バリケード封鎖、大学解体、解放区を作るなどを掲げ出し、三派、革マル等は夫々自己の革命路線に流し込むような主張をして、その行動の過激度を競争するようにもなり、学生の中に疑問や不安も生まれ始め、民主的な解決を求める一般学生有志連合が生まれてきた。私自身、全共闘の当初の過激な行動が問題の全学化、社会問題化には役立ったが、大学の解体や、革命への転化を三派・革マルが言い出してから、これはっきり当初の要求項目と違うし、次の目標像がなくて大学をただ解体するというのでは解決にならないし、彼らの言う「革命」は全く現実離れしていると思わざるを得なかった。

一一月一日大河内総長が辞任、一一月四日加藤総長代行体制が発足。公開予備折衝も開かれるようになる。一一月一二日全共闘が日大などの他大学のゲバ部隊も入れ、大学封鎖の象徴として図書館封鎖を行おうとしたのに対し、これに反対する学生が黄色ヘルメット・角棒で隊列を組んで阻止し、翌日も教育学部で、一四日には教養学部で同様の攻防で学部封鎖を阻止した。これで潮目が変わり、学生も三派、革マルに引きずられた全共闘の全学封鎖・大学解体路線に疑問を持ち始めた。全学封鎖・大学解体をすべきか、団体交渉により民主的な解決をすべきかで、次々と学部学生大会が開かれ、全共闘系執行部がリコールされて一般学生有志連合＋民青系が勝利し、七学部代表団が結成されることになる。医学部は自治会が再建できないので一

医学部学生の学内デモ、先頭左、田所憲治。1969 年 3 月頃

二月二四日に医学科学生大会を理学部二号館で全共闘の襲撃をはねのけて開き、執行委員会を再建してオブザーバーとして代表団に参加することになった。翌一九六九年一月一〇日、秩父宮ラクビー場で七学部集会が開かれ「一〇項目の確認書」が結ばれ、一斉にスト解除の学部学生大会が行われ、一月一八、一九日の機動隊による安田講堂封鎖の解除を迎える。

一月二八日には「医学部合意書」が交わされ、処分撤回、機動隊導入自己批判、研修協議会の設置が盛り込まれていた。二月三日に医学科学生大会が開かれ、かろうじて過半数の二一四人が参加してスト解除が決議された。この後、再建された医学科自治会は確認書、合意書の実質化――今に繋がるカリキュラムの改革、研修体制の改革など――の活動を進めて行く。

以上が私の記憶に残る東大闘争の記録である。この間、大多数の医学生が、現在の医療の問題点、医師としての自分の生き方、チーム医療、医学教育の在り方などを各自真剣に考え、議論を交わし、行動した。それは何らかの形でその後の各自の生き方に反映されているはずである。しかし、当時の考えと行動の違いにより、今も当時の行動の違いを超えたクラス会は開けない。その後の生き方も含めて、また話し合える時が来ることを願う。

（二〇一八年六月記）

# 29

## 東大闘争全学波及に至るひとこま
### ——東大総長・医学部長・病院長と東院協正副委員長の会見

有馬　泰紘（ありま・やすひろ）

当時、農学系院生（農芸化学）。

一・一〇討論集会で、東大闘争の前史として、青医連運動や医学部全学闘を指導部とする学生ストライキなどがあったことを三浦聡雄さんが紹介された。こうした前史の段階では、運動は東大内について言えば医学部や病院の枠内にほぼ収まっていた。このような状況が一変して全学的な大学改革運動に移行していった契機は、一九六八年二月に起きた上田内科医局長カンヅメ事件に対して三月に発表された一七名の学生・研修生処分であった。この被処分者の中に、事件現場にいなかったTさんが含まれていることが明らかにされ、少なくともTさんについては、人権救済の観点から処分が即時撤回されるべきと考えられた。

私は、当時、一九六七年度後期の東院協副委員長を務めていた。東院協としてもこの問題を議論し、上田内科医局事件における学生側の行動の当否は別として、Tさんの処分を医学部長・医学部教授会は撤回すべきであるとの趣旨で見解を発表した。

この東院協見解は、大学当局の把握するところとなり、東院協の考えを医学部長・病院長に説明してほしい旨の依頼が大河内総長から届いた。中野区哲学堂に近い大河内総長宅に豊川医学部長・上田病院長・東院協正副委員長が集まり、東院協側から医学部長・病院長にTさんの処分撤回の要求と要求理由の説明が行われた。その際、東院協は暴力や監禁などの威迫による強要には同調しないこと、Tさんの処分撤回が早急に行われないならば医学部当局に対する抗議がさらに強まり全学に広がるだろうとの見通しも説明した。総長が司会・進行を務めたが、東院協側に対する医学部長・病院長からの反論や質問はほとんど無かったと記憶している。

大河内総長は、この日の会見を終えるに当たり、医学部長に対して、医学部教授会を早急に開催しこの会見を踏まえた上でTさん処分について再検討することを要請した。医学部長はこれを了承して、この会見は終了した。大河内総長がこのような会見を設定したことや、会見当日の総長の言動からは、総長が医学部教授会のTさん処分撤回を強く期待していたことが窺われた。この直後の医学部教授会の具体的動向については知ることができなかったが、Tさんの処分撤回は行われなかった。

『東大病院だより』六二号（平成二〇年＝二〇〇八年八月）に掲載された「東大医学部附属病院の最近五〇年の歴史年表」などに記録されているように、Tさんの処分撤回は一九六八年六月の全共闘系による安田講堂占拠、当局の機動隊導入による占拠学生排除、機動隊導入への全学的抗議の広がり、総長所信表明集会などの大混乱を経て実現した。しかし、この時点では、問題は既にTさん処分問題を遥かに超える問題となっていた。

東大闘争は、幅広い内容の確認書の締結によって終結したが、最も基底にあった問題は人権問題であったと思える。当時の東大は、大学構成員を含む人々の人権に向き合う大学からはほど遠い状態にあった。当局だけではなく、学生や教員の一部にも、暴力による加害と人権侵害の不正を容認する人々がいた。学生の非暴力的自治活動は自己決定権行使の一形態であり、処分や管理の対象ではありえないが、その程度のことさえわきまえない東大当局があった。人権の視点からは、今日においても大学の変革は未だ道半ばといえるだろう。

# *30*

# もう一人、別の「同志」

尾花　清（おばな・きよし）

当時、教育学部、東大民主化行動委員会議長、教育学部代表。現在、大東文化大学名誉教授。

本日の集会に参列された同志の皆さん。「七学部代表団」の代表団幹事の一人を務めた教育学部代表の尾花です。集会の呼びかけ人に名を連ねながら、体調不良のために本日の集会に出席できず、誠に申し訳ありません。「長く苦しい東大闘争」に青春のすべてのエネルギーを捧げて闘った同志の皆さんの名前や顔は、今でも昨日のことのように思い出されます。今日この場で、皆さんにお会いできないのはほんとうに残念です。と同時に、今の私には、もう一人別の「同志」が思い浮かびます。舌足らずですが、私の率直な思いを綴りますので、時間が許せば紹介していただければ幸いです。

全共闘を中心とした事実に基かない東大闘争「総括」は論外として、一・一〇団交はだれの主導権のもとに行われたのか、「確認書」の意義はどこにあるのか、東大闘争は勝利したのか、それとも「東大紛争は収拾されたのか」、その後の歴史的な評価にはさまざまなものがあります。私は東大闘争における「一〇項目確認書」のもっとも核心的な点は、「学生、院生、職員もそれぞれ固有の価値をもち、大学の自治を形成している」ことを大学当局に認めさせたことにあると、考えています。その意味で、私は、東大闘争とは、その大学の自治と学内構成員の権利と自治の原理の関係を原理的に承認させた、すなわち、学内構成員の民主主義的な自治の原理を大学当局に認めさせた点において画期的な勝利であり、戦後の学生運動にとっても一つの貴重な里程標となっていると、今でも考えています。

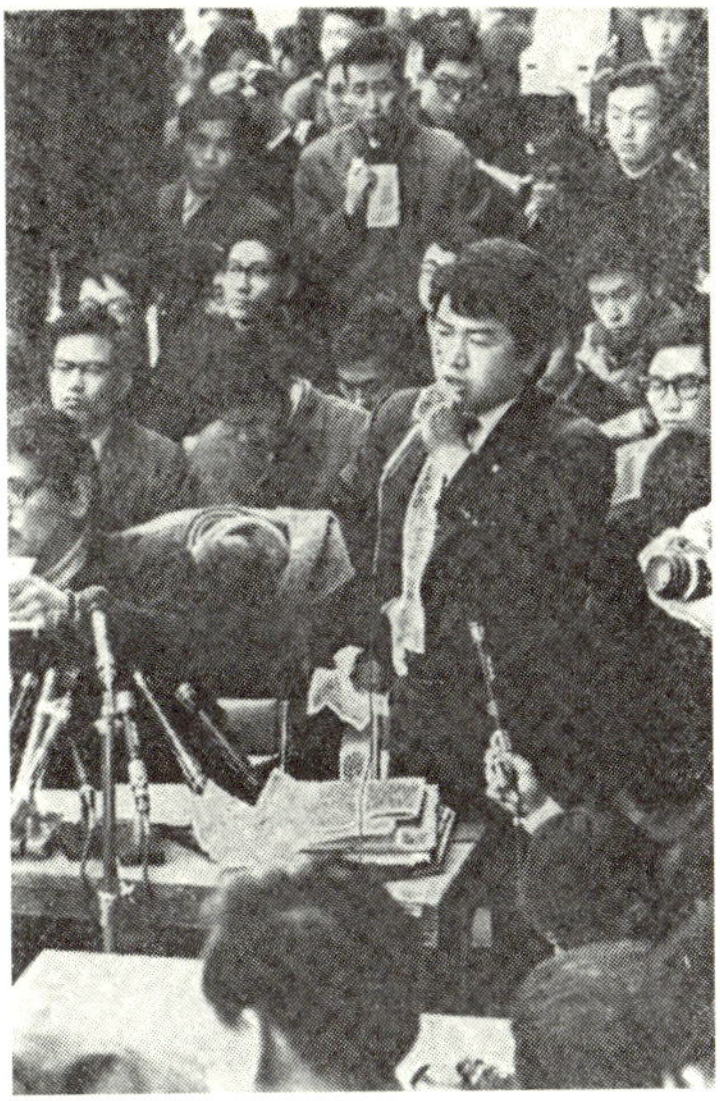
七学部代表団団交での尾花清

しかし、確認書を実現するみちのりはけっして平坦なものではありませんでした。私は、教育学部自治会の学生大会決定に基いて、「四項目要求」の実現のために戦ってきました。そして「全学大衆団交」のためには、全共闘の暴力的な全学バリケード封鎖や自治会破壊を乗り越えて、学生自治会はもちろん、院生協議会、職員組合を含めた東大の全階層が代表を選出し、真に学内構成員の総意を結集した代表団をつくりあげるために、多くの学友たちとともに戦ってきました。しかし、一・一〇「団交」は、残念ながら、院生・職員組合を除いた「七学部代表」によってしか実現できず、確認書もまたいくつかの不整合を含まざるをえませんでした。

幸い一二月一三日には駒場で代議員大会の自主的な開催によって自治会の機能が回復されて代表団が選出されましたが、それぞれの学部、大学院の自治組織での要求の決定と代表の選出は、必ずしも同一のものではありませんでした。当時、いわゆる「一般学生」「有志系」を代表していた経済学部自治会は、全共闘の「七項目要求」をそのまま継続してかかげており、団交の代表団の構成には、院生組織・職員組合を含めてはいませんでした。その結果、一・一〇団交は、学生の自治組織が相互に最低限合意できる線としての「七学部代表団」で行わざるを得なかったのでした。

さきに言った、もう一人別の「同志」とは、この経済学部自治委員長であった故町村信孝氏のことです。町村氏に関するウィキペディアの項目をみると、「『東大確認書』には経済学部代表として署名」し、「ノンポリ学生のリーダーの一人として、東大紛争終結のための学生運動を率いた」とあります。これによれば、「東大紛争」は町村氏たち「ノンポリ学生」の主導のもとでの「東大確認書」で「終結」されたことになります。周知のように、後に自民党の幹事長をつとめることにもなり、総理大臣の椅子をめざしたこともある町村氏は、当時の東大の学生の中でのもっとも保守的な層を支持基盤としており、氏自身も家系から見てもその後の官僚・政治家としての経歴から見ても、保守的な思想をもっていたことは言うまでもありません。

もちろん、このウィキペディアの評価を私はそのまま認めることはできません。

一一月にもなれば、駒場とはちがって、本郷の各学部の四年生の多くは、大学院進学希望者を除いては、すでにストライキ中に卒業後の就職先がほぼ決まってきており（町村氏は通産省のキャリア官僚の道が決まっていました）、彼らがストライキが長期化すれば年度内の卒業が難しくなると考えて、一一月段階でのストライキを解除することを求めるのは十分に考えられることでした。町村氏たちはそうした学生たちの支持を集めることに成功したのです。それでも彼らは、医学部問題、処分問題、機動隊導入に対して多くの学生たちが抱いていた正当な要求を無視することはできず、それまでの要求項目までを下ろすことはできませんでした。しかし、他方では、大学の自治そのものの原理についての、私たち教育学部自治会や民主化行動委員会・全学連行動委員会などの「四項目要求」とはあえて一線を画すために、彼等は「七項目要求」を掲げ続けたのではなかったかと、私は推測しています。「団交」で実現すべき課題も異なっていたのです。

しかし、自治会委員長となった町村氏は、学生大会の決定に拘束されざるを得ませんでした。彼と志を同じくする工学部・農学部の自治会執行部だけによる三学部での「全学団交」はあり得ません。なによりも、学生の半数の意志を表明している駒場の代表団を排除しては、「全学団交」とはいえませんでしたから。彼等はストライキ解除という自分たちの学生大会の決定を執行するためには、駒場を含めて、私たち教育学部や理学部などの学部代表と一体となった「全学団交」を選択せざるを得ませんでした。また、団交の場では、それぞれの学部の学生大会が決定した「要求項目」について、それぞれの学部が当局に要求し、それへの対応を求めることを拒否することもできませんでした。

数多くの曲折がありました。思惑の相異による意見の対立、駆け引き、時には罵倒し合うような険悪な局面もありました。しかし、「七学部代表団」を構成する各学部の代表は、結果的には、相互の異なった立場を尊重せざるを得ませんでした。その意味では、町村氏は学生大会の決定をけっして踏み外すことなく忠実に行動し、意見や立場の異なる私たちとの対応においても「誠実」に対処したと思っています。まさに全員加盟制自治会のもとでの構成員の意志決定のメカニズムが作用したのであり、町村氏は思想・信条の違いや思惑を超えて、そのメカニズムを「誠実」に受け入れて行動したのです。その点が、孤立しながらも、暴力的に自らの思想・信条に従わせようとした「全共闘」一派と、町村氏たちの決定的な違いがありました。

以上のような町村氏たちの存在がなければ、前述のような画期的な成果を収めることはできませんでした。その意味で、本日集会に来られた皆さんとは別な意味において、町村氏は、思想・信条の違いを超えて、さらには、その後の生き方ではけっして交わることのない道を歩んだとしても、自らの行動を規制する学生大会の決定に基いて、民主主義的に合意を形成し、自らに課せられた任務を「誠実」に実践したのであり、私にとっても、東大闘争におけるもう一人の「同志」ではなかったかと、いま思っています。そして、私にとっての東大闘争とは、東大の学生という同一の基盤において、思想・信条、思惑の相違を超えて、多くの学生たちがいかにして可能な合意を形成し、その合意に基いて、その限りで、自らの要求を現実的に実現していくのかという民主主義の実践を学ぶ過程でもあったと、考えています。

（一・一〇討論集会への文書発言、二〇一九・一・一記）

# 31

# 東大闘争と利己主義、利他主義
## ——柔らかい利他主義を提唱する

河内　謙策（かわうち・けんさく）

私は、東大闘争時には、法学部の緑会委員、七学部代表団の一員でした。私は、東大闘争につき、今日の時点に立った新しい全体像を再構築したいと思い、『東大闘争の天王山』を執筆中です。本稿では、これと重複しないように配慮しつつ、東大闘争につき、別の角度から、私が長い間考えてきた問題を提起させていただきたいと思います。

### 1　利己主義、利他主義とは何か

河内謙策

私は、弁護士になってから、外国の法律家等に東大闘争について説明する機会が多くありました。その際に、必ずといってよいほど出てくるのが「どうして、そんなに長い期間、多くの学生がエネルギーを爆発させていたのか」という質問でした。私は、その質問に答えるうちに、自分の中で、この質問に自分は答えきれているのか、という疑問を持つようになりました。この質問に答えるには、東大闘争をめぐる客観的条件だけでなく、主体的条件、学生の意識（特に学生の倫理意識）について考える必要に迫られたのです。倫理意識というと難しく聞こえますが、考え方の基準、考え方のパターン、と考えてもらえばよいと思います。そして当時の東大生の多数が、そうと自覚していたかどうかは別にして、内実において、利己主義ではなく、利他主義の意識を有していたこと、この利他主義の意識が東大闘争において大きな役割を果たした、と考えるようになったのです。

まず、利己主義と利他主義の定義を見て見ましょう。

利己主義（リコシュギ egoism）は、自己の利益を重視し、他者の利益を軽視、無視する考え方です（倫理的利己主義、Wikipedia）。注意すべきは、自己の利益を第一に考える考え方であって、わがままや自分勝手という日本語よりも概念が広いということです。また、個人主義と言ってもいいのですが、個人主義には、国家や社会の権威に対して個人の権利と自由を尊重する考えを意味する場合もあり、個人主義という言葉は多義的な意味があるので注意が必要です。社会学者の作田啓一は個人主義には一一の意味が含まれていると言っています（作田啓一『個人主義の運命』岩波新書、九四頁）。

心理学者のトリアンディスは、「ゆるやかに結びついた人々（つまり、自分は集団から独立していると見なし、おもに自分の好み・要求・権利・他者との間で結んだ契約に動機づけられ、他者の目標よりも自分自身の目標を優先させ、他者と関係をもつ際にはまずそうすることの利点・欠点を合理的に判断することが重要と考える人々）が織りなす社会的パターン」を個人主義と考えていますが（H・C・トリアンディス著、神山貴弥・藤原武弘編訳『個人主義と集団主義——二つのレンズを通して読み解く文化』北大路書房、二頁）、このトリアンディスの個人主義の定義は、私の定義とほぼ同一です。

利他主義（リタシュギ altruism）は、利己主義の対義語で、自己の利益よりも他者の利益を優先する考え方です（Wikipedia）。赤ちゃんに対する母親の行動を連想してもらえば分かりやすいでしょう。国家権力が個人の私生活にまで干渉したり統制を加えたりする体制、あるいはそれを是認する思想である全体主義とは異なるので注意が必要です。

トリアンディスは、「親密に結びついた人々（つまり、自分を一つ以上の集団（家族、仕事仲間、一族、国）の一部と見なし、おもに集団の規範や集団から課された義務に動機づけられ、自分自身の目標よりも集団の目標を優先させ、また集団においてメンバーの団結を重視する人々）が織りなす社会的なパターン」を集団主義と定義していますが（前掲書二頁）、このトリアンディスの集団主義の定義は、私の定義とほぼ同一です。

利己主義、利他主義を硬い概念と考えてはならないと思います。一人の人間に二つの要素が併存することもあるし、一人の人間が、利己主義から利他主義へ、あるいは利他主義から利己主義に変わることもあり得るのです。また、一つの集団内部の六〇％が利己主義者で四〇％が利他主義者ということもあり得るのです。人類が人類としての生活を開始した時は、利他主義者が圧倒的であったろうということは容易に想像できます。そうでなければ、生き延びることができなかったのです。そして、生産力の発展の中で、集団の中で不満を感じた人間が、単なる不満から、自己の生き方・あり方として利己主義者になったこともあると思います。しかし、利己主義が個人的意識から、一定多数の人間の社会的意識になるには年月が必要でした。トリアンディスは、古代ギリシャでは、プラトンやソクラテスらの利他主義者が多数であったと述べています（原勝郎著、渡部昇一監修、中山理訳『原勝郎博士の「日本通史」』祥伝社、三〇二頁）。歴史学者原勝郎は、日本では足利時代に個人主義が優勢になったと述べています（前掲書二一二頁）。

トリアンディスは一九九五年の前掲書の出版の時点で、世界の七〇％の人々は集団主義者であると述べていますが（前掲書一五頁）、この比率は、グローバリゼーションの展開の中で、もっと低下しているでしょう。先日、テレビで中国の南部の少数民族の青年の悩みを放送していましたが、その青年の悩みは利己主義と利他主義の間のジレンマでした。

## 2　東大闘争の原因論と利己主義、利他主義

一九六〇年代末から一九七〇年代初頭の大学闘争の原因については、多くの議論がなされてきました。その中では、大学の大衆化（学生数の急増）に原因を求める見解が多く見られました。たとえば、ジョン・ルカーチは次のように述べていますが、西洋の大学問題と日本の大学問題の共通性に驚く他は有りません（ジョン・ルカーチ著、救仁郷繁訳『大過渡期の現代』ぺりかん社、一四七頁）。

「一九六〇年代に入ると遂に大学が文字通り破裂し始めた。古ぼけて汚い大講堂に何百人も詰め込まれた学生が、ただ一人の碩学の講義に耳を傾けるふりをしていた。しばしば、碩学から承る専門的情報の種類が、学生たちの関心事または要求内容と合致しなかった。過去の大学では、必要に応じて、学者の世界と個人に接触する機会が与えられたのに、今や大学は学外の世界よりも、もっと非人間的になった。」

大学問題研究者の大崎仁は、大学の大衆化論の上に立って、更に世代論の視角を導入し、次のように述べています（大崎仁『大学改革1945~1999』有斐閣選書、二四三頁）。

「戦後の混乱期に生まれ、個人の自由と権利を最高の価値と教えられ、戦後民主主義教育に漬かって成長した戦後世代、善きにつけ悪しきにつけ戦前と完全に断絶した最初の戦後世代が、あの時点で学生の主流となった。それが、現実の政治や社会と向き合った時、それまで教え育まれてきた価値観や生き方を抑圧するものを感じ取り、それに強く反発したのは、自然の成り行きでもある。」

大崎の見解は傾聴すべき見解ですが、その分析では、大学闘争をになった世代（団塊の世代）以後の世代（ポスト団塊の世代）も、同じ戦後民主主義教育の洗礼をうけたはずなのに、ポスト団塊の世代が一九七〇年代以降、東大闘争に匹敵する学園闘争を展開しようとしなかったことを解明できない、という批判を免れることはできません。

そこで私は、団塊の世代の意識を更に分析し、団塊の世代の学生の多数は利他主義的意識を有していたがゆえに、自己の利益と直接に関係のない大学の問題についても全体の団結を重視して献身的に闘い、それゆえ巨大なエネルギーの爆発を長期間持続したのに対し、ポスト団塊の世代では、利他主義的意識を有する学生が少数になり、多数の学生が大学の問題よりも自己実現を重視する利己主義者になったために、学生がバラバラになって闘いが困難になったと考えるのです。

私は、以下の事実により、そのことは証明されていると思います。

まず第一に、一九六九年二月に行われた、雑誌『世界』による学生意識調査の結果があります。同意識調査は東大生三四〇〇人に対して行われ、約一八〇〇人の回答があったと言われています（『世界』一九六九年九月号六三頁以降）。同アンケートでは、「闘争中のあなた自身の主要目標［は］」という質問があり、それに対して「大学民主化」四六・二%、「革命の主体形成」一〇・二%、「現行大学制度の解体」二七・二%、「暴力学生の追放」一九・一%、「理性の回復」二〇・一%、「機構の合理化」一七・九%、「体制への拒否声明」二五・〇%、「根源的思想追求」二五・六%、「自己変革」三一・七%、「感性的解放」五・五%、「自己主体の確立」四一・七%、「どうでもよい」一・〇%、「なし」一・五%、という回答がなされています（全体の合計が一〇〇%を超えるのは、アンケート自体において、回答の複数選択は可となっていたためです）。

このアンケートが東大生の意識状態を正確に反映していたかどうかについては疑問がありますが、民主化行動委員会を信頼する団体と回答したのが一七％であるにもかかわらず、闘争の中での主要目標として「大学民主化」と答えたのが四六・二％というのは、東大闘争を単なる自己の意識や感情の表明・追求と考えていなかったこと、利他主義的意識が東大生の多数を占めていたことを明らかにしています（「自己実現」という項目が無く、「自己主体の確立」という曖昧な表現になっているため、「自己主体の確立」＝利己主義的意識とも言えません）。

第二に、東大闘争においては、広範な学生の不屈で献身的な闘いが数多く展開されました。特に一万人余の六・二〇全東大統一集会、法学部の六八年四月から六九年一月までの二〇回に及ぶ学生大会、一一・一二総合図書館封鎖阻止行動、一一・一四の駒場三〇〇〇名の教職員・学生による封鎖阻止行動、一二・一三の五〇〇〇人のスクラムによる駒場代議員大会防衛行動、一・一一の駒場代議員大会防衛行動、一月一〇日前後、七学部集会成功・全学封鎖阻止のための行動に一〇〇〇名を超す学生が連日泊まり込んだことは特筆されるべきです。また六八年一〇月から一二月にかけて、全学部で留年の脅迫にも屈せず無期限ストライキが打ち抜かれていることは、御存じのとおりです。

これらの闘いに参加しても、成績に「優」が増える訳でもなく、別にお金が支給されるわけでもありませんでした。また参加しなくても罰則があるわけでもなかったのです。だから、一人一人の学生にとっては、直接に自分にメリットがなくても闘った、すなわち利他主義的意識に基づく行動であることが明らかです。東大闘争は、精神史の立場から見れば、利他主義が爆発した社会運動であるとも言えるでしょう。

第三に、東大闘争を通じて、東大生の民青同盟への加盟が大きく進んだことがあげられます。民青同盟は、六九年の春に、東大生に対し、民青同盟への新たな加盟を呼びかける拡大運動をおこないました。私も、「民青に入って、祖国と青年の解放のために一緒に頑張ろう」と多くの人に呼びかけましたが、私の友人の話では、民青同盟員の数が約一・五倍に、一〇〇〇名を突破したということです（当時同盟員数が一〇〇〇名を突破していた大学生班は、立命館、京大、名大、岩手大でした）。民青同盟は、自己の青春を祖国と青年の解放に捧げることを決意した集団＝利他主義者の集団でしたから、この民青同盟の急拡大も、東大生の多くが利他主義的意識を有していたことのあらわれである、ということが出来ると思います。

第四に、ポスト団塊の世代において利他主義者が減少したことについては、国際キリスト教大学（ＩＣＵ）の在学生のべ二六七三名の資料を分析した研究があります（岡林秀樹・大井直子・原一雄「大学生の人生観の年代的変遷」『心理学研究』第六六巻第二号一一七頁以降）。

同研究は一九九五年に発表された研究ですが、その結論として「日本における大学生の人生観は、五〇年代から八〇年代にかけて伝統の軽視、個人主義的傾向、柔軟な態度を好む傾向へと変化していると考えられる」「六〇年代から八〇年代へかけて個人主義化と順応主義の台頭が見られ、それは九〇年代にも維持されていると言えるであろう、おそらく、これは六〇年代後半から七〇年代にかけて起きた学生運動の挫折により、一つの主義への傾倒を嫌うようになったことの表れと思われる」と述べられています。個人主義化・順応主義の台頭と学園闘争の鎮静化の関連は明らかです。

## 3　日本の将来――利己主義か、利他主義か

では、利己主義者が多数で利己主義の文化が優勢の国を利己主義の国、利他主義者が多数で利他主義の文化が優勢の国を利他主義の国と定義した場合に、日本の将来は、利己主義であるべきか、利他主義であるべきか、この大問題を考えてみることにしましょう。

まず、この大問題に取り組んだ先人の研究を見てみることにしましょう。

アメリカの宗教学者R・N・ベラー等は、一九八五年に出版した『心の習慣』において、個人は社会から切り離された絶対的な地位を持つとする功利的個人主義と表現的個人主義を批判し、アメリカの伝統である共和主義的個人主義（ジェファーソンら）と聖書的個人主義（ウィンスロップら）を現在に生かした、個人と共同体が相互に支え合い強化しあう倫理的個人主義を提唱しています（島薗進、中村圭志共訳『心の習慣――アメリカ個人主義のゆくえ』みすず書房、vi頁）。

先に引用したトリアンディスは、一九九五年に出版した前掲書において、個人主義にも長所と短所があり、集団主義にも長所と短所があるので、個人主義者たちには親密な、自己開示を巧みに行う、双方の面子を維持するための相互作用の技能を訓練したり、集団主義者たちには政府への対応の仕方および市民への対応の仕方（特に、官僚に対して）の訓練を行うなどして、個人主義と集団主義の統合を進めるべきだとしています（前掲書一九三頁）。

芸術論・演劇論の研究者、山崎正和は、一九八四年に出版した『柔らかい個人主義の誕生』（中央公論社）において、日本に、柔らかい個人主義（青春の時代にたいする、成熟の時代の個人主義、目的志向と競争と硬直した信条の個人主義にたいする、より柔軟な美的な趣味と、開かれた自己表現の個人主義）の萌芽が生まれていると評価し（同書六一頁）、一九九〇年に出版した『日本文化と個人主義』（中央公論社）において、柔らかい個人主義の実現の為にも社交への回帰を訴えています（同書一三八頁）。

歴史学者の小田中直樹は、二〇〇六年に出版した『日本の個人主義』（ちくま新書）において、日本人は個人として自律していないことを強調し（同書二〇頁）、〈自律による社会的関心&経済成長〉型個人主義を提唱しています（同書一五〇頁）。

京都大学の研究者、杉万俊夫は、二〇一〇年に発表した「『集団主義―個人主義』をめぐる三つのトレンドと現代日本の社会」(『集団力学』第二七巻一七頁以降)の論文の中で、わが国の近未来は、本格的な個人主義も増えるだろうが、それが大勢を占めると思われない、マイルドな個人主義(残存する集団主義)の崩壊と身体の溶け合いへの回帰を軸に進行すると予想し、身体の溶け合いを通じて向かうところは集団主義であるから、以前の家族やコミュニティのように、血縁、地縁といった「自然の場」だけに頼らず、自然の場に代わる新しい場を創造しなければならない(同論文三〇頁)と主張しています。

先人の貴重な業績に対して失礼を承知で一言論評させていただくならば、ベラーらの議論の前提は、深い個人主義を基底に有するアメリカ社会であるから、日本には、そのまま適用できないことは明らかです。トリアンディスの統合理論は魅力的ですが、本当にそれで統合できるのか、また、統合すると言っても、どちらかをベースにせざるをえないのではないか、という疑問が生じます。

山崎正和の文化論は、奥が深い議論です。私が確実に言えるのは、山崎が本を書いた時代と現在とでは、グローバリゼーションが進展しているので、かなり違うのではないか、ということです。

小田中直樹の議論は、利他主義を検討せず、利己主義が当然に正しいという前提で議論していますが、それは浅薄であるとしか言いようが有りません。大塚久雄や丸山真男を前提に議論する時代はすぎたのではないでしょうか。

杉万俊夫の議論は、彼独特の用語が多く論旨が分かりにくい、どうあるべきかという議論と、どうなるのかという議論の混同がないでしょうか。

私は、国などの全体をぬきにして個人を考えることはできない、個人と国などの全体は不可分の関係にあると考えるので、利他主義の立場に立ちます。ただ、利他主義は、全体の権威や決定に個人が盲従しやすいということ、また、全体と個人の意見が異なる場合に個人にたいする過度の統制や排除が発生する可能性があるので、柔らかい利他主義が妥当であると判断します。

日本の自殺、特に高齢者の自殺率が高いことは有名です。自殺の原因にはいろいろあるでしょうが、個人が孤立・孤独状態にあることの影響が大きいことは間違いなく言えることです。子供の受験勉強・過度の進学競争は、子供を蝕み、職場で労働者が競争を煽られている問題もあります。国民の中で、一人で悩んでいる人は予想以上に多いのです。戦後日本人の心の歴史は、利他主義と利己主義の相克の歴史ですが、これらはすべて、日本人が、共同体から解放されて、その後に国民がバラバラになってしまったことに起因しています。高度成長の中で、人間は結局一人、人生は結局お金という利己主義が、日本国民の生き方として当たり前のように宣伝されるようになったからです。更に、二一世紀に入って、中国と北朝鮮の覇権主義的行動が問題になってきましたが、この問題は今後も続くと予想されるので、国民の団結の必要性は増大するでしょう。これらの点から考えて、日本が利他主義の道を歩むことは当然であると思います。

利他主義は全体主義に利用される、という人もいますが、日本にとっての当面の問題は、全体主義ではなく、グローバリゼーションです。グローバリゼーションは、自助努力や個人責任の強調にみられるように、個人をバラバラにして一層の競争の激化をもたらし、利己主義を極端にまで進めようとしています。そのような動きを見ないで、利他主義を批判することによって自己の利己主義を正当化しようとする人に対し、私は「全体主義がいやだからといって、当面の敵＝グローバリズムに協力するのか」と言いたいのです。

幸いなことに、国民をバラバラにしてきた利己主義の影響は弱まってきたようです。二〇一一年の東日本大震災以降、人の「絆」の重要性が強調されるようになりました。最近では、マイルドヤンキーの生き方も話題になりました。稲盛和夫、瀬戸内寂聴など、利他主義的生き方を勧める人も増えてきました。

日本人が利己主義的生き方を選択するのか、利他主義的生き方を選択するのかという点でも、日本は、今、大きな分かれ目に差し掛かっているようです。

最後に一言。グローバリゼーションに対決するには、国民国家の再構築、国民経済の再建と並んで国民文化の防衛が必要となります。柔らかい利他主義の創造は、国民文化防衛の中心的課題でしょう。日本の民衆運動は、柔らかい利他主義の創造を推進するためにも、狭い、過度に政治主義的な発想を克服して、日本の民衆に根差した豊かな運動にならなければならない、と考えます。日本の民衆運動は、政治的にも、思想的にも、組織的にも、再武装する必要があるのではないでしょうか。

（二〇一九・三・二〇記）

# 32

## 東大闘争を戦後日本の民主主義と社会史の中に位置づけて総括する視点を

佐貫　浩（さぬき・ひろし）

一九六五年文科Ⅲ類入学、六八年教育学部進学、六八―七〇年全学連本部事務局、七一年大学院（教育）進学、現在法政大学名誉教授、二〇一九年八月まで教育科学研究会委員長。

二〇一九年一月一〇日の集会は、貴重な集会であり、本当に五〇年ぶりの再会もあって、企画いただいた皆さんには深く感謝いたします。集会に参加して、東大闘争について、日本の戦後史のなかでその意味をあらためて捉え直す作業が必要になっていることを感じました。五〇年という時間の経過は、すでにあの闘争が歴史的検討の対象になるというのに十分な時間だと思いますが、本格的な歴史研究としての対象化、日本の戦後の政治と思想の変化の中でその意味を位置づけるという構えがより意識的に自覚される必要があるのではないかという感想を持ちました。その点で、ある意味で、あの集会は、当事者の振り返りという性格が強かったような感じを持ちました。

そのこととも関わりますが、あれだけの闘いがあったにもかかわらず、日本ではその成果が社会のありようとしてなぜ大きくは継承されなかったのか、また学生運動がその後一〇年ほどの間に急速に後退していったのはなぜだったのかという視点を同時に検討課題にする必要があったと思いますが、その点は十分には意識されていなかったように感じました。

## (1) 七〇—九〇年代における大学自治問題の展開と東大確認書の位置

その一つの原因は、「東大確認書」の歴史的な意義という点に報告や議論の焦点が置かれていたこととも結びついているように思いました。確かにあの時点で、「東大確認書」の獲得は大きな意味、可能性をもったものだったと思いますし、大学の自治を、社会の変化に対応させていく重要な足がかりとなるものだったと思います。しかし、その可能性は、実際にはほとんど展開していかなかったという問題もあったように思います。それはどうしてだったかという問題を併せて検討しておく必要があるように思います。

この確認書の成果と、二〇〇四年度の国立大学の法人化による大学自治のあらたな剥奪という事態の間—

一九七〇年代から二〇〇〇年までの期間――に大学の自治問題がどう展開したのか、その期間に対抗的な大学自治概念を積極的に構築していく、そういう自治概念を必要とするような大学改革への運動がどう展開したのか、しなかったのか。むしろ後退していくような歴史的な変化が進行したように思います。そのため、新自由主義の下での大学法人化（大学自治の強力な剥奪）に対抗する大学像というようなものを形成できないままに来てしまったようにも思います。もちろん新自由主義の広がりの中での大学の法人化は世界的な強力な流れであり、日本だけの問題ではないとは思います。

それにしてもこの七〇年代から二〇〇〇年の間の日本の大学の変化の中心は、大学入試競争の高まり、競争の舞台としての大学の序列化、就職を含んだ生存のサバイバル競争の舞台としての大学という性格を非常に強めていったし、そういう目から見るとき、大学自治という問題意識は大学生の間にも希薄化していったのではないでしょうか。そういう意味では、この期間における大学の変化という土俵で、日本の大学自治の変化（後退をも含んで）を捉える研究が必要だと感じました。

## （2）一般学生の東大闘争への大衆的参加という性格をどう把握するか

河内謙策さんが発言で指摘されていた、一般学生が立ち上がったたたかいだったという性格規定は、それなりに重要な視点だと思います。そしてまたそれゆえに、東大の多くの一般学生が「就職」を気にして、次第に狭い自己関心にとらわれ、それが大学の「正常化」、「正常な事態」への復帰の要求、異常事態の収束への要求と結びつき、確認書の締結とともに急速にたたかいが収束していったということも、確かに一つの特徴だったといって良いと思います。しかし重要なことは、そのような学生がもった、暴力や破壊を克服した民主主義的な大学の回復の願い――基本的には民主主義的な性格の要求――と、当時の民青や共産党が主導した大学民主化闘争が、どう繋がったのか、繋がらなかったのかという運動の性格の問題が本格的に検討されなければならないという課題を感じました。

実は、大学民主化闘争という基本的なたたかいの課題が、いわば立ち上がった一般学生にとってはどういう価値を持つのか、意味を持つのかが、あまりはっきりしないままに、ある意味で自己の卒業や就職への関心のレベルに強く規定され、それを超えるところへ高まるという点が弱かったのではないかと思うのです。東大闘争が一般学生にとって、身近で切実で、関わらざるを得ない闘争になったのは、①機動隊導入、②各種のストなどによる授業ストップ、③大学の課題への対処のおかしさ、④全共闘による大学封鎖による通常の大学機能のマヒ、⑤そういう思いからの暴力的大学破壊への抗議行動に対する全共闘の暴力の拡大、⑥卒業の見通しに対する動揺――こういうことに対する関心や不安から、流れに加わる学生が一挙に増加し、そしてそういう中で、大学封鎖、解体や暴力の現実に直面し、民主主義、暴力反対、そして自分たちも大学のあり方を考える主体だということについての自覚の形成、というような要素が大きく働いたと思います。それらを背景に未曾有の規模のたたかいが生まれたと思うのです。

しかしそういう視点から見るとき、実は、大学民主化をどうとらえるのかという点での民青や共産党の方針は、はたして、そのように立ち上がった学生の問題意識を、歴史的な課題や見通し、そして自分たちの将来の生き方、そして自分の本格的な思想形成へと高めていくような質を十分に持ち得ていたのかどうかが問題になるように思います。それは当時の学生運動の中での政治的思想的論争が、一般学生に一体どれほどの説得性をもっていたのかということに関わるように思います。言ってみれば、大学民主化闘争の意味について、民青や共産党は――もちろん私自身も含んで――、いろんなレベルがあるとはいえ、日本革命の展望に繋がるという認識に強い確信を持って参加していたと思います。そして中核派や革マル派、あるいは全共闘らと私たちの論争は、一般学生からすればどうやって日本革命を進めるのかという理論と戦術をめぐる論争と受け取られたと思います。

しかしそれは一般学生からすれば、彼らの社会認識や歴史認識に食い込んでいくものとはなりにくく、したがって逆に、大学民主化というスローガンは、先に見たような一般学生のいわば「私的な、個人的な」関心の側から理解され、意味づけられ、賛同をえた闘い——それ以上に彼らの将来への思いや理念を揺さぶるという性格をなかなか持ち得ない——という性格を強くもったのではないでしょうか。そこに、一般学生が大規模に参加したという希有な性格があると共に、同時にその闘いへの参加が、必ずしも学生全体の思想形成に深く影響を与えるような質が見えないままに、急速に大学闘争が縮小していった背景があるのではないかとも思うのです。

## (3) 当時の民主主義把握の歴史的な「限界」性があったのではないか

そのような視点にたってみると、実は当時の民主主義についての認識がやはり「古典的」な、いわばレーニン的な民主主義という性格を強く含んでいたように思います。多数決民主主義を武器(方法)として、階級闘争を遂行していくという性格についての私たちの理解の問題です。それはある意味で多数決民主主義ということを中心にして民主主義を捉え、労農同盟や統一戦線によって多数を結集して、この多数による権力としての民主的政府を形成するという方法論であり、そういう民主主義の性格の理解の問題です。もちろんそれは、当時の共産党が明確にしてきた革命の平和的な展開、不破哲三氏の「人民的議会主義」の理念への共感をもつものだったと思います。

しかし、当時の私自身の認識を率直に振り返ってみれば、全共闘らとの論争は、本当のコミュニケーションではなく、全く戦略化した「敵」との理論闘争としての性格があり、彼らとの思想の交わりを欠いたものだったように思います。そこでは民主主義は、（私たちが）多数を獲得することによってはじめて現実的な力となり、新しい社会を切り拓いていく力として展開していくというような感覚を伴っていたように思います。一般の人々が抱えている課題を自ら捉え、その人々が自らの認識を発展させ、自ら現代社会の課題を担う主体へと成長し組織されていくという捉え方、そしてそういう一般の人々の政治的主体性を高めていくものとして、その人々が民主主義を行使し、民主主義の担い手になるという、そういう民主主義の性格は、あまり理解していなかったように思うのです。それよりも、自分たちの正しさが、自分たちの勢力が拡大するにつれ、多数決民主主義によって、政府を取り、日本の革命を遂行していく権力を手にすることができるのだというような認識だったように思います。

今日において強調されている民主主義は、一人ひとりが思考と認識の主体となり、個の尊厳を獲得し、一人ひとりの表現を保障し、対話と論争のなかから真理の発見や合意を形成していくというものですが、そういう民主主義とはかなり異なった、非常に戦略的な民主主義だったように思います。そしてそういう民主主義の性格との関係で、一般学生にとっては、大学自治会民主主義は、多数としての民青のイニシャティブを導き出す非常に戦略化した多数決民主主義を認めることとして意識された側面があったように思うのです。

そのことは、共産党の当時の革命の展望が、七五年以降の社会と政治の逆転によって非常に困難になっていくことと似た性格をもっていたように思います。ある意味で、それは高度成長を達成し、豊かな日本社会を実現し、企業社会という仕組みを作り出した日本の資本主義の力の展開を、私たちが当時はまだしっかりとは見抜けなかったということと結びついていると思います。その困難を経由する中で、私たちは、本格的に日本の国民の多数が、どういう社会を求めるのかというその変革の流れをつかみ、国民自身が政治的変革の主体として自らを組織していくという方法によるほかには、日本社会の革新、変革は進み得ないという判断をすることになったと思います。そしてそういう主体を形成する民主主義は、先に見たような民主主義ではなく、もっと本質的な民主主義でなければならないということをあらためて考えるようになったのだと思います。

## （4）暴力とコミュニケーションによる平和をめぐって

そのことも関係して、暴力の問題についても、目良誠二郎さんの当日の報告が問題提起していたように、敵が民主主義を守らないときには、民主主義を守るための私的な暴力での対抗があり得るという考えは、それで良かったのかということを含んで、考えていく課題であるように思います。もちろん、現場での微妙な判断などを含んで、当時の方針が単純に間違っていたということを言いたいのではありません。しかし、当時の私には、平和の方法についての理解が非常に貧困だったというのは率直な反省としてあるのです。コミュニケーションこそが平和の方法であり、そういうコミュニケーション規範というものを徹底して私達の運動、社会の中に組み込むことで、平和を実現していくという認識は、やはり弱かったというのが率直な反省です。

## （5）日本の社会の近代化の遅れと日本の学生運動の性格の欧米との違い

そういうこととも結びついていると思いますが、なぜ、日本の学生運動は、確かに世界共通の一九六八年学生運動の一環でありつつも、社会を変えるフロンティアとしての闘いの位置——あるいはそういう意味での社会からの共感——を十分には確保できなかったのかを解明していくことが不可欠だと思います。おそらく、ヨーロッパの学生運動は、一九六〇年代に先進的な民主主義（近代の成熟）の体験を踏まえて、あらたな社会革新を求めた社会意識と一体感をもって展開していたのだと思います。ところが一九六八年の自由主義世界でのGNP世界第二位を達成するという急速な日本社会の経済発展の下で、日本の国民は、むしろ豊かさへの希望を見いだしていったという大きな違いがあったように思います。そのような状況の中で、ある意味で日本社会の革命的変革という政治目標と直結した印象で受け取られた学生運動――マスコミの報道の仕方とも結びついて――は、国民的な支持を得にくくなっていったように思います。

以上のような点を含んで、五〇年という年月を経たあの闘いを、その後の五〇年間の社会の歩みに照らして、深く総括するという歴史研究としての方法で対象化し、分析する必要があると思います。それなしには当事者の昔語りに止まってしまうようにも思います。そういう意味では「当事者」としてではなく、歴史研究者、思想研究者等の立ち位置からの歴史的検討に、東大闘争は付されなければならないと思うのです。

あの東大闘争を経験した人間がその後をどう生きたかを語りたいという気持ちはわかります。しかし、より重要なことは、闘いに参加した多くの一般学生（国民）が、この東大闘争の経験によってどう変わり、どう生きたか、どう生きなかったか、そういう影響力を持ち得たのかということこそが、検討される必要があると思います。同時に中核的に関わったグループが、その後にどういう理論を形成し、日本社会の変革に対するイニシャティブをどのように発揮したのかが問われているように思います。そういう視点から東大闘争を振り返る時点にあるという感想を強く持ちました。

（二〇一九・三・三〇）

## 33

# 五〇年、我ら「体験」の虜囚達、袋小路を抜け、新しい広場に出よう――一・一〇討論集会に参加して

野原　光（のはら・ひかり）

一九四二年生まれ、一九六二年入学。七四年から私立と国立で計四一年大学の文系の教員。一九六八年は農学系大学院の自治会委員長。周辺的存在だったが、終始一貫「代々木系」の運動の渦中にあり、非常な逡巡とともに「確認書」の調印者ともなった。その後の数年は、マルクス主義と前衛による大衆指導という二つの枠組みを前提に、政治党派からの政治的・人格的自立を模索。その後政治からの学問的認識の自立を模索し、八〇年代にはマルクス主義そのものの総括を迫られた。「一身にして二生を生きた」おもいである。

### (1)「体験」を語るのか、「経験」を語るのか

三つの報告（三浦聡雄、川人博、目良誠二郎）、及び会場からの一〇人近い発言、どれをとっても、それぞれが「一九六八」の体験を生かしながら、その後の人生を、確かな社会的良心として生きたことをうかがわせるものであった。それは、筆者などには及びもつかない、刮目すべきものである。拝聴しながら、我が身を恥じた。

だが、まことに不思議だったのは、そのそれぞれの論者が、「一九六八」に言及するとたんに、その視点は、五〇年前と殆ど変わっていないかのように見えたことである。歴史の舞台は大きく回った。にもかかわらず、その後の長い人生の軌跡を経てなお、「一九六八」を見る視点は、五〇年前と変わらずにいられるものなのだろうか。

もし五〇年前と同じ視点から、それぞれがおのれの固有の「体験」だけを語るのであれば、結果は、膨大な「体験」談の累積が残るだけではないか。それでは、かつての仲間が久しぶりに集まって昔の共通体験を懐かしむ、つまり当事者以外の同世代に対しても、後の世代に対しても、そしてまた同じるつぼの中で「対抗」し合った同世代に対しても、閉じられた「同窓会」になってしまうだろう。

では「一九六八」の大学闘争を振り返ることを、今日の時点で意味あるものとするためには、どういう視点が必要か。それは今日の逆流の時代に、時代の困難と闘い、多様な領域で、市民的自治の精神を復活させようと格闘する、多様な価値観の持ち主を励まし、それらの人々の連帯に資する、どういう質の「経験」を残したか、ということではないか。つまり五〇年経って、当事者が語るときに求められているのは、「体験」を語ることではない。当時とその後の人生の「体験」から、今日の時代にぎりぎり何を残したいのか、そのことを、「一九六八」に即して、昇華された「経験」として語ることであろう。

そう考えれば、当時我々の所有した「集合的経験」と認識枠組みから見て、遭遇した直接的な「体験」は、とても手に余る、複雑で大きなものであり、すべての者のたなごころをはるかに超えてこぼれ落ち、思惑を越えて進んだ。したがって「大学闘争」の「語り」は、主体的に関わった全ての人々にとって、輝ける「成功体験」ではなく、苦い自己批判という色彩を帯びることになるだろう。単に戦術のみならず、運動の戦略、思想、そして関わった者の倫理の問題としても、そうである。

### (2) 語られるべきだった、しかし語られなかったこと

人類の全体主義体験を振り返って、ハンナ・アーレントは語る。「声に出して言」わないかぎり、各人の抱える「不確かさ及び不安」には、それを裏付ける「具体的現実性」、つまり根拠があるのか、これを確か

めることが出来ない。さらにこの「不確かさ及び不安」について、他者と認識を分かち合い、共通の経験を形成する、すなわち世界を共有することが出来ない（『全体主義の起源』第三部、一二三五—一二三六頁）と。

この指摘に励まされて、公的問題を公的問題として人々と共有するために、語られなければ、「一九六八」の遺産を受け渡していくことにならないのに語られなかったこと、これをいくつか、敢えて「声に出して言う」ことを試みたい。

## （3）対象を捉える認識枠組み

東大の「大学闘争」で、「事実」とは何か。それは、大学民主化運動であり、対して、反代々木系諸党派と全共闘という妨害者がたえずたちあらわれていた。「事実」を捉える、このような認識枠組みは、集会の報告者、発言者のいずれにも共有されており、その点では、五〇年前となんら変わっていないのではないか。しかしこれは、全共闘運動とその妨害者民青・右翼という図式と、論理形式としては寸分違わない。主体と妨害者、このふたつの内容が正反対に入れ替わっているだけである。「常套句」は、思考の省略を可能にするが、その結果、思考すべき肝心の内容について、我々を盲目にする。

マグマのように渦巻いた運動の実態は、とてもこの論理形式＝認識枠組みで捉えられるものではなかった。膨大な数のノンセクトの学生たちは、政治党派の描いた運動図式から、絶えずこぼれ落ち、その思惑を絶えず乗り越えて、自立的に動いた。加えて政治優位の志向とは無縁の、しかし誠実に考える多数の学生が全共闘に惹きつけられた（例えば、唐木田健一『一九六八年には何があったのか』）。こうした事態を、この図式は到底説明出来ない。

ふりかえれば、東大の「大学闘争」は、三つの渦巻きが絡み合いながら進んだ。代々木系の運動と、反代々木系の運動と、そしてノンセクトの若者達の運動と、この三つである。最後のノンセクトの若者達とは何か。それは前衛的政治党派とそれに「指導」され「動員」される大衆という図式を乗り越えようとする大衆的自発性が、政治党派の運動に吸収され尽くすことなく、一つの集団として自己を表現しようとしながら、しかししきれない、そういう動きをもふくんでいた。マルクス主義的な認識枠組みと政治用語の氾濫の渦中で、運動を表現する適切な言葉をいまだ発見出来ず、したがって独自の集団を形成出来ないままに、彼らは一部が代々木系に吸収され、一部が反代々木系と結びつき、後者の合体物が「全共闘」運動と呼ばれた。

したがって、事実を描き出す上で、代々木系と反代々木系の運動がどのように対抗し合い、どのようにしのぎを削ったか、これを描き出すのはよい。対抗は事実だったからである。しかし、この対抗は「事実」ではあったが、果たして避けがたい「必然」だったのか。両者が、背後の政治党派の対立を背負いながら、この対抗図式をもって事態に関与したから、この「対抗」が、「事実」になってしまったのではないのか。東大の「大学闘争」の途中までは、互いに、共同のテーブルについて論争する、「論敵」同士であって、「敵対者」や「妨害者」ではなかった。それがどうして、ある時点から互いに、対話不能な「敵対者」や「妨害者」になってしまったのか、この点こそが総括されなければならない。背後にあった政治党派間の対立の影響を考慮に入れたとしても、それを大衆運動に直接持ち込まない工夫はなお可能だったのではないか。

この点では、報告者の目良は、卒業後遭遇したかつての全共闘との「和解」に触れた。同じく報告者の三浦は、全共闘活動家のその後の優れた事績に言及している（例えば、「立花ゼミ〇八駒場祭企画　いま語られる東大、学生、全共闘」）。全共闘からは、例えば富田は、当時の民青系活動家との五〇年ぶりの懇談に触れ、「彼らからも学ぶ点」があった（富田武『歴史としての東大闘争』一二頁）と述べている。島は、「現実に即していない学習のオン・パレードと、わけの分からない難しい言葉が当時の青年達の議論の特徴であり、お互いの間に区別をつくって敵視することがその議論の結論だった」（島泰三『安田講堂1968―1969』三一三頁）と振り返っている。これら当事者の発言は、いま「主体」と「妨害者」という図式を必ずしも絶対化していない。ということは、当時でさえも、この図式とは違った捉え方が可能だったことを示唆してはいないか。

こう考えると、東大の「大学闘争」の過程で、誰が正当だったのかという関心から振り返えるという方法は妥当ではない。不毛である。我々は「正史」を書いてはならない。

## （4）運動の質

代々木系、反代々木系の運動の質は比較的にわかりやすい。いずれも社会主義革命を目標に掲げる「前衛」政治党派の影響下にある学生活動家達に主導されたものである。政治党派の直接の影響下にない若者達は、時々の政治課題、大学内問題に関する学生活動家達の呼びかけ・行動提起に呼応して集会やデモに参加したり、しなかったりした。

しかし「一九六八」運動の独自性は、前項（3）で述べたように、代々木系、反代々木系の「政治的」学生運動に吸収され尽くさないノンセクトの学生たちの独自な動きにある。彼らが行動提起に応じる受動的存在から主体化した、このことがなければ、「一九六八」運動があのような巨大なうねりとなり、政治党派の影響下にある学生たちの思惑を絶えず越えながら進んでいくということはなかったにちがいない。この点を我が身に即して振り返ってみたい。

代々木系の運動は、大学の制度的民主化に鮮明に絞り込まれていった。筆者は、全共闘の「自己否定」とはおよそ逆の「自己肯定」的な友人や教職員を念頭に、「民主化」しても、制度を担う主体が変わらなければば、実はともなわないと思った。とはいえ制度的民主化そのものに異存はなかった。多分、制度的民主化に運動が収斂することに強い違和感を持たない多くのノンセクトの学生たちは、代々木系の運動に合流したのだろう。

しかしここに強い違和感を持ったノンセクトの学生たちが数多くいたのである。昨日まで共同のテーブルで議論していた友人の多くが、生竹が引き裂かれるように分裂して全共闘に合流するのを、切歯扼腕しながら茫然と見送ったことを思いだす。彼らの判断根拠に、政治党派の運動の引き回しへの嫌悪があったことは当時でも推測できたが、この引き回しは何も代々木系の運動に限ったことではなかった。だが、いまにして思えば、彼らには、制度的民主化に運動が収斂することへの違和感以上のものがあったのではないか。

全共闘のビラには、自分の肉声で書かれた、生き生きしたものがしばしば見られた。その反面、一体どこに着地するつもりなのかさっぱり分からない、何が統一見解なのかも分からない、その点で政治的に無責任ではないかと思わせられたこともしばしばであった。途中から、彼らの要求の内実も、筆者にはよく理解出来なくなった。彼らは誰に、何を要求しているのか、何を獲得したら妥結だと考えているのか、そうしたことが、我々の考えていることと違うらしい、というか思考様式そのものさえ違うように見えてきた。

まかれたビラには、内部の様子を断片的にうかがわせるものもあったが、全共闘の外部からでは、安田講堂の中で一体何が行われているのか、そのことはなかなか分からなかった。だが後の調査研究によって、その内実が少しずつ明らかになってきた。小杉亮子は当事者達の、次のような語りを引き出している（小杉亮子『東大闘争の語り』）。

「仲間が集まって、遊び、議論し、行動も自分たちで決めてする、こうしたことの繰り返しの中から、これでいいじゃないか、こうなることが理想の社会なんじゃないかと確信するにいたりました」（三八六頁、傍点引用者)。

「もっと普通の人が普通に動いて、総意は何らかのかたちで吸い上げられていくような政治はないのか。指導と被指導の形態みたいなものは政治の本当の幸せというか面白さを生まないんじゃないって」(三九二頁、傍点引用者)。

全共闘ほどはっきりと時間と空間を形成したわけではないが、このような胎動は、全共闘の外にも存在したように思われる。河内謙策は、大学闘争の全過程を通じて、法学部の学生大会で、代々木系と反代々木系の対抗だけでなく、それと異なる学生たちが一つのまとまりをなして、学生大会毎に、対案を出し続けていたことを指摘している(河内謙策『東大闘争の天王山』未定稿、上巻一二五頁等)。また学生の「急進化」を指摘し(同三一、五六頁)、一九六八年の「九〜一〇月に……全共闘支持の学友が急速に増大したこと」(同五九頁)に注目している。さらに河内は、現在の時点から振り返って、「主役は一般学生であった」(同四、一六頁)ことを強調し、自分たち学生活動家について「戦術は、本当は学生と一緒にワイワイガヤガヤる中で決めていくものだ、という本来の姿を見失った例もあった」と述べている(同六〇頁)。河内のこうした叙述の向こうに、全共闘の外にも、政治党派が指導する運動とは別に、独自の要求と衝動を抱えたノンセクトの学生たちが広範に存在したことがうかがえる。教養学部生達の「クラス・サークル連合」もそうした性格を持つものであっただろう。

さてこのように、政治党派主導の運動に吸収されてしまわないノンセクトの若者達の運動の内実は何だったのだろうか。運動過程で筆者が全共闘のビラに感じた当惑、小杉、河内らの指摘を重ね合わせてみれば、おそらくこれは、自分たちの自治生活圏を次第に作り上げ、視野を次第に拡大しながら、その自治の対象範囲を拡大していく、いわば一種のコンミューン運動だったのではないか。

「政治の幸せ」とは、まさにアーレントの追求した、本来の政治の復権そのものである（アーレント『人間の条件』等）。さらに彼女は、パリ・コンミューンから、ロシア革命のソヴィエト、第一次大戦終結期のドイツの評議会運動、一九五六年のハンガリー動乱における評議会運動、そしてアメリカ独立革命期に、ジェファーソンがその重要性を強調したタウンミーティング、これらを近代の歴史に絶えず現れる民衆の自生的な評議会運動の系譜として評価した。こうした小規模コンミューンでの自治の経験こそが、民主主義社会を支える主体的な基礎であることを強調している（同『革命について』）。東大の「大学闘争」におけるノンセクトの若者達の営みも、小なりといえども、こうした運動に連なるものだったのだろう。安田講堂への、「立てこもり」、「玉砕戦」と、こうしたコンミューン運動を同一視して、後者の意味まで見失ってはならない。

確認書は、確かに民主主義の後退局面にある今日から見れば、そして当時の運動の文脈を度外視して言えば、よくもあそこまでと思うような高い水準を示している。そして、運動は、何らかの契約による制度的確認をもって、その到達点を確定して、次に進む、という風にしなければ、運動の高揚の中で獲得し到達しかかっていた成果は、星雲状態のままに雲散霧消してしまう。とりわけ、巨大な国家権力が襲いかかるタイミングを見計らっている中での運動であるから、ますますそうである。高く「理念」を掲げながら「玉砕する」ことを大衆の運動の落としどころにする、というわけにはいかない。

しかし、「確認書」は、自発的な大衆運動の高揚のうちに孕まれた、自由な自治の共和国という直接民主主義への要求をまともに受けとめていただろうか。あるいは、「確認書」締結と並んで、このような市民的自治の運動を生かす途を追求したであろうか。そこを設定し損なったままに確認書の締結を急いだことこそが、無党派大衆の自発的エネルギーと「急進的」な社会的良心を、その運動から切り離し、「確認書」以降の、運動の急速な収束局面を招来することになったのではないか。

## (5) イデオロギー的思考の落とし穴

運動に孕まれた大衆の自発性をどのように受けとめ得たか得なかったかという問題のちょうど対極に、前衛的政治党派の大衆「操作」と「引き回し」をどのように総括するのか、という深刻な問題が存在する。これはもちろん、代々木系、反代々木系を問わず含まれていた問題である。ところがこの一・一〇集会に参加した限りでは、あたかもこの問題はそもそも存在しなかったかのようである。誰一人、この問題を主題化しなかった。たしかにこれを主題として論じることはなかなか難しい。だが運動に主体的に関わった人なら誰でも、随所で、この問題にぶち当たっている。この問題を主題化し、敢えて公開の場で語り、そこから教訓を十分にくみとっておかない限り、我々はまた同じ轍を踏むことになるだろう。イデオロギーの罠はどんな時代にも我々を捉えるからである。

自己を省みて思えば、筆者は、明らかに次のようなイデオロギー的思考の、演繹的な論理の罠に陥っていた。すなわちまず、社会主義革命以外に、日本社会の不正義（貧困、格差、不公平、特権、自己疎外）を克服する途はないと思った。従って、我々は社会主義革命を目指す。その社会主義革命は前衛党によって指導される。このとき、運動の帰趨に責任を持つ、責任ある前衛は、正統派左翼か、反代々木系諸党派のどれか。ここで自分の選択が成立した。しかる後は、社会主義革命を目指す我々は、前衛党の（従って党中央の）指導に従わねばならない。

従って、もし万が一、大衆運動の現場で、自分の現場感覚と指導が違うと感じたときにはこうなる。第一に、前衛党の指導に従うというタテマエを優先する。さらに第二に、党中央には、すべての情報が集まっており、しかも彼らは、我々日曜活動家と異なり、プロの活動家集団として、我々よりはるかに経験を積んでいる。従って、彼らの方が我々より正しいに違いない。したがって、現場で違和感を感じたとしても、指導に従う方が、おおむね正しい結果を生むはずである。だからたとえ、違うと思っても指導にしたがうべきである。そして最後に中央の指導に違和感を持ち続けたままで、運動の渦中に自己を維持し続けることは不可能であるから、方針に従った自己の行為に対する自己正当化の根拠を探し求めるようになり、「何か違うぞ」と思った初発の現場感覚は無理矢理に消し去られ、忘れ去られる。Aを認める以上、Bを認めなければならない、という演繹的推論の強制が、A→B→C→D……と延々と続くのである(『全体主義の起源』第三部、三一〇―三一一頁)。こうしてイデオロギー的思考にとらわれた者は、そのイデオロギー的思考の論理の道筋に符合しない自己の体験から学ぶところがない。

このようなイデオロギー的思考が存在したことを認めなければ、誰もが、「前衛」的政治党派による大衆の「操作」と「引き回し」を、現場で体験していながら、多くの場合にそれを食い止めることが出来なかったという事実を説明することは出来ないだろう。

### (6) 暴力の問題

全共闘とそれに連なる諸党派のかなりの部分は、国家権力と大学当局という権力に対抗する無権利者の対抗手段として、或いは、運動の渦中で運動の「妨害者」としての民青系に対抗する手段として、肉体的暴力の行使をかなり積極的に位置付けているように見えた。目的を達成するための手段として暴力が肯定ないし容認された。

他方で、いわゆる「民青系」のばあいはどうだったか。暴力行使はどちらが先だったかという前後関係は、筆者には確かめようがないし、またこの論点はさほど重要ではない。どんなに遅く見積もっても、一九六八年の一〇月の半ば以降、代々木系もまた、「正当防衛」論に支えられた、全共闘への積極的な武装反撃を開始している。ここでも目的が「暴力」という手段を正当化した。武闘ということになれば、「対話」も、「論争」も不可能になる。

しかも、より深刻だったのは、部隊と部隊との互いに準備された衝突に於いてばかりでなく、日常の偶発的な小競り合いや論争の局面で、個人と個人の間に小さな暴力が頻発するようになった。どちらの側についても、「暴力」が、日常意識の内部に市民権を持ち始めたのである。

かつてシモーヌ・ヴェイユは、フランコの内乱に際して、スペイン人民戦線に義勇軍兵士として参加した体験について、次のように語っている。戦闘の合間に昼食を食べながら、午前中に殺したフランコ軍の兵士との戦闘のいきさつを、あたかもゲームを語るかのように、兵士達は愉快げに語っていた。フランコの内乱から共和国を防衛するために、世界中から集まった、高い道義性に支えられているはずの、義勇軍の兵士においてさえ、こうであった。ヴェイユは、暴力の日常化が、人間の内面にもたらす恐るべき退廃を、ここにみたのである。我々は、今日、日常意識の内部に埋め込まれた、目的のために正当化された「暴力」、これを払拭し得ているだろうか。

（二〇一九・三・三〇記）

# Ⅳ　現代史の中の一九六八年

# 34

# 卒業後、そして今どうするか――問われるのは、そこだ

伊藤　千尋（いとう・ちひろ）

一九四九年山口県生まれ、六八年東大入学。法学部に進学後、休学してキューバでサトウキビ刈りボランティアとバックパックで世界一周した。七三年卒業し再入学して東大ジプシー調査探検隊を組織し東欧でロマ民族を調査。七四年朝日新聞社に入社。サンパウロ、バルセロナ、ロサンゼルス各支局長を歴任。二〇一四年退職しフリーの国際ジャーナリスト。NGO「コスタリカ平和の会」共同代表。「九条の会」世話人。著書に『燃える中南米』『反米大陸』『9条を活かす日本』『凛とした小国』など。

## ●人生をどう生きるかの選択

東大に入学して間もなく、機動隊が導入され授業がなくなった。目の前を埋めたのは無数の（ように思われた）タテカン（立て看板）と、無数の（ように思われた）ヘルメットだ。地方から出てきた身には、セクトのささいな主張の違いなど分かるはずもない。

当時は授業を受けるのでなく討論をするために学校に通った。悠長な話し合いではない。お互い面と向かって相手に人差し指を突きつけ、「君はどう考えているんだ、どうするんだ！」と面罵する激しい主張のやりとりだった。

あれは日本の歴史に珍しい、下から沸いた民主主義だったと思う。大学側やセクトを批判する前に、自分

がいま何を考えどうすべきかの決断を迫られた。「人生をどう生きるか」を真剣に考えさせられた。部屋に引きこもって思惟するのでなく公然とした場で、詰問する同級生の視線を浴びながら、悠長に考える余裕はなくその場で判断するしかなかった。それが私にとっての東大闘争だ。対話の実践こそ、東大闘争が私にもたらした最大の財産だと思う。

対話したからには伝えたい。対話の材料を提供したいし対話の場を広げたい。そんな思いから「九〇〇番」というミニコミを謄写版で印刷して配布した。題名は代議員大会が開かれるなど討論の象徴だった駒場の九〇〇番教室からとった。思えば、当時からコミュニケーションを指向していたのだ。

中身のないアジ演説や空虚なアジビラがあふれていたが、客観的に聴いていて共感する論客もいた。代議員大会に登壇した木元康博氏が「僕の父親は弁当箱の中にビラを入れて通勤していました」と語った姿は今も心に深く焼き付いている。「これからどうすればいいのかを知りたいならあの人に聞けばいい」と当時から名声高かったのが、渡辺治さんだ。あれから半世紀が過ぎた今も「九条の会」の先達として、意見を仰いでいる。

私は東大生協の活動を経て東大新聞の編集部に入ったが、東大闘争が一応の区切りを得て学内が静かになるともの足りなくなった。本郷に進むとすぐに休学してキューバにサトウキビ刈りのボランティアに行った。キューバ人といっしょに半年間、サトウキビを刈りキューバ全土を見て回ったあと、欧州にわたってバックパックで地球を一周した。そんな経験もあってマスコミを志望し、朝日新聞の記者となった。東大闘争がなかったら……維新一〇〇年の年に山口県から東京に出て政治家を志望していた身だけに、政治家あるいは官僚になっていたかもしれない。私にとって東大闘争は文字通り、人生の選択につながった。

## ●日本社会の脆弱さ

新聞記者になって、大学闘争を考える機会はいくらでもあった。

アメリカに特派員として赴任したのは二〇〇一年九月一日付けだ。朝日新聞のロサンゼルス支局長だ。着任してすぐ「九・一一」が起きた。わずか三日で米国は愛国社会に変貌した。どこを見ても星条旗だらけである。すぐに起きたのがヘイトクライムだ。中東、イスラム系の人々を狙った憎悪犯罪が続発した。ロサンゼルスでもエジプトから来た移民が白人青年に射殺された。ごく普通の市民が犠牲となったのだ。

このとき、リベラルで名高いサンフランシスコのロサンゼルス大学バークレー校でヘイトクライムに反対する学生集会が開かれると聞き、現場に飛んだ。そこで見たのは、日本の学生運動とは違うアメリカ民主主義の底力だった。

二〇〇〇人ほどの学生が「人種差別に反対」「今すぐ平和を」など手作りのプラカードを掲げてキャンパスに集まった。学生が次々に前に立ってマイクを握る。そこに星条旗を掲げた保守派の学生たち三〇人ほどが「USA、USA」と叫び割り込んできた。学生たちは「ストップ・ザ・ウオー」の大合唱で応えた。このとき私は東大闘争の光景を思い出した。一般学生の集会にヘルメットの一団が割り込んでくると、「帰れ、帰れ!」の声が飛んだ。乱闘になることもあった。

米国でもそうなるかと思ったら……違った。司会をしていた中国系の留学生がマイクを握って「自分とは違う意見も静かに聴くのが民主主義だ」と言うと、保守派の学生たちも黙って討論に加わった。異なる発想をまずは受け入れる米国と、直ちに排除する日本との違いだ。それなりに成熟したアメリカの民主主義と未熟な日本との違いを実感した。東大闘争で欠けていたのはここだ、と認識した。

もう一つの違いを認識したのはドイツだ。二〇一一年に日本で「三・一一」が起きて間もなく、ドイツは脱原発を決めた。同じ保守系の政権なのに、いまだに原発にしがみつく日本と雲泥の差がある。なぜドイツにそれができて日本にできないのか。ドイツの事情を調べて知ったのは、ドイツは早くから環境問題に目覚めて自然エネルギーの拡大に努めたことだ。

環境運動を進めた大きな主体が「緑の党」だ。その中心になったのは学生運動を担った元学生である。ドイツでも学生運動は末期に先鋭化し赤軍のような過激派が生まれたが、大学を卒業した後も学生運動の姿勢をそのまま保った学生が多かった。彼らは学生運動から環境運動にシフトした。当時、原発二基をつくろうとする政府の計画に反対して原発計画を阻止することに成功した。その成功体験が元になって「緑の党」が生まれた。

一方の日本では、東大闘争が終わったあと学生の多くが官庁や大企業に就職した。彼らの多くが「モーレツ社員」となり、企業の利益のため国家の利益のためにと身を焦がした。「人民のため」とアジ演説をぶっていたヘルメットの学生が、人間性をさらりと放棄した。これって、戦争が終われば過去の悲惨さや戦争責任などさらりと忘れ去り目先の利益に走る日本の風土そのままではないか。

## ●真の総括とは

ドイツだけではない。スイスを取材し、スイスでは財界が率先して脱原発に動いたことを知った。今の日本があれだけ原発の被害を受けながら、政界、財界が原発を抜け出せないのは、私たちの世代の責任だと思う。「とめてくれるなおっかさん」と粋がっていただけの学生は、しょせん自分の利益しか考えていなかった。それが当時の東大闘争の限界だったと思う。

そのドイツで三〇年前に起きたのが東欧革命だ。ベルリンの壁を崩すハンマーの音を現場で聞いた。その後、革命のさなかのチェコスロバキアを訪れて革命の成功の現場を踏んだ。さらに革命が発生したさなかのルーマニアに日本人記者として一番乗りして三日間の銃撃戦を体験した。そのドイツでの取材のさいに知ったことがある。

ベルリンの壁を壊す力となったのは暴力革命ではない。市民の平和なデモだ。東独ライプチヒで毎週月曜に教会のミサを終えた信者が街をデモした。それが大きな市民のうねりとなり、ついに壁を壊す国民的な運動に発展したのだ。

このような現場を踏むにつれ、思う。東大闘争に思いを巡らす際、単に闘争を経験したと半世紀前を回顧するだけで終わるべきではない。いま、あの闘争から学ぶ教訓をきちんと認識し、それを日本の今後の社会に自らの行動で活かしてこそ真に東大闘争の総括になるのだと、私は思う。

# 35

# 東大闘争五〇年にあたって考える

吉村　文則（よしむら・ふみのり）

一九七〇年理学部卒。

東大闘争から五〇年、その歴史的な意味を考え、これを今日の私たちの生き方に活かす、こういう立場から私の考えを記したい。

## ●失望の思い

はじめに、この五〇年という間に、東大にかかわって強い衝撃をうけた体験を述べることにしたい。

実は、卒業してから東大に寄る機会がほとんどなかった。そうしたとき、二〇一一年三月一一日、東日本大震災と、福島第一原子力発電所の事故の発生という戦後史を画する大事件が起こった。このとき、東大では、学生や教員はどんな反応をしているのかを知りたくて、五月祭に出かけた。私は、心底、驚いた。五月祭には、福島原発事故を扱った企画は何一つなかった。東大は国民的課題に向き合わない大学になったのだなという印象を持った。福島の事故後、ＮＨＫに出演した原子力専門の東大教授が、事故はなんら心配することはない、メルトダウンもしていませんと得々としゃべっていたが、東大全体が国民の生命や生活に無関心なこの先生と変わらない水準なのかと深く失望した思いであった。

吉村文則

いま一つの体験は、ある全学連の活動家がリタイアする機会に集まった時である。大学時代は平和をめぐる闘いでさんざんお説教を聞かされた「活動家」がそんな話はどっかにおいてきたと言わんばかりの態度であった。また退職後は魚釣りで暮らすという方もいた。ある人は、ある組織で高い地位を占められた方だが、地域での活動に参加するのは前の肩書があるからやれないと言われた。

私が受けた印象は間違っているかもしれない。別に魚釣りの趣味を持って暮らしていくのがけしからんというつもりはない。実社会に出て変わる人も見てきたので、私も大抵は驚かないのだが、大学時代との落差の大きさにやはり胸を突かれた。こうした人たちは、いまの日本社会をどうみているのだろうか、あまりにも、日本社会の抱えている問題とは無縁の世界に生きているのか、これが日本社会の中枢の人々の姿なのかなとの認識を深くした。

## ●日本と世界の五〇年

ここで、東大闘争の一九六八年から私たちが生きてきた五〇年間、日本と世界はどんな歩みをとげてきたのか、考えたい。

一九六八年とはどういう時代であったか。世界的にも、日本でも大きな転換の時代への幕開けの時代だった。以来五〇年を経て、今日は、深刻な危機と、新たな世界への展望を秘めた時代を迎えていると思う。

当時、ベトナム戦争への反戦運動が世界各地で高揚し、テト攻勢のもと、ジョンソン大統領が北爆の停止と和平を呼びかけざるを得ない情勢となっていた。私は命がけで戦うベトナムの青年たちの姿とホー・チ・ミンの「独立と自由ほど尊いものはない」との言葉に深く心を動かされた。ベトナム戦争は、ドル危機、IMF体制の崩壊（金ドル交換の停止）をもたらし、投機的金融活動が実体経済を振り回す世界経済の時代をひらいた。

社会主義の側でも深刻な問題が露呈されつつあった。中国での文化大革命、ソ連によるハンガリー、ポーランド干渉に続くチェコスロバキアへの軍事的介入が行われた。社会主義大国の、対外的には大国主義、国内的には基本的人権の侵害、そのことによる社会の民主的発展の阻害状況があらわになった。

日本はどうだったか。一九六八年、GNPで資本主義国第二位の地位に躍り出た。そして一九六八年は明治一〇〇年の年であった。すでに林房雄『大東亜戦争肯定論』が出され、国民の歴史意識に大きな影響を与えた司馬遼太郎『坂の上の雲』の連載が『産経新聞』紙上で始まった年でもある。松本清張の『日本の黒い霧』や『昭和史発掘』が発刊されていた。家永教科書裁判もたたかわれていた。朝鮮半島や中国、アジアでの侵略の時代を直視しない歴史修正主義が強まりだしたときでもある。国民生活では、高度成長下での、水俣病、イタイイタイ病、大気汚染などの公害問題や住宅・医療・保育などの都市問題が深刻化した。日本は経済的に国際的地位を高めたものの、それは、アメリカのベトナム侵略の基地としての役割、エネルギー政策における石炭から石油、さらに原子力発電での米国への従属等々を深めつつあるなかでのものでしかなかった。

こうした矛盾を反映して、国民的運動が高揚し六〇～七〇年代は地方での政治革新がすすんだ時代でもあった。こうした危機に直面した日本の支配層の分断と反共攻撃のまえに、私たちは、この革新の流れを地方でも国政でも発展させられなかった。

四〇年におよぶ時を経て、いま、立憲主義の危機と日本経済と国民生活の矛盾が深刻化するなかで、あらたな共同が高まり始めたのが今日である。危機が深まるとともに、新しい可能性と展望をはらんだ情勢も進展している。

世界では、科学技術の発達が人類に大きな可能性を拓いているにもかかわらず、巨大なマネー、資本と権力が、国境を超えて労働者、勤労者を分断、搾取・抑圧し、貧富を広げ、人類の生存そのものを危うくするような事態を招いている。本来、この巨大な資本に立ち向かうべき、社会主義をめざす国が、搾取と抑圧からの解放、自由と人格の全面的な発展をめざすべき理想を見失い、覇権主義と基本的人権の抑圧に走って崩壊し、あるいは道を踏み外している。『資本論』発刊から一五〇年、ロシア革命から一〇〇年を経た今日、マルクスやエンゲルス、レーニンはこの事態をどうみているだろうか。

しかし世界では、今日的な問題、人類と生命体の生存環境を危うくする地球温暖化問題、絶滅と放射能の危険をもたらす核兵器や原子力発電の脅威、危険などにたいし、各国で、また国際的にもさまざまな新しい運動が発展している。深まる矛盾への対応として、排外主義と弱者に矛先を向ける勢力と、これとたたかう勢力が拮抗する場面も広がっている。

こうした歴史の流れの中で、私たちは格闘し、今日を生きている。

## ●東大闘争の成果とは

こうした歴史的経緯のなかで、私たちは、東大闘争という得難い体験、養った民主的感覚を、それぞれ社会の各分野でどんな活かし方をしてきたのか、今後どう活かすべきかを問うことが、東大闘争五〇年を記念することとなるのではないか。

私たちは東大闘争の成果をどう継承・発展していくべきであったか。

私は、東大闘争の最大のテーマ、核心は、結局のところ、民主主義、とりわけ基本的人権を、大学において前進させ、市民社会におしひろげていくことであったと考える。私たちは、東大闘争で、大学で学生の地位や身分を教授会が勝手に奪ったりすることがあってはならない、大学を構成する一員としてふさわしい扱いを受けるべきだと主張し、一定の成果を勝ち取った。

この成果は、二つの方向で発展させられるものであった。一つは、大学の民主的発展という課題である。この中身は、大学の自治の発展であり、国民と日本社会、広く人類の要請する課題にこたえる学問、研究と教育の探求・発展である。

いま一つは、大学闘争を経た私たち自身が、ここから得たものを日本社会の一市民としていかに生かしていくかというものであったと考える。

こういう観点からみて、東大闘争はどれほどの刻印を歴史におよぼしたのか。前者の問題は、大学法人化など、資本の論理にたった大学の改造の方向がすすめられてきたのではないか。後者の問題は、東大闘争に参加した個々人の判断にゆだねられる問題ではある。しかし私がこういう問題意識を深めたのは、ドイツでの一九六八年運動の経験を知ったことであった。

ドイツでは、当時の学生運動が問うたことは、その後の脱原発や自然エネルギー活用の市民運動、緑の党、ナチス時代の歴史を直視した教育の実現などにつながっていったという。

日本ではどうだったろうか。

いま、安倍政権の憲法九条改憲の動きが明文、解釈を問わず、急である。私も地域で戦争法に反対し立憲主義を守る有志の会の一員として活動しているが、その活動のなかで、痛感することがある。それは、少なくない日本人が、韓国や北朝鮮、中国などの国や人々を見下す一方、相手が強大化することに苛立ち、他方、アメリカには卑屈であることを何とも思わない歪んだ歴史認識に囚われていることである。これを正すことなしに、アジアで「公正と信義に信頼して、われらの安全と生存を保持しようと決意した」憲法を実現することはできないと痛感する。私たちは、東大闘争からどれだけ深く民主主義を学び、それぞれ生きてきた分野で根づかせる努力をしてきたのか、自省が必要とされる。

## ●自然エネルギー活用の文明史的意義

私は、福島の事故をうけ、原発から脱却するにはどうすべきかを考え、有志とともにドイツ、オーストリア、デンマークやスウェーデン、日本各地のとりくみを見学し、自然エネルギーの活用の意義を学んだ。

福島の原発事故は、アジア太平洋戦争と共通する問題を提起している。原因の解明や責任の所在、再発させない対策などについて、国民的な規模での明確な結論・合意を得られないまま、原発の再稼働や侵略戦争・加害事実の否定や居直りがまかり通っている。

原発については、福島の事故が起きる前から、一〇万年単位の管理が必要な使用済み核燃料の処分方法の欠如、稼働にともなう放射能を含んだ温排水の環境汚染、ウラン採掘から原発運転まで避けられない被曝労働など、重大な問題があった。そのうえ事故が発生し放射能が放出されれば生命の生存と両立しえない自然と地域が広大かつ長期にわたることも予想されていた。これらの危険を、「事故は起きない」「環境汚染や被曝は我慢できるもの」として原子力発電が強行されてきた。この虚構が白日のものとなったのが福島の原発事故であった。

福島の事故の前から、化石燃料に頼らずに自然エネルギーの開発がドイツやデンマークなど各地で始まっていた。カリフォルニアでも、原発を止めて自然エネルギーへの転換が行われた。自然エネルギーの活用は、エネルギーの自立や地域振興、環境保全をめざして始まったのである。この流れを加速したのが、温暖化防止対策の柱としての役割、原発安全コストの増大と対照的な太陽光や風力発電の急速なコスト低下、変動電源をコントロールするデジタル技術の発達などであった。またこの促進には、「自然エネルギー設備費用を補償する制度」(固定価格買取制度)という政策も世界各国で大きな役割を果たした。

日本での自然エネルギーの活用は、原発の危険からの脱却、豊かな自然エネルギーポテンシャルの開発によるエネルギー自給率の向上と地域振興への貢献、ＩＴ技術の発展を促し、日本経済・産業と社会に大きなインパクトを与える。自然エネルギーは地域に固有の財産である。その活用は、農林水産業とあわせて、地域住民が自立的かつ持続的な暮らしを実現できる大きな可能性を拓く。都市でも、省エネとともに、太陽光やバイオマス活用、デマンドコントロールなどのデジタル技術を活用したスマートグリッドを、市民や自治体が運営する、新しい都市の形が生まれる。こうした日本の実践は、原発輸出などと異なり、平和憲法にふさわしいモデルを国際的に広げていく力ともなる。

こうした方向をきりひらいていくためには、利権の要となっている電力独占システムの解体――全国的に送配電部門を、発電部門、小売部門から独立させ、公的な管理にゆだねることが不可欠である。水や食糧、医療、教育などと同様、エネルギー問題も、福島の事故が教えているように、ひとまかせにしてはならない。

先進的経験に学び、私は有志とともに、ＮＰＯ法人埼玉自然エネルギー協会を作り、あれこれ実践しながら、こんな考えにたどりつき、ささやかではあるが、活動してきた。

日本も世界も、大きな曲がり角に立っている。貧富の格差、差別と分断が拡がるなか、巨大化したマネーと権力に対抗し、この規制を求める人々のたたかいを発展させ、人権、民主主義の前進をかちとることが課題となっている。地球史によれば、これまで五度にわたる生物の大量絶滅があったといわれている。そしていま、人類が地球環境破壊をすすめ六度目の生物絶滅の引き金をひいているのではないかという見方さえある。日本は大地動乱の時代を迎えているといわれる。いままさに、日本と世界にとって、自然と共生し、抑圧と搾取を克服した、資本主義を克服した新しい経済と社会をめざすことが切実となっている。この長い歴史的たたかいを切り拓いていく力は、結局、私たち一人ひとりの市民・勤労者の行動と共同、団結と連帯の力、その発展以外ない。「小異を捨てて大同につく」というが、「言うは易く行うは難し」である。お互いにリスペクトしつつ進もうという戦後の運動が到達した教訓を生かすことが大事になっている。

人生一〇〇年時代がいわれるいま、この長い歴史的たたかいの自覚的一員として生きていけたらと思う。ともに語り活動される方がおられることを望むばかりである。

（二〇一九・四・五）

# 36

# 「六八年世代」と東大闘争

戸田　志郎（とだ・しろう）

一九四四年、東京都世田谷に生まれる。早稲田大学第一法学部卒業。六八年国民金融公庫入社。新宿、盛岡、熊谷、武蔵野、大森、浦和、舞鶴、八王子支店を経て、その後本店融資部（支店指導）、検査部（支店検査）に勤務。著書（自主出版）に、『戦後経済の構造と展開』（岩波出版サービスセンター、二〇〇五年）、『現代日本社会の構造と展開』（二〇一六年）。

小生は一九六四（昭和三九）年、早稲田大学第一法学部に入学したが、二年の時に、早大闘争を経験した。学費値上げ反対をきっかけにして、大学のマスプロ化に不満を持っていた学生の心に火をつけた。「早稲田を金持ちの大学にするのか」「勉学条件をもっと良くしろ」等々クラス、サークルを中心に運動が進められた。雀荘に入り浸っていた学生まで闘争に参加した。

入学当時、法学部学生自治会（当時は学友会）は革マルが握っていたが、その政治主義に反発して、本来の学生自治会を目指した民主化闘争が始まっていた。共産党系の民青が主導していたが、その考え方に賛同しクラスを中心にして自治会の民主化に協力した。クラスごとに選出された代議員が革マル派を圧倒し、他学部に先駆けて法学部は二年の時に民主化を成し遂げた。法学部教授会の協力もあり、五〇〇人、八〇〇人からなるマスプロ授業は徐々になくなり少人数のゼミが増え、勉学内容は大幅に改善した。

闘争時、学園集会には、当時、全日本学生自治会総連合（再建全学連）の中央執行委員長だった川上徹さんが応援に駆けつけて「これからは、七割八割の学生が参加する学生運動にしなければならない」とアジっていたことを思い出す。

小生にとって、この学園闘争を経験し、大学の在り方や社会にも目を向け、いかに生きるべきか真剣に考える機会ともなった。そのことが最大の収穫といえる。そして、母校が「心のふるさと」となり、一九六八年三月、大学を卒業、社会人となる。

## 1　一九六八年はどういう時代だっただろうか

第二次大戦が終わり二〇年以上経過した一九六〇年代後半、世界は東西冷戦の真只中であった。その臨界点に至ったのが一九六八年である。西側のチャンピオンであったアメリカは、一九六三年のケネディ暗殺、泥沼化するベトナム戦争の開始、そしてキング牧師の暗殺（一九六八年四月）。一方、東側といわれた社会主義陣営の総本山たるソ連も、「プラハの春」といわれたチェコの自由化路線に戦車によって介入（八月）。フランスでは「パリ五月革命」が勃発した。日本の一九六八年も荒れ狂った季節となる。象徴的な動きとして、東大闘争など全国のキャンパスで熱い闘いが繰り広げられた。

一九六八年を中心に、アメリカ、フランス、ドイツそして日本において、民主化闘争が、大学という知の牙城を舞台にして展開された。この学園闘争に青春をかけた学生たちが「六八年世代」といわれている。そこで、第二次世界大戦を中心とする近現代史の枠組みが日本と似ているドイツの「六八年世代」との比較から始めたい。

まず日独は「ファシズム体制」があり、同盟国として第二次世界大戦を戦い、大量殺人の罪を犯し、敗戦・降伏・占領の後、日本と西ドイツは、冷戦の下で米国の強い影響を受けながら、経済的・文化的に復活した。これが共通の大枠である。他方両国の間には対照的な相違もある。その最も著しいのは、戦後「民主化」された政府が過去の大罪に対してとった政策及びその結果である。

ドイツの政策は、政府による明瞭な謝罪と賠償であった。同じ時期に日本の政治指導者が被害者のアジア諸国民に対して発した謝罪は明瞭であったとはいえない。経済的には戦後のドイツは賠償を払い続けたが、日本政府が近隣諸国の戦争犠牲者個人に賠償金を払うことはなかった。次に、法的領域では、「戦争犯罪」責任者の裁判である。一方のニュールンベルク裁判、他方の東京裁判は、戦争の勝者であった連合軍によって裁かれたが、ドイツではドイツ人の法廷が、ナチの犯罪を徹底的に追及し、ナチの犯罪に関する限り時効を廃止してまでも捜査・逮捕・裁判を続けている。日本では敗戦後、日本人自身による法廷が日本軍の犯した「戦争犯罪」を裁いたという例はない。総じて敗戦後のドイツは、「過去の克服」を前提として、分割・再統一、統一ヨーロッパの建設をと次々に実現している。

## 2　ドイツと日本の「六八年世代」はどのように生きたか

**●ドイツ**

ここに、六七年の秋に、片道切符でドイツに渡り、大学に入り、そのままドイツに住み続けている福澤敬臣氏のレポートがある。

一九六六年に西ドイツではＣＤＵ（キリスト教民主同盟）／ＣＳＵ（キリスト教社会同盟）とＳＰＤ（社

会民主党）による大連立政権が成立し、同政権は、非常事態法（戦争、内乱、大災害の時に個人の権利を制限できる法）の可決に必要な三分の二を得たので、上程の準備を始めた。だが、野党のＦＤＰ（自由民主党）は四六七議席数中五〇議席とあまりにも非力であった。そのために国民の中から同法案に反対する勢力が院外野党という形で結集した。その一角を担ったのが学生たちの組織ＳＤＳ（ドイツ社会主義同盟）だった。

ＳＤＳは元々ＳＰＤの学生組織であったが、一九六一年に左傾化のためにＳＰＤから締め出され、独立した学生組織として活動を始めた。ベトナム戦争が激化した六五年頃から、米帝国主義を批判し、ベトナム人民に連帯を表し始めた。同時に自分たちを取り巻く大学内の古い制度や社会を批判し始める。ＳＤＳのメンバーは、定期的に集まり、デモやティーチインを組織したりする以外に、テーマを決めていくつもの学習会で勉強した。ＳＤＳのメンバー数は、一九六八年当時二五〇〇名ぐらいで、当時の学生総数は二八万名であり、一％にも満たない勢力であった。

ＳＤＳを代表するリーダーにルーディ・ドゥチュケ（ベルリン自由大学学生）がいた。南ベトナム解放民族戦線との連帯、反米帝国主義、非常事態法案反対などが重なって、運動が高まりつつある時、一九六七年六月、二〇〇〇人ほどのデモ隊が、機動隊による過剰警備で、ベルリン自由大学の学生が警察官に射殺された。さらに、六八年四月、ドゥチュケ自身もシュプリンガー系新聞にそそのかされた一九歳の右翼青年にピストルで撃たれた。ドゥチュケは何とか生き延びたが、後遺症で七九年に亡くなる。ベルリンのシュプリンガー・プレスの本社がある通りは、彼のドイツ社会の変革への功績を称えるために二〇〇八年に「ルーディ・ドゥチュケ通り」と名付けられた。

ドゥチュケは、毛沢東の長征になぞらえて一九六七年に「体制内の長征」を社会変革の戦略として提唱し、様々な職業に就き、体制内で辛抱強く長い時間をかけて内部から変革をしていくという闘い方で、多くの若者がこのような個人的な闘いを選び、学校、司法、マスコミ、組合、行政機関などに就職して、改革を進めた。

六〇年代まで学校の歴史の授業は第一次世界大戦で終わってしまい、ナチス時代の暗い過去を教えるようになるのは、七〇年代になってからで、「六八年世代」を経た若い教師たちが教壇についてからである。

一九六九年一〇月ブラントが首相に就任した。戦後一貫して与党だったCDU／CSU政権がSPD／FDP政権に取って代わられた。ブラント政権は六八年世代の社会変革運動のバトンを受け継ぎ、多くの改革をした。さらに八六年にチェルノブイリ原発事故が起こり、反原発運動も盛り上がる。

SPD／FDP政権は原子力エネルギー推進政策を推し進めたので、それに反対して九九年に「緑の党」が誕生した。最初は伝統的な自然保護的な観点から参加したメンバーであったが、次第に六八年世代運動経験者が主流になっていった。反原発運動が追い風になり、緑の党は七八年には五％条項（ドイツでは投票数の五％以上を得票しないと政党として議会に進出できない）をクリアして連邦議会に進出を果たした。八六年四月にはチェルノブイリの原子炉爆発事故によりドイツにまで放射性物質が到達し、核分裂エネルギー利用の危険さに目覚め、様々な市民活動を開始する。九八年から二〇〇五年までSPDと緑の党は連立政権を組んだ。

ところが、ドイツの政権は自動車企業と石炭産業の利害に引きずられて、環境保護の旗印を取り下げてしまったため、緑の党への市民の支持は相対的に高まり、現在、得票率は一五％以上に達している。

### ●日本

日本では、「六八年世代」が「企業社会」に飲み込まれていったことによって、従来の左翼政党にはほとんど何の変化も生じず、このことが全般的な「左翼」の退潮に繋がった。言い換えれば「六八年世代」の多くが、高度成長がピークを迎える頃には、早々と政治の季節を「卒業」して、「企業社会」の主要な担い手となり、欧米諸国のように、「新しい社会運動」の担い手にもならず、西欧の六八年世代とは根本的に異なるコースを辿っていった。

大学も社会へ出ていくための単なる〝就職予備校〟と化し、社会へ出てもひたすら出世コースに乗るため大学で学んだ技術を応用するだけで、人がより良く生きるための思想や哲学を身につける実践の場ではなくなってしまった。

## 3 「六八年世代」の多くは高度成長を支える企業戦士に

この時期、年功賃金、終身雇用、企業別組合から成る日本的労使関係が形成され、経済成長による労働不足で完全雇用状態になり、賃金は勤続年数に応じて上昇した。労使関係は協調的労使関係が主流になったものの、春闘ではストライキを背景に賃上げを実現している。

一九七〇年代になると、戦後の高度成長を可能にしたIMF体制と安価な原油供給体制が崩壊し、世界的な経済停滞に入る。この中で、日本は日本型所得政策とも言うべき賃上げ自粛と減量経営で日本的労使関係を維持しながら、合理化、多角化により危機乗り切りを図った。一九七四年の史上最高の賃上げの後、危機感を持った資本による春闘押さえ込みが成功し、対抗的労使関係は大企業ではほとんど終焉を迎えた。

一九八〇年代は日本はいち早くME技術革新により生産過程の自動化を達成し、低コストで対米輸出を図り、「ジャパン・アズ・ナンバーワン」とも称される「経済大国」を実現した。生産過程の自動化とQC活動で品質確保をはかる現場主義は、協調型の労使関係でこそ、その機能を十分に発揮できた。同時に日本的労使関係のもとで、過重労働が蔓延し、過労死が問題にされるようになった。

一九九一年のバブル崩壊と冷戦崩壊後にＩＣＴ（情報通信技術）革新と経済のグローバル化が進むと、現場主義と日本的労使関係によって生産力を発展させるシステムが機能不全に陥り、日本経済は二〇年以上の間の平均成長率が〇・九％に止まるなど、先進国でも際立って経済が停滞するようになった。経済成長を前提としてきた日本的労使関係に基づく労働者の生活維持システムは機能しなくなった。格差と貧困の増大を前に、労働運動は労働者統括機構の一部として企業の労働者支配を「代理」する役割だけが前面に出るようになった。

## 4　ドイツとの比較で大学問題を考える

東大闘争と言えば、安田講堂攻防戦がクローズアップされるが、本質は、一九六九年一月一〇日、秩父宮ラグビー場において、七学部代表団と加藤総長代行との全学大衆団交で、確認書が結ばれたことであった。医学部処分撤回と機動隊導入自己批判について認める確認書と合わせて、学生の自治活動の規制を撤廃し、ストライキには学生処分をもって対処するという矢内原三原則を廃棄し、大学の自治＝教授会の自治という旧来の考え方を改めて、全構成員による新しい大学自治の在り方が示された。大学の運営は、一人教授会に任されることではなく、学生・院生を含めた全構成員の総意によって進められるべきだという考え方である。さらには、産学協同、軍学共同についても、学問・研究の自由を歪めてはならないという観点から、これを否定することが盛り込まれた。

一方、ドイツでは、六〇年代後半から七〇年代半ばまで『資本論』の読書会参加は批判的な学生の間では必須であった。ベルリン自由大学では、『資本論』の学習会はほとんどの学部や学科で行われた。一九六九年には、ドイツの大学は教授陣が大学を治めていた講座制大学からグループ大学に移行した。これは大学を構成する四つのグループが大学の自治内ですべてを決める制度である。第一グループは教授陣、第二は学生たち、第三は中間スタッフ（講師や助手など）、第四は事務方（秘書や庭師や掃除婦など）と分かれていた。日本では文部省の意向などが働き、「全構成員自治」は進展しなかった。

そして、日本の大学では現在、研究力低下など大学の危機が言われている。こうした危機をもたらした大きな節目が二〇〇四年の国立大学法人化であるといわれている。一九九〇年代後半以降、歴代の自民党政権下で進められた行財政改革の大学版が国立大学の法人化であった。国が大学の業務目標を立て、大学がそれに沿って作った実施計画を文科省が承認する。これは国が大学の教育・研究を統制し介入できる仕組みである。法人化によって大学の設置者が法人に代わったことで財政責任が国から切り離され、基盤的経費は年々削減、教員が非公務員化されて、学問の自由・大学の自治を人事面で支えてきた教育公務員特例法が適用されなくなり、大学の人事が人件費問題に矮小化された結果、非正規・有期雇用が広がった。

法人化後、文科省は露骨な財政誘導で、財界が求めるイノベーション創出とグローバル人材の育成を大学の役割とする改革を強めてきている。政府・文科省は二〇一六年度から、国立大学を「世界卓越型」「全国教育研究型」「地域貢献型」と三つの大学群機能別に類型化し、重点支援と称して特定の大学に運営費交付金を多く投入する傾斜配分の仕組みを作った。長い歴史の中で作られてきた教授会の仕組みや慣行が失われつつある中、大学は、大学自ら、大学改革をいかに、主体的・自律的に進めていくかが緊要な課題となっている。

## おわりに

二〇〇四年六月に「九条の会」が発足したが、呼びかけ人の一人だった加藤周一氏は、ある本で次のように述べている。

一九六八年前後には、世界の多くの国で「異議申し立て」(contestation)の広汎な大衆運動が起こった。その主役は若者殊に学生であり、老人(六〇歳以上、典型的には定年退職以後の人々)はほとんど介入しなかった。しかるに日本で二十一世紀初めに、憲法第九条改変に反対する運動が巻き起こったとき、運動に積極的に参加したのは、六八年の場合と反対に、主として老人であり、学生は少なくとも初めの数年間はほとんど動かなかったと。現在、国会前や全国で多彩な抗議行動をしている市民運動の中核となっているのは老人であり、「六八年世代」が主役である。

「記憶・責任・未来」財団を設立して、「過去の克服」を続けているドイツにおいても、「反EU」や「反移民」を掲げるポピュリズム(大衆迎合主義)の勢いが止まらない。評論家は世界に「ポピュリズムという妖怪が徘徊しはじめている」と語る。

日本では、巨大資本が社会から搾取する自由を保障する新自由主義の浸透により、格差と貧困が拡大し、政治の私物化(森友・加計学園問題)、公文書の改ざん、相次ぐ有名企業の不正行為、セクハラ・パワハラ問題、統計不信等、政と官の崩壊と企業の腐朽が進んでいる。

経済学者の友寄英隆氏は、日本資本主義について、すでにその歴史的役割を終えて、客観的には限界に来ているが、世界史的にみると　新しい社会への移行を担う変革主体の形成が遅れているために、劣化しつつもなお延命しているという状態であるという。

新しい社会への移行を担う変革主体の形成のためにどうすれば良いか。

安倍政権が進める改憲の動きに対して、九条改憲阻止の三〇〇〇万署名運動が進められている。かつての職場の上司が「子や孫のために、今の憲法を護らなければならない」と夫婦で署名してくれたが、現役を離れて後、批判的意見を述べる六〇歳以上の老人も多くなっている。

一方、現役学生たちはどうか。社会には大企業の指導者層や、「エリート」官僚の集団があり、彼らの集団的圧力がある。入学試験、成績、就職問題。そこで必要とされる大勢順応主義は、絶対的なものではなく、時と場合によっては爆発的批判に転じることもあり得る。現に一九六八年に学生は動いた。

いま再び、社会運動の力がよみがえってきている。二〇一一年三月の東日本大震災に関連して発生した福島第一原発事故とその後の反原発運動の拡大、そして大きな盛り上がりを示した安保法（戦争法）制定阻止を目指した運動など、戦争法は成立したが、その後、市民と野党との共闘が拡大してきた。目覚めた若者やママさん、弁護士、学者・研究者など、これまで社会運動とは無縁だった幅広い階層が目を覚まし、立憲主義と平和、民主主義を守る運動に立ち上がってきている。

森友・加計問題にみられる国政の私物化、一連の改ざん、隠ぺい、捏造など、民主主義の根幹を揺るがす問題であり、野党が多党化する中で、院内共闘が進められた。決して諦めないというオール沖縄の闘いに学び、現状に対する人びとの不満と怒り。これが街頭に向かえば集会やデモなどの社会運動となり、投票所に向かえば選挙での激変を生み出す力となる。そして、活路は怒りの共有とつながる力である。


（二〇一九・二）

# 37

# 「自己否定」はどのようにして生まれ、どのように頓挫したのか

宮原　恒昱（みやはら・つねあき）

一九六五年入学、一九七〇年、教養学部基礎科学科卒。一九七五年、理学系大学院博士課程満期退学。一九七六年、東京都立大学理学部助手。その後、高エネルギー物理学研究所・助教授および教授、首都大学東京教授、日本女子大学特任教授（二〇一四年まで）を経て現在無職。

東大闘争における「全共闘」運動が破たんした原因として、その運動が種々の極左的党派によって影響を受け、誤った方針に基づいて行動したことを第一の理由に挙げる見解がある。この見解は、これらの党派の方針の本質的反動性を指摘する点では部分的に正しい。しかし筆者が論じたいのは、もともと全共闘運動に内在していた根本的問題・誤謬がその運動破たんの第一原因であったという考察である。

## ●「自己否定」

元全共闘またはそのシンパという人々が、東大闘争から長年経過して過去を語るとき、大多数の人々が「自己否定」というキーワードを用いる。この概念のとらえ方に個人差があるにせよ、彼らの思考法に非常に重くのしかかった中心概念であることは、この概念に共鳴しなかった人々にとってもほぼ納得できるに違

いない。この概念には、背景として以下のようないくつかの要素・契機が関連していると思われる。

第一は、国内における様々な「抑圧」、国際的にはベトナム侵略戦争などで行われる殺戮・不正義などにたいして「加害者意識」を持たねばならないという、「情勢分析」が背景にあった。とりわけ、社会党、共産党などを幼いころから嫌悪していた学生のある部分は、「被害者」意識から運動をスタートするのは間違いだという主張を、極左的諸党派組織から絶えず聞かされ、容易に「加害者意識」を受けいれやすい状況にあった。「日常性の克服」なる用語もしばしば用いられた。

第二に、これらの極左党派組織の理念としては、必ずしも「加害者意識」を正当化する指導原理を持たなかったにもかかわらず、この感情をうまく取り込み利用するという戦術が、自己勢力拡大の動機と結合していたように思われる。つまりこれらの党派にとっては「自己否定」概念は「方便」として大きな利用価値があったであろう。実際、ある極左党派にとっては、労働者と学生との連帯は別の理念によって合理化されていた。当然に、階級的「被害者」である労働者と学生を同一の運動に止揚させる運動理念としては「加害者意識」は不十分であり、ノンセクト・ラジカル的運動における党派的主導権争いのなかで「方便」としての位置づけのみが濃厚であったであろう。彼らのアジビラを見ても「自己否定」を前面に押し出したものは意外と少ない。

第三に、特定の極左党派組織の傀儡となることを危惧した全共闘としては、特定の党派的見解に属さない「加害者意識」から「自己否定」理念を抽象しそれを指導原理とすることで、極左党派組織からの相対的自立性を保とうとした動機がある。実際、例えば「社会主義学生同盟」にあっては労働者との連帯で「前衛」の一部を構成するためには「自己否定」は重要概念としては位置づけられなかった。全共闘は、そういった各極左的党派が位置付ける基本概念の「隙間」に見落とされた概念を定立したかったわけである。

第四に、東大の特殊性としての「加害者」の位置づけとその「自己否定」がある。卒業生のかなりの部分は、国家の行政機構の中枢、大会社の経営者側の立場、科学者・研究者としても自主性を喪失した立ち位置に「エリート」として自分を置くことなどが、就職後に予見される状況で、「果たしてこれでよいのか」と自問自答する契機は自然に出てきても不思議ではない。このままでは本当に「加害者」になるという危機感である。

第五に、東大内部の「進歩的知識人」と言われた教授会メンバーが、ある時は沈黙し、またある時は予期せぬ保守的言動を見せるにつけ、これでいいのかという疑問が「自己否定」ひいては「東大解体」なるスローガン結び付いたことは十分に考えられる。

## ●ヘーゲル弁証法

さて、上記の背景の中で、「自己否定」を導く理論的指導的思想を見ておくことは興味深い。極左党派組織のメンバーないしはそのシンパの人々は別にして、平均的な全共闘支持者は、意外にも「マルクス主義」というのはそれほどの指導原理にはなっていなかったように見える。マルクス主義に深入りすると、極左党派組織の中でもその解釈の違いが鮮明になり、そのような理論闘争に巻き込まれるのを避けたと思われる。いわゆる初期マルクスと言われる文献も、私の周囲の全共闘メンバーはほとんど読んでいなかったし、しばしば用いられた「疎外」なる用語も、マルクス流にもサルトル流にも、まったく理解できていなかったことが思い起こされる。

実は東大闘争の数年前、山本義隆は私の恩師であるS先生のところに現れ、『精神現象学』（ヘーゲル）のドイツ語原著を借りて数ヵ月後に返却したという話を後に聞いた。この本は和訳でも難解で有名であるが、これを読みこなすには『大論理学』（ヘーゲル）を読了しておくことが前提になると言われている。そして、後者は主として弁証法的論理学を扱っていることから、哲学的用語としては「否定としての質的規定性」「否定」「否定の否定」などの独特の用語が現れる。山本はおそらく『大論理学』を読んでいて、そういう用語に魅かれたと推定される。また山本でなくとも、ストライキなどを契機とした「余暇」を利用して、ヘーゲル哲学をかじったという学生は私の周りにも少なからず存在したが、十分に理解していたかは極めて疑わしい。ただし、素粒子物理学を専門としていた山本は、無意識であるにせよ、ヘーゲルの「弁証法」に魅かれたと推測される。

しかし以上の事は、「自己否定」における「否定」概念が、ヘーゲル哲学から借用したにもかかわらず、ヘーゲル流の概念であることを必ずしも保証しないことを意味する。むしろ俗流の「自己批判」の意味であったり、「既成概念の否定」であったり、実存主義や構造主義、またはフロイト心理学およびその亜流に関連させたり、非常に多様なとらえ方をされていたように思われる。そして、一見このような流れと独立な形で一九六八年の前半に出版されたのが、吉本隆明による『共同幻想論』である。

### ●吉本隆明『共同幻想論』

この著書は、ある種の学生集団からバイブルのようにもてはやされたし、多くの解説があるのでここでは詳述しないが、結果的に「自己否定」「東大解体」なるスローガンに火を注いだ。吉本は、これまでのマルクス（レーニン）主義は教条化していると捉えて、種々の「幻想」とその根拠を類型化し、とりわけ「共同幻想」は非常に強固な基盤をもつので、それを打ち壊す必要性を説いた。彼にとっては宗教も天皇制もまた民主主義でさえ、それが批判を許さない「前提」になれば「共同幻想」であった。

この著書の方法論的問題は、すでに多数の識者が述べているように、上部構造の一部である人間の意識が下部構造に強く規定されるという従前の見解を否定するところから出発しているにもかかわらず、農耕などの生活様式の影響を考慮したりして一貫性が無く、大きな矛盾を内在している点である。つまり、彼自身、フロイトなどの流れをくむ心理学的分析では、上部構造だけの分析になってしまい、考証が恣意的になりがちであるということに気が付いていた可能性は、あり得ることである。

ところが東大闘争は、一九六八年の後半からは、全共闘やその中で主導権を競う極左的諸党派の戦術が先鋭化し暴力化していった。そしてそれらの動向を批判する複数のグループが、「これでいいのか」という反省や見直しの必要性を痛感して、そもそも我々は何を要求しているのか、要求すべきなのかについてもう一度考え始めた。これが単なる「厭戦気分」とは全く異なる心理に基づいていたことは、その後の「確認書」に至る運動の結果を見ると、確かであったと思われる。

しかもこの頃、吉本はある雑誌に投稿し（詳細は記憶していないので要旨にとどめる）「いくら『自己否定』しようとしても否定しきれない苛立ちを他者に対する暴力という形で表現し……」と、「批判」して見せた。私はこれを読んだ時、これは事実上の吉本の敗北宣言に近いと感じたのを記憶している。

そもそも医学部における処分問題から始まった東大闘争は、本来なら普通に医者になれる道が閉ざされる可能性に対する抵抗が原点である。自己実現の道を閉ざされるかもしれない危機感が本来の出発点であり、「日常性の克服」などではなかった。また、主として理工系学生の間で顕著であったのは、彼らが学び獲得する知識・技術などについては、特定の企業・集団の収益のために利用されるのではなく、多数の国民の利益になるように利用されるべく、自己実現したいという強い要求であった。これらは大学解体を前提とするような理不尽な要求でないことは明らかであった。

したがってすでに一九六九年に、吉本が「自己否定」を原点とする運動は生活基盤から遊離していると感じ始めたのは無理がないと言える。

ところで時代が下って一九九五年、多分、安田講堂占拠二五周年を記念して、元全共闘系の学生が企画した集会に吉本が招待され、講演を行った。「『全共闘白書』を読んで」というタイトルである。その内容は音声ファイルとして、ダウンロードできる。*

* https://www.1101.com/yoshimoto_voice/speech/sound-a167.html

このなかから、象徴的・特徴的な部分を文字に直して紹介する。

吉本曰く。

——しかしそういう挙げ方をしないで、私的なことつまり個人的なこと、家庭的なこと、職業の事とか勉強のこととか、そういう個人的なこと……（中略）

社会的なこととか公共的なことが重要であって、それから沈黙してしまうとか、個人的なことが最重要課題と言うことは、それからみるとやっぱりちょっと情けない事なんだというような観点が無意識に出てきてしまうことがあるように思います。しかし僕に至っては全然反対に考えます。つまり何といいますか、自分の事とか勉強の事とかを考える視点から、公共的なことを考えるとか政治的なことを考えるという視点が必要で……（中略）

「公共的なことをやめたのはどういうわけだ?」という設問が無意識のうちにトップに出てくるわけです。僕はそう言う発想はやめたほうがいいと思うわけです。その発想をやっているとね、どうしても、「俺は大衆の前衛だ、俺にみんなついてこい、啓蒙してやる」という勢力にかなわないんですよ、その観点がある限り。そうじゃなくて私の事、自分の事それから子供の事、家庭の事、ということが大切なんだ、それが最緊急課題なんだという観点を、本当に基盤に据えて、そして政治的なこと社会的・公共的なことを考えるという考え方に転倒しないと、絶対勝てないんですよ。ダメなんですよ。それはもう試験済みでつまりロシアで試験済みなんだと思います、僕には。だからその考え方ダメだと僕には思います。……(中略)

そうじゃないとね、みんなヤクザの「何々組から抜けたら指詰めろ」とか「やめたやつは悪い奴だ」とかというのと同じになっちゃうんですよ。そういうのは今でも一杯いますね。それはダメだと思います。それでは終わったと思います。(引用終り)

基本的には、彼が一九六九年に抱いた、全共闘運動の問題点をもう一度くりかえし、確認しているように聞こえる。ただし、元全共闘メンバーは必ずしも吉本のこのコメントに共鳴しなかっただろう。「吉本も焼きが回ったか」という感想を持ったかもしれない。

しかし、哲学的に見ると問題はもっと深刻であったと思われる。そもそもヘーゲルが「否定」といったのは自己消滅の事ではない。既知の質的規定性にない新しい質的規定性の定立のメカニズムに関したものであった。たとえば、赤と緑という色彩がすでに定立しているとき「黄色」は赤を否定し、緑を否定した新しい質的規定性である。「自己否定」の結果、どういう人間になるのか？　この展望がきわめて曖昧であった。極左諸党派はこれを「方便」として利用し、「マルクス主義者になれ」と説得したかもしれない。しかし、山本義隆らを中心とした全共闘にあっては、マルクス主義も一種の「権威」であり「共同幻想」であるから拒否したい。結局、「自己否定」とは東大生（大学院を含む）という身分の否定なのか、それとも対置する自己実現としての新しい質的規定性があったのか、最後まで曖昧であった。

## ●学生の要求の物質的基盤

対極的に当時は、東大の学生という身分的規定性からは、必ずしも実家が裕福とは言えなかった。三鷹寮と駒場寮に滞在した経験を踏まえると、周囲には多くの貧乏学生がいて非常に切り詰めた生活をしていた。したがって短期的要求としては、バイトをしなくても生活でき、勉学やクラブ活動に時間を割ける状況の実現は、基本的要求であった。さらに中期的には進学振り分けと就職・進学に係わって自己の希望が必ずしも実現されないという葛藤があり、長期的には「人生設計」の初期方針をどのように切り開くかという問題があった。そうであればこそ、直接に身分にかかわる「退学処分」を含め、教授会が理不尽に進路選択を操作できるという管理運営システムに疑問を呈したのは、自然発生的とはいえ当然の怒りであった。

一方で当時は、ベトナム戦争が始まっており、国内問題に関しても多くの「政治課題」があった。それらの課題を持ち込む最も安易な方法は「君たちの個人的要求の実現を阻んでいる勢力は、ベトナム戦争に加担している勢力と同じ起源をもつ」という一種の「根源的矛盾論」であった。しかし、学生は労働者ではないから「階級意識」に止揚することはできず、根源的矛盾論は得てして教条的観念論に陥った。そして過激なデモなどによって「国家権力」を実感させるという戦術も、特に極左的諸党派によって採用された。こうした一過性の感覚や実感に依拠するという点でも、この戦術は典型的な観念論であった。

さて、ここまで論じてきて具体的運動論を顧みていくと、「被害者意識から出発する運動は低次元であり、どこかで先進的な部分がそれを止揚して戦略論として練り直さなければならない」という命題は正しいかどうかという問いに突き当たる。多くの人々はほとんどの場合、これを正しいと考えやすいのではないか。私見では「被害者意識から出発する運動でも、その物質的基盤が正しければ、必然的にその内部の自治から先進的・指導的な集団が生じる。それを待たずに既存の先進的集団が指導すると、一時的に勝利したように見えてもそれは短命に終わる」ということである。東大闘争においても、いわゆる「先進的」集団・組織の予想を超えた発展がみられたことは特筆すべきことである。教養学部を中心とした「クラス連合」の動きはその典型例であったと思われる。

結局のところ「全共闘」運動は、物質的基盤に根差した先進的運動ではなかった。同時に極左的党派組織が実質的に支配・制御した運動でもなかった。こういう場合の「先進性」は観念的であるがゆえに「疑似的先進性」にすぎず、現実世界から遊離して短命に終わる。「自己否定」概念はそういう運命をたどったように思える。

# 38

## 一番鶏の叫び——現代的隷従への拒絶

佐藤 和夫（さとう・かずお）

当時、教養学部文科Ⅲ類（42LⅢ4B）。駒場の自治会常任委員を経験しながら東大闘争に係わっていったが、六八年の一一月に革マル派の突然の暴力を止めようとして、頭部に重傷を負い、以後、闘争の経過をひたすら「観察」していた。結果的に、哲学教員として大学で三〇年以上を過ごす。八〇年代初頭に、ハンナ・アーレントに出会い、「政治」の意味を考え続けている。

## ●不思議な年

一九六八年とは、今から見れば、不思議な年であった。この年は、日本が経済成長という点でいえば、もっとも安定的な経済発展の上昇カーブを登りつつある年であったし、米国が威信をかけて挑戦したアポロ宇宙計画の実現によって、アポロ八号は人類初の月周回飛行を実現し、「日の出」ならぬ「地球の出」の見惚れるような美しい写真を実際に見ることのできた年であった。

しかし、同時に、この年は米国のヴェトナム侵略戦争がもっとも激しい戦闘の渦中にあった年でもあり、米国が世界平和のための「正義の味方」であるかのようにして世界を支配し、暴力的侵略を続けてきたことからの大きな転換の始まる年でもあった。日本の新聞報道からは米軍の絶対優位のように見えたものが、突然、度肝を抜くようなテト攻勢によって米国大使館などが占拠されて、その優位に揺らぎが見え始め、ソンミ村の虐殺に象徴される容赦ない暴力と破壊に、アメリカの民主主義への疑問が吹き出始めていた。毎日テレビでは、他国での戦争などといって傍観することを許されない激しい爆撃と殺人、暴力の場面が茶の間に見せつけられていた。そして、ヴェトナムで泥沼のなかで、絶対的命令下で戦う米軍兵士たちは、自分の死さえもが、アポロによる美しい地球の写真によって忘れ去られ、世界の関心の外に置かれていることに絶望していたという。

東大闘争も、このヴェトナム戦争抜きでは始まらなかったかもしれない。たしかに始まりは、医学部における不当な処分であったが、そうした米国のヴェトナムへの暴力と同様な強圧的で家父長的な抑圧を、学生たちは日々生活のどこにも感じさせられていた。権威主義的で管理主義的な雰囲気は矢内原三原則に象徴されたように、学内のあちこちに残っていた。また、闘争当時、夜遅く家に帰るごとに父親が玄関で待ち受けて、家に入るやいなや、バケツ一杯の水をぶっかけられたという学友のぼやきをよく耳にした。

なるほど、消費生活水準は着実に上昇し、街は華やかさと清潔さ、ゆとりを感じさせられ、文化の香りすら感じられるようになりつつあった。しかし、旧態依然たる上意下達の社会システムが生活のあちこちを支配しており、経済的発展と民主主義のかけ声にもかかわらず、労働現場から家庭生活、社会的慣習に至るまで、女性たちが公的な場から排除され続けてきたことに象徴されるような、上下関係を厳然と維持しようとする強い空気が存在してきた。文字通り、「文化革命」が必要だった。

## ●自発的隷従の強制

もっとも深刻な問題は、資本主義的市場原理の全面的拡大による都市型消費生活そのものに現れる。豊かな消費生活をしようと思ったら、賃労働者として企業に就職することがもっとも確実な方法とされ、ほとんどの学生は、企業社会に自らを隷従させること以外の道を選べなかった。私自身、大学に入学して自由に自分の願うことをやって生きたつもりだったが、当時よく使われた言葉を使えば、その時間は単にモラトリアム、つまり、執行猶予期間に過ぎなかった。それは、社会的責任を担うことからの猶予という美名とは裏腹に、実際には、賃労働者として、隷属を選ばずには生きていけない「自由な」労働者、つまり、ゴハンを食べていくためには自ら選んで企業に雇われていくしかないという現実からの執行猶予期間にすぎなかった。

私自身、結果として研究者としての道を選んだのだが、なぜ、研究者の道を選んだかという問いに対する答えは、大学の教員として生きることが、奴隷的隷従をさせられる度合いが比較的少ないのではないかと思ったからというのがその理由の一つであったことは疑いもない。豊かな社会は、決して、賃労働下の隷従という事実を改善してくれるわけではなかった。たしかに、ごく一部の卓越した能力や技芸を持った人々は、だれにも雇われることなく、自営業、個人業者として生きることも可能かもしれない。また、農業や職人のように、自らの工夫と努力で働く仕事への選択もできないわけではない。しかし、こうした労働は、ごく最近まで、労多くして、豊かな消費生活はできないとして一番忌避されてきたものだった。また、弁護士や医師になれば、こうした隷属からは自由になれるかもしれないが、それはごく一部の人にのみ可能なことだった。かりにそのような比較的自立した職業に就職できたとしても、世界の経済状況の変化によって、そして流行や需要の変化によって、いつ生活が成り立たなくなるかもしれないという不安を常に抱えて暮らしているという点では、本質的に差があるわけではない。ごく一部の巨万の富を抱えた大資本家や大金持ちだけがそうした不安から比較的自由になるに過ぎない。

しかし、人間が心の中にもっている最大の願い（それはあまりに根本的で、普通は表明されることすらない）は、誰の命令にも隷従させられるのではなくて、自分の意志で自分の人生を選ぶことができ、他者との共生や共同も、自分の自由な選択の上で作り上げて生きていけることではないだろうか。

一九六八年とは、近代化の行く末が、結局のところ、豊かさの代償としての自発的隷従を余儀なくされ、国民国家による強い管理の下で生きることにすぎないことに対する原理的抗議の時だったように思う。それは、一方で、米国において、ヴェトナム反戦運動から始まった運動がヒッピー文化やフェミニズム運動としても広がり、豊かとされた社会が孕んでいる差別や管理へのほとんどユートピア志向的な批判運動として表現されていった。他方で、人間の顔をした社会主義を求めてのチェコのプラハの春の闘いを挙げる必要もあろう。資本主義の搾取と支配を乗り越えた次の社会とされた社会主義政権が、表現の自由や下からの自由で自発的な運動を弾圧することへの絶望と抗議は、社会が次の段階に進まなければならないことをすでに暗示していた。

## ●私たちは何に直面していたのか

一九六八年の大学闘争は、あえて言えば、民青系、全共闘系、ノンセクト系、といった集団によって担われていたが、実は、運動の最盛期においてさえ、やっと半数を超えた程度の参加者だったという事実も見逃すわけにはいかない。この当時の運動の流れのなかから、私たちが何に直面していたのかを考えてみたい。

一つは、全共闘運動に参加した、あるいは共感した一般学生である。彼らは、思春期特有の抑鬱感も含めて、これから入り込んでいく世界が豊かにはなりえても、けっして自由で民主的な社会となるわけではないという未来への絶望的な不満感をもっていたと思う。とはいえ、彼らがこの近代社会の仕組み全体を学生たちの一部の暴力的な行動によって変革しうるかのように考えて行われたとすれば、この全共闘の運動は、よほど、現実の権力構造を見ることのない夢に浮かれていたのだろう。しかし、当時、全共闘支持にむかった学友たちに聞いた意見によれば、彼らが別にこの闘争に具体的に勝利したいと思っていたわけではなかった。そうではなく、たとえ勝てなかったとしても、近代社会の全体としての隷属体制に抗議したかったのだと考えると、彼らの行動が理解できる。それが、あのような暴力的な事態を伴ったのは、一つは、その抗議の対象があまりに巨大な近代の仕組みそのものであることへの絶望感の表明だったのかもしれない。その際、問題にしなければならないのは、毛沢東主義やゲバラに代表されるように、当時の世界の支配者の暴力的な弾圧の前には暴力で応じるしかないとする革命理論が、とりわけて、第三世界のような政治的仕組みの脆弱な地域では、きわめて現実的に見えたという事情がある。それを一部の極左勢力が日本でも必要であり、可能であるかのような革命理論を立てて煽動した結果、あのような暴力が横行したとすれば、このことは深く反省されねばならない。

一方、民青系の運動の目標は明確に民主化という原則に向けられていた。それは、たしかに正しい戦術だったかもしれないが、全共闘に共鳴した学生たちにとっては、この豊かになりつつある社会が自発的隷属を求めていることへの抗議のうめきの表現としては、あまりに現状肯定的に見えたのだと思う。たしかに民主化は正しいかもしれない。しかし、民主化されたら、この後、大学の学問研究は、私が真に望むような自由な大学になれたのか。あるいは、大学卒業後の巨大化した資本主義的秩序は変わるのか。答えはノーであろう。だからこそ、民青系の主張の正当性には単純に賛成できなかったのだろう。

そうした点で考えると、どんな学生運動の高揚にもかかわらず、参加することをしなかった約半数の学生たちは何だったのか。一方に、そもそも、その支配秩序を肯定して、その秩序のなかで活躍したいとかできると判断した人たちも多くいただろう。しかし、他方で、間違いなく、この世界に、そんな形で抗議したところで、どうせ根本的なところは変えられるわけがないというあきらめや絶望感がこのグループを支配していたにちがいない。資本主義を変えることは容易なことではない。

## ●今、民主主義の危機はなぜ

今日、あの闘争から五〇年経って、世界の先進諸国と言われてきた米国やヨーロッパ諸国あるいは日本で、民主主義的な志向の急速な衰退が深刻になりつつある。自分とは意見や生活が異なる人との協同、共生という民主主義の根底的価値がまるで存在しないかのようにないがしろにされ、強い指導者、権威的な支配者のもとで、自らの利益の確保を求めて争うのが当然というような風潮が急速に増大している。それは、民主主義の危機であり、したがって、東大闘争で合意獲得した運動そのものの成果への挑戦である。実際、今日の大学では、民主主義などどこに行ってしまったかのような競争原理と成果主義の浸透がある。産学協同は当たり前、大学は、グローバル競争に打ち勝つための人材育成、技術革新の機関へと変容してしまったごとくである。一体、何のために、五〇年前に戦ったのか、と空疎感を持つほど、今日の大学における経済第一主義の支配は強い。

これは、近代の経済発展を前提にした民主主義が何であるかを根本から反省させざるをえない段階に私たちが今日立っていることを示すように見える。私たちは、今、そもそも近代的な経済的豊かさの実現を前提とした民主主義そのものの限界さえも検討しなければならない状況の中に生きているのかもしれない。

その点で、興味深いドキュメンタリーを見た。二〇一八年に、ドイツ、フランス、ブラジル、日本の共同制作で作られた『一九六八年世界的叛逆（1968 Global Revolt）』（ドン・ケント監督、ＢＳ１スペシャル『一九六八年　激動の時代』として放映）というドキュメンタリーである。一九六八年という時代状況を世界的規模で記録したものだが、なかでも、一九六八年フランスの五月革命と呼ばれた学生と労働者の激しい運動の時、一人の女性労働者が示した言葉が印象的であった。

日本とは違ってフランスはかなり大規模な労働者のストライキも行われ、国家的危機が叫ばれるほどの規模へと拡大したものであった。この闘争に対して、ド・ゴール大統領は、フランスが大きな発展を遂げつつあるときに五月革命が起こり、それがためにフランスの経済的発展はストップさせられたと、運動を強く批判した。それほどの激しい抗議にもかかわらず、その闘争もまもなく潮が引き、ストライキやデモに参加した労働者に職場に戻るように説得が行われた。すぐには問題は解決しないよと。その時、ある女性が鋭く強い意志でこう叫んだ。「いや、私は工場には戻らない！　もう足を踏み入れたくない。どんな汚れ仕事か知っている？　働いた後は服が真っ黒になるのよ。オフィス仕事の女性ならこうはならない。上司にこびていれば問題ない」と。

しかし、「オフィス仕事の女性」なら本当に問題ないのだろうか。「上司にこびる」なかで不条理な命令を受け入れなければならないことは人間の尊厳を破壊しているのではないか。彼女たちは、子育てや家事労働に精一杯のなかで、「女だから戦力として頼りにならない」と言われて、パワハラとセクハラに苦しみ、仕事と家庭の両立ができないと女の能力が足りないと言われて、古代の奴隷や近代以前の女性たちよりもはるかに過重な総労働時間に苦しめられているのではないか。

経済的に豊かとされる社会がこれほどの長時間労働と私生活の犠牲においてなり立っているとすれば、終わることを知らない富の追求が絶対的となっているこの社会のあり方を根本的に組み替え直していく必要がある。経済成長のためではなく、人間たちが互いをゆったりと思いやり、自由でゆとりある語らいを楽しみながら生きることを至上の価値とできるような社会へと転換を始めなければならない。

近代の賃労働者として生きなければならないことの根源的な屈辱を一度くらい大きな声を上げて拒否してもいいではないか。一九六八年は、そういう願いの初めての公然たる世界への表明の時だったのかもしれない。世界は、五〇年前に、来るべき二一世紀の世界が何を目標にしたいかについて、夜明けを告げる一番鶏としての声を上げたのかもしれない。

# 付録　一・一〇討論集会の記録

# 〈討論集会〉東大闘争・確認書五〇年——社会と大学のあり方を問う

◆案内文

一九六八年—六九年の東大闘争から五〇年。大学自治の根本的な転換をうたった確認書が、一九六九年一月一〇日の全学集会（秩父宮グラウンド）で、大学当局と学生代表との間で交わされたことを想起し、五〇年目にあたる二〇一九年一月一〇日、本討論集会を開催します。

東大闘争後の半世紀、世界は予想だにしない変転をとげ、果てしない格差拡大と排外主義・強圧政治の台頭、地球温暖化に象徴される環境問題の困難が人々に襲いかかっています。

そうした中で、大学と学問・研究の自由の意義は何か、将来をになう若い世代はいかに生きていくのか、あらためて五〇年前の東大闘争の核心を探りつつ、未来への希望を語り合いたいと思います。

東大闘争に直接かかわった人々、関心のある人々、今日の大学と社会のあり方を深く問う人々に、本討論集会への参加を広くよびかけるものです。

日時——二〇一九年一月一〇日（木）、午後五時半開場、六時開会、八時半閉会

会場——東京大学本郷キャンパス、山上会館大会議室

（団体名・会合名「社会と大学の今後について考える」）

参加費——一五〇〇円、学生無料

主催——「一・一〇討論集会」実行委員会

討論集会よびかけ人――七学部代表団学生代表有志一四名。河内謙策、坂東司朗（法）、唐牛宏（理）、尾花清（教育）、牛久保秀樹、川人博、柴田章（教養）、井上元（教養学部基礎科学科）、平戸幹夫（理学系院）、目良誠二郎（教育系院）、畑野研一郎（薬学系院）、小野沢正喜（社会学系院）、葛原茂樹（医学部医学科）、片平洌彦（医学部保健学科）。

実行委員会共同代表――三浦聡雄、川人博、目良誠二郎

・参加申し込み

本討論集会への参加ご希望の方は、各実行委員もしくは事務局まで、メールまたはＦＡＸにて、お申し込みください。

◆プログラム

開会挨拶――司会（柴田章、藤本齊）

第一部　問題提起

①世界の一九六八年と東大闘争、そして現代――川人博

②東大闘争の真実：戦闘的民主主義者たち――三浦聡雄

③一社会科教師として東大闘争の宿題を若い世代とともに解いた四〇年――目良誠二郎

第二部　会場発言・討論（発言、一人五分）※発言希望用紙を、受付・司会にお出しください。

◇東大闘争とは？　その評価、成果、教訓

◇その後の半世紀の社会、人生

◇その他
実行委員会の提起——文集作成のよびかけ／東大闘争原資料の収集作業の提案
閉会　※会館使用規定により、館内撮影は禁止です。

## ◆一・一〇討論集会フロア発言メモ

1　藤本齊［法学部／弁護士］
「東大確認書五〇年に関する報告」——本書第2部Ⅱ、藤本寄稿文を参照。

2　永尾廣久［42LⅠⅡ17D↓法学部／弁護士］
六七年四月から六八年十月までセツルメントで活動していた。その立場から東大闘争のドキュメントを五巻にまとめ出版した。『清冽の炎　1968東大駒場』（花伝社）という本。その後さらに二巻を出したが、まったく売れなかった。前川喜平氏は最近の著書の中で自分は河野学校の卒業生であると述べている。ともに川崎セツルで活動していた河野愛さんのことで、文部省に入り、同僚たちと勉強会をやっていた。私たちは当時大学を出たらどうするのかを議論しあった。司法修習のなかで青法協に出会い、裁判官になってからも、さまざまな圧力の中で頑張った人もいた。

3　乾彰夫［43SⅠ／首都大東京］
大学闘争について語ることになって、調べてみた。EUでも半数の国で大学の運営への学生参加の制度を持っている。どれも六八年の運動にルーツがある。東大確認書もこうした国際的な潮流の中にあったものといえる。

4　河内謙策［法学部／弁護士］

東大闘争とは当時の多くの学生が自分たちの無権利に怒り立ち上がったもの。セクトの争いでは決してない。そのことこそが闘争を進めた力だ。しかし、なぜ一般学生が立ち上がったのか、闘争後に運動が後退したのはなぜなのかは明らかになっていない。私は当時の一般学生が倫理意識に根差して決起したと思う。その後社会の分断が進んだことが後退の原因だ。確認書締結に至る道も様々な紆余曲折があった。確認書の意義は自主規制路線を乗り越えたところにある。加藤執行部は学内外の様々な圧力をはねのけて、確認書締結の決断をした。執念深く東大闘争の成果を現実のものにするために努めることが必要だ。

5　堀尾輝久［教育学部・教養学部教員］

闘争時は教員として教養と教育の教授会に参加する立場だった。大学側の学生寮の担当者だったので河内さんの駒場寮委員の時の発言を鮮明に覚えている。教授会メンバーとしては、学生の意見・要求を当局に伝えること、そして学内民主化、告示の大学から対話の大学へと考えてきた。どこまでやれたか。今日は自分の教育学の内容として、また、東大として、歴史的な総括が必要と改めて思った。みなさんの発言からそれぞれの分野で頑張ってきたことが確認できた。教育学研究分野でも当時の対立の影響が残っているが、暴力を伴う混乱が長く続いたことについては怒りがある。

6　小野澤正喜［社会学系大学院／筑波大］
マクロな歴史的視点で見る。［以下、発言通告］一九六九年が日本の科学技術体制（大学院・研究者養成システム）の転換点であったことを確認し、現在の学術体制の再編の現状から、「確認書」時点での大学の変化の意味を検証する必要があると考える。本日のプレゼンテーションは、学生運動論に偏りすぎており、日本の科学技術体制の問題が論じられていないことが残念。

7　片平洌彦［医学部保健学科、院修了／東京医科歯科大学］
［発言通告］「『産学協同』に関する確認書の意義（薬害問題を通じて）」。本書第2部Ⅱ、片平寄稿文を参照。

8　吉村文則［理学部］
大学を出てから共産党の専従を四三年やった。今はさいたま自然エネルギー協会で活動している。民主主義を押し広げていくことが東大闘争の最も重要なテーマだったのではないか。いま東大は現代の社会にどう対処しようとしているのか。福島の原発事故の際、テレビで東大教授はメルトダウンは起こっていないと言い続けていた。同年の五月祭を期待をもって訪れたが、大震災や原発に関する企画は皆無だった。東大出身者と話すと社会や政治の問題には「自分の生活とは関係ない」という人が多い。差別・分断が広がっている中で、民主主義を追求することが大事だ。

9　丹羽真一［医学部／福島県立医大］

福島県立医大で仕事をしている。今日は、確認書の到達点が結構残っていることを改めて知った。大学法人化のときは、自治を守るために努力したものだが、学生はあまり動かなかった。定年の直前に原発事故が発生し、福島県では浜通り地域は一気に医療過疎になってしまい、なんとかしなくてはと手を尽くしている。手を尽くす中で、昔からのネットワークの重要さを改めて感じている。

## 閉会挨拶　神部勝秀［法学部］

# 資料1　東大確認書

①一九六九年一月一〇日の七学部集会における確認書
②一九六九年二月一一日の七学部代表団との最終確認書
〈付1〉東大当局と東京大学職員組合との確認書（一九六九年三月五日）
〈付2〉七項目要求
〈付3〉四項目要求

〔解題〕

一九六九年一月一〇日に、秩父宮ラグビー場において、七学部代表団と加藤総長代行との全学大衆団交が開かれ、確認書が結ばれた。

「大衆団交」とは、学生多数の参加の下、大学側責任者と学生代表が交渉の場をもち、参加学生も発言し、学生の要求実現をせまる場である。東大闘争を通じて、学生側は終始、処分撤回、機動隊導入自己批判の要求を掲げて大衆団交の開催を大学側に求め、大河内総長は、これを拒否。学部レベルでも全学レベルでも、大衆団交の実現は、東大闘争の一大争点であった。

一九六八年一二月二六日、七学部代表団と加藤総長代行との非公開予備折衝において、大衆団交開催が合意された。学生が「全学大衆団交」と位置づけるものを大学当局は「全学集会」とよび、そのことを双方が認めた上で、「今回の紛争（闘争）に関しては［全学集会／全学大衆団交の場で］了解に達し文書で確認したことを双方がそれぞれの決定機関に持ちかえって確認し、次回の全学集会（全学大衆団交）で双方の意見が一致した時、双方を拘束する正当性を持った決定とする」ことが文書（「全学集会（全学大衆団交）の性格について」）で合意された。確認書の原案は、七学部代表団において、各学生大会・代議員大会で決議された要求事項を整理・調整・統合し、予備折衝を通じて大学側としてもほぼ了解可能なものとして練られた。

こうして一月一〇日の全学大衆団交に、二六項目の確認書が提起され（一〇項目・二六ヵ条＝「十項目の確認書」）、加藤総長代行は全項目に署名、学生・院生側代表は、それぞれの出身母体の学生大会等の決議に沿って、一二項目を全部署名、一二項目を部分署名、二項目を全部不署名とした。

この確認書は直ちに各学部自治会などの学生大会での議論に付されて確認手続きがとられ、その結果、全部署名項目は一五項目となった。また、一月一〇日の全学大衆団交ではオブザーバーであった医学部（医学科、保健学科）で、直後に学生大会が開かれ、確認書を確認し、七学部代表団に加わった（実質、八学部となった）。一方、大学側は、各学部教授会で承認手続きがなされ、二月九日の評議会で確認された。

これを踏まえて、二月一一日、加藤総長代行と七学部代表団との第二次集会が開催され、全部署名一五項目が確認され、双方を拘束する最終確認書となった。

部分署名となった項目についても、席上、加藤代行から、大学として誠意をもって取り扱いたいとの表明がなされた。

また、東大職員組合は、学生・院生とは独自に大学当局と交渉を重ね、七学部代表団との最終確認書をふまえ、三月五日に、確認書を締結した〈付１〉。

確認書締結に先立って、数ヵ月にわたる各学部の学生大会での要求項目の議論においては、一九六八年七月一五日に東大闘争全学共闘会議代表者会議で確認された七項目要求と、九月七日に七者協議会が提起した

四項目要求が俎上にのぼったことから、併せてこれらを掲載する〈付2〉〈付3〉。（柴田章　記）

## ①一九六九年一月一〇日の七学部集会における確認書

「一九六九年一月一〇日の七学部集会（七学部「団交」）における確認書の全文は次のとおりである。……各項目の末尾に、学生側代表の署名の状況を、カッコに入れて記した。カッコ内「全部」とあるのは、七学部（法・工・理・農・経・教養・教育）、二学科（教養学部の教養・基礎科学の二学科）、五系［大学院］（理・農・教育・薬・社会）のことである。」（加藤一郎『「七学部代表団との確認書」の解説』）

七学部集会における確認書

一　医学部処分について

1　大学当局は、次の点を認め、この処分が白紙撤回されたものであることを再確認する。

(1)　日本の医療制度をめぐって、医学教育及び医師研修制度の改革を要求した医学部学生の運動に対してこの処分が妨害的役割を果し、その結果として、いわゆる政治的処分の意味を持った事。

(2)　この処分が、本人からの事情聴取の手続きをふまず、「紛争」中にその一方の当事者である医学部教授会のみの判定でそれを正当化する十分な理由なしに一方的に行われた事。（全部署名）

2　粒良君その他一一名の学生の名誉と人権が深く傷つけられた事に対して、大学当局は謝罪する。（全部署名）

3　大学当局は、大河内総長をはじめ昨年三月一一日当時の全評議員が、この処分の決定に参加した責任上辞任した事を確認する。（基礎科学科のみ不署名*〔のちに署名〕）

4　評議会はこの処分に関し直接重大な責任をもつ豊川、上田両教授の退官につき適切な措置をとる。（全部署名）

二　文学部処分について

大学当局は、この処分が従来の「教育的処分」という発想に基づいて行なわれた点において、旧来の処分制度への反省の契機となったことを認め、新しい処分観と処分制度のもとで再検討する。（全部不署名）

三　追加処分について

1　昨年一月二九日以来の闘争の中で行われた学生・院生のストライキをはじめとした抗議行動については、大学側に重大な誤まりがあった以上、大学当局は処分の対象としない。（全部署名）

2　大学当局は林文学部長らに関する事件についても、旧来の処分制度で処分することはせず、新しい制度のもとでこれをとりあげる。（全部不署名）

四　今後の処分制度

1　新しい処分制度については、今後相互で検討する。但し、大学当局は、その原則として、客観的に学生・院生の自治活動への規制手段としての役割を果してきた「教育的処分」という見地をとらぬこと。又、学生・院生の正当な自治活動への規制となる処分は行わない事、且つ、その手続きにおいては、一方的処分はしない事を認める。（全部署名）

2　新制度が確立されるまで、右の条項を前提とした暫定措置については、今後双方が協議、交渉する。（経のみ不署名）

五　警察力導入について

1　大学当局は、六月一七日の警察力導入が、講堂占拠の背後にあった医学部学生の要求を理解し、根本的解決をはかる努力をつくさないままに、もっぱら事務機能回復という管理者的立場にのみ重点をおいてなされた誤りであった事を認める。（全部署名）

2　大学当局は六月一七日の警察力導入が人命の危険、人権の重大な侵害、ないしは緊急の必要という大学当局のいう基準に該当しなかった事を認める。（経・工のみ署名）

3　大学当局は、原則として学内「紛争」解決の手段として警察力を導入しないことを認める。（全部署名）

4　緊急の場合の、警察力の導入の問題については、今後両者の間で検討する。（法・経・工・教養学科のみ署名［のちに基礎科学科は署名］）

六　捜査協力について

1　正規の令状に基いて捜査を求めた場合でも大学当局は自主的にその当否を判断し、その判断を尊重することを警察に求めるという慣行を堅持する。又、警察力の学内出動の場合もこれに準ずる。（全部署名）

2　学内での学生の自治活動に関する警察の調査や捜査については、これに協力せず、警察の要請があった場合にも原則的にこれを拒否する。（全部署名）

七　青医連について

大学当局は、青医連を正規の交渉団体として公認する。その詳細については医教授会と医学生・研修医が今後検討するものとする。（工のみ不署名*［のちに署名］）

八 「八・一〇公示」について

大学当局は、「八・一〇公示」を昨年一二月三日に「大学問題検討委員会」を廃止した時点で、完全に廃止されたものと認める。（経・工・基礎科学科・教養学科のみ不署名［のちに工は署名］）

九 学生・院生の自治活動の自由について

1 大学当局は、各学部の学生自治組織と東大学生自治会中央委員会、各系の院生自治組織と東大全学大学院生協議会を公認する方針をとる。（法・経・工のみ不署名［のちに法・工は署名］）

2 大学当局は、右の自治組織の団交権（大衆団交を含む）を認める方向で、その交渉要求に誠意をもって応じる。但し、その内容・形態については今後話し合うものとする。（法・経・工のみ不署名［のちに法・工は署名］）

3 大学当局は、「矢内原三原則」**を廃止する方向で停止する。（全部署名）

4 大学当局は、学部共通細則***第八条、第九条、第一〇条、同取扱内規三および四、掲示に関する内規など、学生・院生の自主的な活動を制限している条項の改正又は廃止について早急に学生・院生と交渉を開始する。（全部署名）

5 自治組織と大学当局とのあいだの責任者名の交換、連絡方法、学生・院生の自主的な活動のための施設の利用や掲示などに関する必要な定めについては、学生・院生代表と大学当局とのあいだで、当面の措置と今後の措置をとりきめる。（工・基礎科学科のみ不署名*［のちに署名］）

十 大学の管理運営の改革について

1 大学当局は、いわゆる「東大パンフ」****を廃棄する。（全部署名）

2 大学当局は、大学の自治が教授会の自治であるという従来の考え方が現時点において誤りであることを認め、学生・院生・職員もそれぞれ固有の権利をもって大学の自治を形成していることを確認する。（法・経・理・工のみ不署名〔のちに法・工は署名〕）

3　大学当局は、大学における研究が資本の利益に奉仕するという意味では産学協同を否定するものであることを確認する。（理のみ不署名）

4　大学当局は、学生・院生・職員の代表を加えた大学改革委員会を設け、今後の大学のあり方を検討する。（法・経・教養・基礎科学科のみ不署名〔のちに法は署名〕）

＊　該当項目は「全部署名」となり、最終確認書に反映された。

＊＊　「矢内原三原則」――ストライキを大学の本質に反するものとして、すべて違法とし、ストライキの提案や、それを議題として取上げることはただちに処分の対象になるものと考えていた（加藤一郎『確認書の解説』）。

＊＊＊　学部共通細則

第八条（団体の届出）　学生生徒が団体を設立するときは、遅滞なく学部長又は学生部長に届出ることを要する。

2　団体の会則又はその他の届出事項を変更したとき、及び学生生徒が団体的に学外団体に参加するときも同様とする。

第九条（環境）　学生生徒は、学園にふさわしい環境を整えるように努めなければならない。したがって以下各号の行為は、届出た後、これをなすことを要する。

(1)　学生生徒が学内において集会をしようとするときは、少くともその前前日までに、関係学部長に届出るものとする。

(2)　学生生徒が、学内において、印刷物の配布その他一般を対象とする行為をしようとするときは、その場所を管理する部局長に届出るものとする。

(3)　学生生徒が学内において一般を対象として金銭の収受を伴う行為をしようとするときも、前号と同様とする。

第一〇条　学生生徒の団体及び行為が、本学の機能を害し又は学内の秩序を乱すおそれがあると認めたときは、これを禁止することがある。
＊＊＊＊「東大パンフ」――東京大学「大学の自治と学生の自治」一九六五年。

## ②一九六九年二月一一日の七学部代表団との最終確認書

七学部代表団（七学部（法・工・理・農・経・教養・教育）、二学科（教養学部教養学科・同基礎科学科）、五系大学院（理・農・教育・薬・社会）及び医学部医学科・同保健学科（追加））との第二次集会における確認書

一九六九年一月一〇日の七学部集会（七学部「団交」）における確認書について、双方がそれぞれの決定機関に持ちかえって確認した結果、次に掲げる項目について双方の意見が一致したので、これが双方を拘束する正当性を持った決定となったことを、ここに確認する。

一九六九年二月一一日

東京大学総長代行　加藤一郎

（以下、学部、学科、院生代表一六名、略）

Ⅰ　医学部処分について（その1）

大学当局は次の点を認め、この処分が白紙撤回されたものであることを再確認する。

(1)　日本の医療制度をめぐって、医学教育及び医師研修制度の改革を要求した医学部学生の運動に対して、

この処分が妨害的役割を果し、その結果として、いわゆる政治的処分の意味を持った事。

(2) この処分が、本人からの事情聴取の手続きをふまず、「紛争」中にその一方の当事者である医学部教授会のみの判定でそれを正当化する十分な理由なしに一方的に行なわれた事。

Ⅱ 医学部処分について（その2）

粒良君その他一一名の学生の名誉と人権が深く傷つけられた事に対して、大学当局は謝罪する。

Ⅲ 医学部処分について（その3）

大学当局は、大河内総長をはじめ昨年三月一一日当時の全評議員が、この処分の決定に参加した責任上、辞任したことを確認する。

Ⅳ 医学部処分について（その4）

評議会はこの処分に関し、直接重大な責任を持つ豊川、上田両教授の退官につき、適切な措置をとる。

Ⅴ 追加処分について

昨年一月二九日以来の闘争の中で行なわれた学生・院生のストライキをはじめとした抗議行動については、大学側に重大な誤まりがあった以上、大学当局は処分の対象としない。

Ⅵ 今後の処分制度

新しい処分制度については、今後相互で検討する。但し、大学当局は、その原則として、客観的に学生・院生の自治活動への規制手段としての役割を果してきた「教育的処分」という見地をとらぬこと。又、学生・院生の正当な自治活動への規制となる処分は行なわない事、且つ、その手続きにおいては、一方的処分はしない事を認める。

Ⅶ 警察力導入について（その1）

大学当局は、六月一七日の警察力導入が、講堂占拠の背後にあった医学部学生の要求を理解し、根本的解決をはかる努力をつくさないままに、もっぱら事務機能回復という管理者的立場にのみ重点をおいてなされた誤まりであった事を認める。

Ⅷ　警察力導入について（その2）

大学当局は、原則として学内「紛争」解決の手段として警察力を導入しないことを認める。

Ⅸ　捜査協力について（その1）

正規の令状に基いて捜査を求めた場合でも、大学当局は自主的にその当否を判断し、その判断を尊重することを警察に求めるという慣行を堅持する。又、警察力の学内出動の場合もこれに準ずる。

Ⅹ　捜査協力について（その2）

学内での学生の自治活動に関する警察の調査や捜査については、これに協力せず、警察の要請があった場合にも原則的にこれを拒否する。

Ⅺ　青医連について

大学当局は、青医連を正規の交渉団体として公認する。その詳細については医教授会と医学生・研修医が今後検討するものとする。

Ⅻ　学生・院生の自治活動の自由について（その1）

大学当局は、「矢内原三原則」を廃止する方向で停止する。

ⅩⅢ　学生・院生の自治活動の自由について（その2）

大学当局は、学部共通細則第八条、第九条、第十条、同取扱内規三および四、掲示に関する内規など、学生・院生の自主的な活動を制限している条項の改正又は廃止について、早急に学生・院生と交渉を開始する。

XIV 学生・院生の自治活動の自由について（その3）

自治組織と大学当局との間の責任者名の交換、連絡方法、学生・院生の自主的な活動のための施設の利用や掲示などに関する必要な定めについては、学生・院生代表と大学当局とのあいだで、当面の措置と今後の措置をとりきめる。

XV 大学の管理運営の改革について

大学当局は、いわゆる「東大パンフ」を廃棄する。

## 〈付1〉東京大学当局と東京大学職員組合との確認書

東京大学当局と東京大学職員組合とは東大紛争（東大闘争）に関連して同組合から出された諸要求について折衝を重ねてきたが、後記の諸項目について両者の合意が成立したことを確認する。これは、

(1) 大学の自治は教授会の自治であるという従来の考え方がもはや不適当であり、職員、院生、学生も大学の構成員として固有の権利をもち、それぞれの役割において大学の自治を形成する。

(2) 大学はその構成員の自主的、民主的な意思に依拠して大学の自治を不当な圧力から守る。

という原則の共通の認識に立って東大紛争（東大闘争）を解決し東京大学の改革をすすめるためのものである。

なお、大学当局と東京大学職員組合とは、一月一〇日「七学部集会」における「確認書」のうち、大学当局が二月一一日に学生側七学部代表団とのあいだで確認した一五項目、二月九日の評議会において「確認書」と同一の文言で大学の意思を表明することに決定した二項目、および同評議会の議を経て公表された「確認書の審議を終えて」に示された四つの「基本的な考え方」にもとづいて具体化をはかることになった七項目について、これらが同職員組合の要求と基本的に合致するものであることを確認した。

また、大学当局は、大学の財政ならびに事務機構についても、あらたな大学自治の考え方をとり入れて改革をはかる方向で、大学改革委員会において審議することに同意した。

確認された項目

1　警察力導入について

(1)　大学当局は、六月一七日の警察力導入が講堂占拠の背後にあった医学部学生の要求を理解し、根本的解決をはかる努力をつくさないままに、もっぱら事務機構回復という管理者的立場にのみ重点をおいてなされた誤りであったことを認める。

(2)　大学当局は、原則として学内「紛争」解決の手段として警察力を導入しないことを認める。

2　捜査協力について

学内での組合活動など職員の正当な自主的活動に関する警察の調査や捜査については、これに協力せず、警察の要請があった場合にも原則的にこれを拒否する。

3　処分について

(1)　大学当局は、昨年一月二九日以来の闘争の中で行なわれた職員の正当な抗議行動については、学生、院生の場合と同様に処分の対象としない。

(2) 大学当局は、正当な組合活動の規制となり、あるいは基本的人権の無視となるような職員に対する処分その他の不利益な取扱いは行なわない。

4 職員の自治活動の自由について

(1) 大学当局は、東京大学職員組合との交渉に応ずる。その交渉相手は基本的には総長である。交渉に際しては、職員組合としての交渉事項、時間、人数、場所について不当な制限を行わない。

(2) 大学当局は、学部共通細則第八条、第九条、第一〇条、同取扱内規三および四、掲示に関する内規など職員、院生、学生の自主的な活動を制限している条項の改正または廃止、および改廃が行なわれるまでの暫定的取扱いについて東京大学職員組合とも交渉する。

(3) 組合事務所として必要な施設、備品について、大学当局は誠意をもって措置する。

5 大学の管理運営の民主化について

(1) 「八・一〇告示」およびいわゆる「東大パンフ」は廃止されたことを確認する。

(2) 職員は大学自治の担い手である。

(3) 大学当局は、「大学改革委員会」の設置およびその権限、性格について東京大学職員組合とも協議する。

6 軍学協同、産学協同について

(1) 大学当局は、「軍事研究は行なわない、また軍からの研究援助は受けない。」という東京大学における慣行を堅持し、基本的姿勢として軍との協力関係をもたないことを確認する。

(2) 大学当局は、大学における研究が自主性を失なって資本の利益に奉仕することがあれば、そのような意味では産学協同を否定すべきであることを確認する。

昭和四四年三月五日

東京大学総長代行　加藤一郎

東京大学職員組合執行委員長　山口啓二

## 〈付2〉七項目要求

一九六八年七月一五日、安田講堂での東大闘争全学共闘会議（東大全共闘）の代表者会議で決定された要求事項。

一、医学部不当処分白紙撤回

一、機動隊導入自己批判、導入声明撤回

一、青医連を協約団体として公認せよ

一、文学部不当処分白紙撤回

一、一切の捜査協力をやめよ

一、一月二十九日以来の一切の事態に関して処分するな

一、以上を大衆団交の場で文書をもって確認し、責任者は引責辞職せよ

## 〈付3〉 四項目要求

一九六八年九月七日、七者連絡協議会（東職、学生自治会中央委、東院協、生協理事会、生協労組、好仁会労組、東大寮連）主催の全学総決起集会で提起された要求項目。

一、不当処分を直ちに撤回せよ。
二、機動隊導入の経過と責任を明らかにし、二度と警官導入をしないことを約束せよ。その後、総長は辞任せよ。
三、自主的諸団体を公認し、対等な交渉権を認めよ。
四、全学運営協議会、学部運営協議会、研究室・教室会議を設置せよ。重要事項は、その機関を経ること。
以上のことを大衆団交で確認せよ。

# 資料2　東大闘争略年表（1967年1月～1970年6月）

**東大闘争略年表**（1967 年 1 月～ 1970 年 6 月）

2018 年 12 月作成。東大関係については、主に『東大新聞』記事によった。

医＝医学部、ほか同じ。育＝教育学部、なお、駒場＝教養学部。

## Ⅰ　前史：東大闘争への予兆（1967 年）

| | 東大の学生、当局・教員の動き | 社会の動き |
|---|---|---|
| **1967 年** | | |
| 1 月 | 25　医、インターン闘争で無期限スト突入。 | |
| 2 月 | 11　駒場、建国記念日（紀元節）に抗して、3000 人登校。 | |
| 4 月 | 10　医、61 日間スト、終結。青医連の自主カリ、団交の承認。 | 東京都知事選で美濃部亮吉当選。 |
| 5 月 | 医、インターン闘争ストを理由に学生 3 名を戒告処分。 | |
| 7 月 | 東大物理教官有志、米軍資金導入問題で日本物理学会に臨時総会開催を要求。 | 医師法改正案（登録医法案）廃案に。 |
| 8 月 | | 1966 年度国民総生産、世界第 3 位。 |
| 10 月 | 4　文、定例文協（教授会・助手・学生で構成）、オブザーバー参加で紛糾。 | 8　佐藤首相東南アジア訪問阻止で第 1 次羽田闘争、機動隊との衝突で京大生の山崎博明君死亡。 |
| | | 10　成田空港建設、測量開始。 |
| 11 月 | 11 ～ 12　駒場祭。11 日第 2 次羽田闘争に向かう三派系学生、駒場キャンパス占拠、駒場祭委、自治会、当局、退去を要求。機動隊立ち入りをめぐって緊張。駒場祭委員長、折衝中に負傷、自治会は機動隊立ち入りに対して防衛委員会を結成、駒場当局は警察官立ち入りに教官立ち会いを要求、結果、機動隊入らず。 | |

| | | |
|---|---|---|
| 12月 | 2　大河内総長再任。 | |
| | 11　医、青医連・自治会代表、病院長に卒後研修に関する要望。 | 16　登録医法案、国会再上程。 |
| | 22　（冬休み中）文教授会、「文協の場で師弟関係にもとる行為」でN君を停学処分。 | |
| **1968年** | | |
| 1月 | 16　駒場、代議員大会、3年ぶりに成立。米空母エンタープライズ佐世保入港反対決議、代表派遣。 | |
| **Ⅱ　医学部無期スト突入と卒業式・入学式、五月祭をめぐる緊張（1968年1月～5月）** | | |
| 1月 | 17　医、上田病院長、卒後研修で回答。 | |
| | 19　法、25番教室で開催予定のエンタープライズ反対の討論集会、集会の直前に教室使用許可取り消し。 | 19　エンタープライズ佐世保入港に抗議行動。 |
| | 24　医、学生大会、教授会の登録医制度反対表明要求、卒後研修でスト権確立、27日までの回答をせまる。 | |
| | 26　文、N君処分白紙撤回のスト提案で学生大会招集。不成立も学生集会決議。 | |
| | **29　医、登録医制度反対・卒後研修で無期限スト突入。**M4は卒試ボイコット、各クラス10名の全学闘結成。教授会は全学闘との交渉拒否。 | 30　南ベトナム解放戦線など、テト攻勢へ（～3月）。 |
| 2月 | 9　国大協第3常置委「最近の学生運動に関する見解」で警官導入、学内の政治活動禁止をうちだす。 | |
| | 19　医、春見事件。医全学闘、上田病院長に団交要求し、学生に暴行した春見医局長に謝罪要求。 | |
| 3月 | **12　医教授会、春見事件を理由に学生・研修医17名処分、4名退学処分。** | |
| | 16　東大当局、告示で機動隊導入を示唆。 | |
| | 24　大河内総長、記者会見。処分正当、警官導入を示唆。 | |
| | 26　医学部2講師、処分者のT君のアリバイ発表。 | |

| | | |
|---|---|---|
| | 26　活動再開した七者協（東職、東院協、好仁会労組、学生自治会中央委、生協労組、生協理事会、東大寮連）、医学部不当処分撤回、警官導入反対の1000人集会。連日泊まり込みの警戒態勢。 | |
| | 27　医、全学闘の一部、卒業式阻止で安田講堂入口ピケ。 | |
| | 28　卒業式典中止、学部ごとの証書授与。 | |
| | 28　七者協、「機動隊導入反対、医学部処分撤回、『卒業式粉砕』の挑発方針反対、大学の自治守れ」で集会、デモ、600人。 | |
| 4月 | 10　医、全学闘、入学式阻止の方針。 | 4　米、キング牧師暗殺。 |
| | 11　七者協、機動隊導入阻止で集会、300人泊り込み。 | |
| | 12　入学式、医全学闘が入口にピケをはり、新入生を前に一部混乱するも実施。 | 14　日大、国税庁調査で20億円使途不明金が判明。 |
| | 15　医、学部新1年生（M1）もストに合流。 | |
| | 25　駒場、自治会主催でTBS田英夫記者、北爆下の北ベトナムと報道の自由で講演。 | |
| | 29　学生委、五月祭常任委に対し、五月祭企画、医学部自治会「不当処分撤回」のタイトル変更を要求、自治会中央委企画を届出団体ではないとしてクレーム。五月祭での警官パトロールをめぐり紛糾。 | |
| 5月 | | 8　厚生省、イタイイタイ病を公害認定。 |
| | | 10　医師法一部改正（登録医制度）成立。 |
| | **24～26　五月祭**。本部企画「東京大学」。警官パトロール阻止。25日、五月祭の一環で、ベトナム訪日団歓迎集会、6500人。東大当局、当初の企画変更を理由に安田講堂使用を不許可、安田講堂前集会に。五月祭警官パトロール反対の本富士署抗議行動で2名逮捕。 | 20　仏、学生がソルボンヌ大占拠。 |
| **Ⅲ　安田講堂占拠、機動隊導入、6.20ストライキ（1968年6月～7月）** | | |
| 6月 | | 11～19　日大11学部中6学部で無期限スト突入。 |
| | | 14　東京教育大、学長選で移転推進派、僅差で勝利。移転強行へ。 |

| | | |
|---|---|---|
| | **15　医学部全学闘執行部30名および医科歯科大生50名、安田講堂を占拠。医学部各クラスで占拠反対決議。** | 15　ベトナム反戦、樺・山崎追悼市民集会（日比谷野音）。 |
| | 16　駒場、自治委員長選挙、フロントの今村君当選。投票総数5000こえ、史上初。 | |
| | **17　未明、警察機動隊導入。**1200名。警察、教官の立ち会いを拒否。安田講堂占拠の学生は退去しており逮捕者なし。全学に衝撃。各学部で一斉に学科、クラス討論。自治会中央委声明、機動隊導入・時計台占拠の挑発行動に抗議、医トップ辞任要求、スト提起。七者協、機動隊導入抗議集会。 | |
| | 18　駒場、緊急代議委員大会、正副委員長提案6.20スト可決。 | |
| | 18～19　法、薬をのぞく本郷6学部学生大会で6.20スト可決（医は無期スト中）。 | |
| | 19　駒場、全学投票でスト可決。 | 19　日大全共闘、本部封鎖。 |
| | **20　八学部（法、薬のぞく）1日スト、安田講堂前の統一集会に1万人。**「機動隊導入抗議・医学部処分白紙撤回・医学部闘争勝利・総長団交要求」6.20全東大総決起集会。 | |
| | 6月20日以降、7月上旬の夏休みまで、各学部で、教官をまきこんで、院生・学生の討論。学部集会に学生、院生、教官多数参加。 | |
| | 23　自治会中央委総会、機動隊導入抗議、医学部闘争勝利、大学の民主的変革のために、長期スト権確立をよびかけ。 | |
| | 25　医教授会パンフ「医学部の異常事態について」、処分正当化。 | |
| | **25　文、学生大会で無期限スト決定。26日スト突入。** | |
| | 26　法、工、理、農、育、経の各学部で学生大会、長期スト権確立。学部団交開催。農は学生投票、3分の2にならず不成立。 | |
| | **28　午前、評議会、T君処分白紙に。午後、総長、安田講堂で会見、3000人の学生失望。** | |
| | 28　薬、学生大会、長期スト権確立。 | |
| | 29　総長会見に抗議して、工、法、育が統一スト。法は史上初。 | 29　教育大、文、スト（～7.15）、本部封鎖。 |
| 7月 | 2　医、教養中心の「本部封鎖実行委」名で安田講堂再封鎖、教官500名、話し合いを説得。 | 1～4　教育大、理、農、育、スト権確立。 |

| | | |
|---|---|---|
| | 3〜6　法、84時間スト。7.4学生大会で本部封鎖解除決議。 | |
| | 3　工、学生大会で原子力3年提案「無期スト（7月10日まで）、封鎖支持、総長団交要求」可決。 | |
| | 3　駒場、代議員大会、委員長・三派共同提案の無期限スト可決、各クラス1名の全学闘結成。 | |
| | **4　駒場、全学投票で無期限スト可決。翌5日、無期スト突入。** | |
| | **5　東大闘争全学共闘会議（東大全共闘）結成。** | |
| | 5　教養教授会、機動隊導入を遺憾、医処分問題解決を求める見解を発表。 | |
| | 6　理、学生大会、封鎖解除よびかけ、可決。 | |
| | 15　東大全共闘代表者会議、七項目要求。 | |
| | 《7月中旬〜9月上旬、夏期休暇の時期》 | |
| **Ⅳ　8.10告示から全学無期限スト体制へ（1968年8月〜10月）** | | |
| 8月 | **10　東大当局、8.10告示、全学生に送付**。医学部長・病院長辞任、医処分再調査、機動隊導入正当化。中央委、全共闘、大衆団交ぬきと批判。 | |
| | 17　学部長会議、医学部長・病院長交代。 | 20　ソ連・東欧5ヵ国軍、チェコスロバキア侵入。 |
| | 22　医、118名、スト終結宣言。 | |
| | 24　全共闘、医学部本館封鎖。 | |
| 9月 | 8.10告示受け、各学部で、教官・院生・学生による学部集会開催。 | |
| | 2　東院協、全学に統一代表団結成運動をよびかけ。 | |
| | 4　文教授会、N君の停学処分を解除。 | |
| | 7「病院封鎖」をめぐり緊張。七者協「病院封鎖反対」全学総決起集会、4項目要求提起。都学連部隊、御殿下グラウンドでデモ。 | |
| | 7　駒場、学部集会めぐり代議員大会、全学闘委員柴田（全学連系）、4項目要求・封鎖反対・学部団交提案、委員長・三派提案、スト終結提案、全提案否決。 | |

| | | |
|---|---|---|
| | 7　教養教授会、9月下旬予定の学期末試験の延期を決定。 | |
| | 9　医、卒試、秘密裏に強行。 | |
| | 16　医、小林学部長、医学部本館前で、卒試延期めぐって青空大衆団交。 | |
| | 16　駒場、スト実ら、1号館（事務棟）封鎖。 | |
| | 17　駒場、全学連行動委、1号館バリケード撤去。 | |
| | 17　工、学部集会に1000人、8.10告示めぐり教官と学生対立。 | |
| | 18　駒場、代議員大会。クラ連登場。学部団交、事務封鎖、全学バリケード、闘争中の民主主義などをめぐって12時間。全学連行動委、スト実、全学闘書記局（委員長）、クラス連合、有志学部集会の4提案、いずれも否決。 | |
| | 《9月16日～10月18日、駒場、本来は、学期末試験ならびに進学振り分けの秋期休暇》 | |
| | 18　七者協の全階層ストのよびかけで、東職、全学スト。 | |
| | 19　工、学生大会、7項目要求で無期限スト可決。自治会執行部を解任してスト実結成。 | |
| | 22　医、全共闘系学生、一部の医局を封鎖。これに反対する医学生と緊張。 | |
| | 25　文、スト実、事務封鎖。職員、抗議声明。 | |
| | 26　経、学生大会、臨執提案の7項目で無期限スト可決。事務封鎖留保。 | 26　厚生省、水俣病を公害認定。 |
| | 28　育、4項目をかかげての数度の波状ストをへて、執行部提案の無期スト学生投票で批准。 | 30　日大、理事会と日大全共闘との大衆団交に学生2万人。理事会自己批判。 |
| 10月 | 1　理、学生大会、12時間のすえ、有志提案の無期スト可決。 | 1　佐藤首相、日大での大衆団交を批判。 |
| | 2　医、教授総会、紛争対策委員交代。 | 3　日大理事会、日大全共闘との確認を一方的破棄。 |
| | 4　農、前日の学部団交をふまえて、学生大会で、7項目かかげ、総長・評議会団交までの無期スト可決。 | |

| | | |
|---|---|---|
| | 4　薬、スト実提案、教授会が 8.10 告示撤回声明しないかぎり 7 項目での無期ストの提案を可決。8 日、スト突入。 | |
| | 5　駒場、全学連行動委、政府文部省の大学紛争介入に抗議する学内での総決起集会のあと、渋谷に地域デモ。2 名が公安条例違反で狙いうち逮捕。 | |
| | 8　七者協、10.8 統一行動で、理系大学院、院教協スト。理系大学院ストは、全国初。全学全階層集会に 1000 名。 | |
| | 9　駒場、クラ連主催、第 1 回全学討論集会。 | |
| | 11　法、学生大会、14 時間かけて、有志提案で無期スト可決。文処分撤回をのぞく 6 項目、各会派合同の書記局によるスト実結成。**東大全学部で無期限ストライキ突入。** | 14　警察、医学部図書館に泊まり込みの M 君を逮捕、大河内総長、警視庁に抗議。 |
| | 15　医、全共闘系学生、内科研究棟を封鎖。 | |
| | 16　経教授会、8.10 告示廃止、医処分白紙還元、医学部責任者辞任の見解。 | |
| | 17　教官有志 101 名、「8.10 告示批判」の見解を発表。医処分取り消し、青医連公認、機動隊導入反省、学生・院生自治組織との協議・交渉の原則を。 | |
| | 17　理、学生大会、運営協議会設置、学部全員交渉、大衆団交実現のための代表団選出方針を可決。 | |
| | 18　法、学生大会に 738 名参加。無期スト解除提案否決。無期スト続行。 | |
| | 20　育、学生大会、大衆団交代表を選出。 | |
| | 20　医教授総会、青医連公認。 | |
| | 22　学部長会議、8.10 告示の見直し、総長団交の方向を議論。 | |
| | 28　評議会で総長収拾案（試案）、29 日全学部で教授会。学生、教官、総長試案を強く批判。 | |

| V　加藤代行登場、代表団運動、封鎖阻止（1968年11月） | | |
|---|---|---|
| 11月 | **1　前日の学部長会議を受け、評議会、大河内総長辞任を了承。医学部処分白紙撤回、全評議員辞任、各学部で学部長・評議員改選へ。**学生は、自己批判抜きの執行部辞任を強く批判。 | |
| | 1　全共闘、工8号館、列品館封鎖。 | |
| | 2　文、全学連支持協議会（全支協）、新執行部選出のための文秘密教授会をつきとめ、スト実とともに阻止行動。大衆団交の確約。 | |
| | 4　文教授会、確約を破棄して秘密裏に教授会を開催し、林健太郎学部長選出。 | |
| | **4　加藤一郎法教授（総長事務取扱）、「学生諸君へ」、全学集会開催の方針表明。** | |
| | 4～12　文スト実、バリケード内2番教室で林「新学部長」と無期限大衆団交。文処分めぐり平行線。全支協、8日に撤収。 | |
| | 5　駒場、代議員大会。全共闘系五者提案「7項目、全共闘結集、全学封鎖、学部長団交」可決とされるも、代議員証発行、採決の有効性めぐり終始紛糾。 | |
| | 8　加藤執行部、文学部無期限缶詰団交に抗議して、全学部教官決起集会、農学部運動場に500人。 | |
| | 8　駒場、大衆団交。野上学部長、共闘会議を交渉団体として承認。交渉は決裂。共闘系の学生150人、教職員会館封鎖。 | |
| | 9　育・理の2学部、5系大学院（理、薬、農、育、人文）、東院協、東職で統一代表団準備会結成。10日、加藤執行部に全学大衆団交への公開予備折衝申し入れ。 | 9　日本共産党「当面する大学問題の解決のために」発表。 |
| | **12　全共闘、総合図書館封鎖行動。東大闘争勝利全学連行動委開催集会参加者1000名余が阻止。** | |
| | 12　理、学生大会、封鎖反対決議。 | |
| | 14　法、学生大会、無期限スト解除提案否決。全学封鎖反対、実力阻止、可決。 | |
| | **14　駒場、東Cスト実ほか300人、第3・第6本館封鎖行動、学生2000名が阻止。** | |

| | | |
|---|---|---|
| | 15　加藤代行、全共闘、統一代表団準備会（七者協よびかけ）双方と、全学集会開催について交渉。 | |
| | 16　東大民主化行動委、「当面の主張と要求」を発表。 | |
| | **18　加藤代行、全共闘と公開予備折衝、安田講堂で。学生 3000 名。** | |
| | **19　加藤代行、統一代表団準備会（代表、尾花清）と公開予備折衝、学生 2000 名余。** | |
| | 19　工、学生大会、有志連合提案の封鎖反対可決。スト終結案否決。代表団 6 名選出（有志 5、全学連系 1）。 | |
| | 20　法、理、学生大会、封鎖反対可決、無期限スト解除否決。 | |
| | 21　農、学生大会、有志連合提案の全学封鎖反対、学内暴力反対提案を可決。 | |
| | **22　東大構内で、全学連が 11.22 全国学生統一行動、東大全共闘・日大全共闘よびかけの総決起集会。双方あわせて 2 万人が集結・対峙。**全共闘、総合図書館を抜き打ち封鎖。 | |
| | 23 ～ 24　駒場、自主管理での駒場祭。 | |
| | 25　加藤執行部、統一代表団準備会と第 2 回公開予備折衝。加藤代行は欠席。 | |
| **Ⅵ　各学部代表団選出、入試中止の攻防、確認書締結（1968 年 11 月末～ 1969 年 1 月 10 日）** | | |
| 11 月 | 26　経、学生大会、有志会提案の 7 項目要求支持、全学封鎖反対、可決。スト実、有志メンバーに交替、学部代表選出。 | |
| | 27　理、学生大会、代表団選出と全学封鎖抗議を可決。 | |
| | 27　農、学生大会、早期大衆団交実現可決。学部代表 3 名（ノンセクト 2 名、全学連系 1 名）選出。全共闘系執行部リコール。 | |
| | 27　スト解除派（全学学生団体総連合＝法・学生懇談会、文学部生の会、経済学部有志、工学部有志連合、農学部有志連合、教養学部学生協議会）、大学側交渉委員と接触、提案集会の後、大衆団交にむけての公開予備討論会開催を要望。 | |

| | | |
|---|---|---|
| | 29　加藤代行、総合図書館前で提案集会、全共闘の妨害により流会。 | |
| | 29　加藤代行、工・農・経３学部代表団と全学集会の交渉。 | |
| | 30　法、学生大会、代表団選出方針を可決。これで６学部（育、工、理、経、農、法）で代表団選出方針確立。 | 米占領下沖縄、屋良朝苗、行政主席当選。 |
| 12 月 | **2　加藤総長代行、「学生諸君への提案」**（2 万字）。8.10 告示清算、医処分撤回、6.17 機動隊導入反省、文処分解除のため撤回せず、追加処分せず、大学改革ビジョンを提起。助手共闘反発。 | 2　文部省、大学問題委員会設置「東大入試中止」など検討。 |
| | 2　駒場、全共闘、第８本館封鎖。教養学科、封鎖解除を決議、代表選出。 | |
| | 2　工・経・農の学部代表（有志連合系）、７項目かかげ、加藤総長代行と公開予備折衝。400 人参加。全学集会（団交）について了解。 | |
| | 4　法、学生大会、代表団５名選出（法懇 2、全学連系 2、封鎖阻止実行委 1）。 | |
| | 4　東大民主化行動委・東大闘争勝利全学連行動委、連名で加藤提案（12.2）について見解。闘争の成果と前向きに受け止め、さらに矢内原３原則・東大パンフの撤回、全学協議会設置などを要求。 | |
| | 5　工、教授会、工代表団との学部団交にて、学部集会開催の４条件承認。 | |
| | 5　理、学生大会、正代表選出。スト終結案否決。６学部で全学集会（大衆団交）への代表選出。 | |
| | 5　駒場、全学連行動委・クラス連合の代議員大会開催要求を、今村委員長拒否。 | |
| | 6　駒場寮で、社青同解放派と革マル派が２度にわたり乱闘。寮生 400 名、抗議行動。以後も両派の抗争つづく。 | |
| | 7　駒場、クラス連合・全学連行動委が賛同する代議員大会実現実行委結成。12.13 代議員大会開催要求署名、クラス決議を追求。 | |
| | 10　加藤代行、「学生諸君へ」。 | |
| | 10　東職、大学職員の権利要求で２時間ストをかまえる。加藤執行部、東職と大学職員の権利めぐり交渉開始。 | |

| | | |
|---|---|---|
| | 12　文、学生大会、加藤提案拒否、文処分撤回をふくむ７項目要求貫徹を可決。 | |
| | **13　駒場、代議員大会。今村委員長招集拒否のもと、駒場寮食堂で自主開催。500 名参加し成立、代表団 10 名を選出（クラ連４、全学連４、その他２）。**3000 名の学生が防衛のピケ。東大当局（加藤執行部）内で、教養学部代表団の代表権に疑問。 | |
| | 15　駒場を迎えて七学部代表団成立。7 項目／４項目、院生自治会・東職の代表参加めぐり議論。 | |
| | 15　全共闘、七学部代表団と大学当局との公開予備折衝（16 日予定）会場の法文 25 番教室を占拠、封鎖。 | |
| | 16　予定された七学部代表団と大学当局との公開予備折衝、中止。 | |
| | 17　8 教官声明「東京大学の危機に際して」。 | |
| | 19　教養学部教授会、駒場代表に関する加藤執行部の問い合わせについて、12.13 代議員大会選出代表団の代表権を認めることを圧倒的多数で可決。 | |
| | 20　農、学生大会、無期スト解除案否決、代表２名辞任（１名はスト解除提案、１名は農共闘支持表明）、全学連系１名に。 | |
| | 23　加藤執行部、全共闘に妥結案提示。全共闘拒否。加藤執行部、同内容を 26 日、「声明」として公表。 | |
| | **24　医、学生大会実現。自治会再建へ執行部選出、全学団交オブザーバー選出。** | 24　保利官房長官、東大入試不可能の談話。 |
| | 25　法、学生大会、無期限スト解除、可決。 | |
| | 25　理学部研究科、理系大学院公認。 | |
| | **26　七学部代表団、大学当局と非公開予備折衝、全学集会の開催で合意。** | |
| | 26　経、学生大会、無期限スト解除、可決。 | |

| | | |
|---|---|---|
| | 27　教養学科、学生大会、無期限スト解除、可決。 | 29　坂田文相と加藤総長代行、「東大入試中止」で会談、加藤、文相の中止方針を了承。ただし1月15日までにスト解除された場合は、入試実施の可能性ありと理解。 |
| **1969年** | | |
| 1月 | 4　加藤代行「大学の危機の克服をめざして」の声明。 | 5　F4ファントム米戦闘機、九大キャンパスに墜落。 |
| | 6　七学部代表団、大学側と折衝、1月10日七学部団交開催で合意。 | |
| | 9　七学部代表団、経済学部正門前で団交成功全学総決起集会。全共闘、団交粉砕かかげ、教育学部、経済学部、理学部1号館を襲撃。経済有志から東大当局への要請で、機動隊導入。 | |
| | **10　七学部代表団と東大当局との大衆団交（第一次集会）。本郷、駒場に防衛隊を残して、7500名が秩父宮ラグビー場での集会参加。引き続く日本青年館での代表団交で「確認書」交換。** | |
| **Ⅶ　確認書を受け、無期スト解除、安田講堂「攻防戦」（1969年1月）** | | |
| 1月 | **11　駒場、代議員大会。厳戒態勢の下、北寮屋上に515人参加、圧倒的多数で代表団提案の確認書承認、東大闘争終結にむけての取り組みを可決。** | |
| | 11　育、理、農の3学部学生大会、確認書の学部合意事項の批准、無期スト解除、封鎖解除を決議。工は同趣で代表団報告集会、学生投票へ。 | |
| | 12　法、学生大会、確認書について、文処分、追加処分、機動隊導入の3項目のぞき、圧倒的多数で承認。 | |
| | 12～15　駒場、代議員大会決定（確認書批准）の全学投票、投票総数3782票、圧倒的多数で信任。 | |
| | 13　薬、学生大会、確認書をうけ、無期スト解除案、可決。学部に改革委員会設置。基礎科学科も学生大会で無期スト解除。 | |
| | **14　医、医学科学生大会、執行部提案の、医教授会との交渉、確認書批准のための代表選出、封鎖解除を可決。** | |

| | | |
|---|---|---|
| | 14　工、学生投票で、七学部団交での工・合意事項の確認、無期スト解除、封鎖解除、入試実施、を可決。 | |
| | 15　教養学部教授会、7割台の賛成で確認書批准。本郷では6割台。 | |
| | 15　全共闘、占拠中の安田講堂防御態勢強化。 | |
| | 16　大学当局、警視庁に、危険物・凶器除去、不法占拠者排除のため、機動隊導入を文書で要請。 | |
| | 16　駒場、代表団のもと、行動隊が第8本館の封鎖解除を開始。 | |
| | 17　加藤代行、各学部の無期スト解除をふまえ、坂田文相と会談するも、入試実施の結論出ず。学内外者の19日午前10時までの構内立ち入り禁止を通告。 | 17　自民党総務会「大学が正常化されておらず、入試は実施すべきでない」。 |
| | **18　警視庁、午前6時半、8500名の制服私服警察官を東大周辺に配置、7時、警備車、放水車等350台、ヘリコプター4機をともない、4000人の部隊が構内に進出、本郷キャンパスを制圧。テレビの実況中継のもと、「安田講堂攻防戦」を演出（～19日）。**東大構内などでの逮捕者767人、のち実刑133人。全共闘、東大入試不可能になったとして勝利宣言。 | 19　自民党文教部会、1.10確認書撤回が東大再建の条件。 |
| | 20　駒場、学生・教官、東大入試中止に抗議する集会。集会後、学部長先頭に構内デモ。 | 20　佐藤首相、東大本郷視察、入試中止確定へ。加藤代行、坂田文相に抗議。 |
| | 21　駒場、全共闘、第8本館退去。 | 28　内閣法制局、1.10確認書は一概に違法とはいえない、との見解。政府、確認書の撤回要求しないことに。 |
| **Ⅷ　確認書発効、授業再開、大学・学部改革、大学法反対、自治会再建（1969年2月～12月）** | | |
| 1月 | 30　駒場、代議員大会、代表団提案2.4スト可決。臨執10名選出。 | |
| 2月 | 3　医、学生大会、医教授会との合意書批准、無期スト解除を決定。 | |
| | 10　駒場、今村委員長招集、駒場共闘中心の代議員大会開催。426名参加と発表。スト続行、封鎖貫徹、第2自治会粉砕を決議。排除された代議員474名は、自治会再建実行委の「民主的運営を要求する集会」に参加。 | |

| | | |
|---|---|---|
| | **11　学生・院生の代表団（８学部（文、薬のぞく全学部）、２学科（教養学科、基礎科学科）、５系大学院（理、農、育、薬、社会））と大学執行部との間で、第二次団交が開かれ、「確認書」が全学的決定として発効。** | |
| | 15　大学改革準備調査会、答申を公表。本委員会「基本方針」、組織問題専門委が「管理組織改革の問題点」（その１）。３月に中間報告、7月に本報告の予定。 | |
| | 18　駒場、代表団よびかけの代議員大会。今村委員長リコール、委員長代行・臨執選出、自主講座・カリキュラム委員会発足、授業再開を可決。学生投票へ。 | |
| | 19～25　駒場、学生投票。今村リコール、牛久保信任。 | 28　教育大宮島執行部、文スト口実に、評議会の反対を押し切り機動隊導入。以後、機動隊常駐の下、ロックアウト。 |
| 3月 | **5　東大当局と東大職員組合、確認書。** | |
| | 5　法、長期自主講座発足シンポ開催。 | 7　中教審中間報告、スト禁止など学生の自治活動制限する内容。 |
| | 10　文、団実委・文連協が農学部で、自主学生大会開催。防衛隊のもと、前日から泊まり込みの282名参加。「確認書批准、文処分撤回、代表団選出」可決、「無期スト解除、スト権確立」可決、「無期スト解除、授業再開」否決。定足数（学生数の４分の１）を満たしているが、過半数355名に達せず、全学投票で過半数以上めざす。 | |
| | 14　加藤総長代行辞任。8学部長退陣（医、教養のぞく全学部）。林文学部長も交代へ。 | |
| | 15　文、学友会議長招集の学生大会に311名参加。スト実「スト体制強化」を可決。 | |
| | 23　総長選挙、加藤一郎総長就任。文学部長岩崎武雄、医学部長中井準之助。 | |
| | 24　駒場、授業一部再開。 | |
| | 27　加藤一郎『「七学部代表団との確認書」の解説』 | |

| | | |
|---|---|---|
| 4月 | 3　教養学部教授会、4月9日授業全面再開決定。教授会・学生合同カリキュラム委を承認し、自主ゼミ公認へ。 | 文部省、昭44年度予算で、東大・教育大、入試中止を理由に、学生経費1学年分削減。 |
| | 3　大学改革準備調査会、学部制度で覚書。 | 日本育英会、紛争校の学生対象に、奨学金一時打ち切り。 |
| | 7　大学改革準備調査会、学生・職員の固有の権利を盛り込んだ覚書。 | 教育大理、ロックアウト下、自治活動禁止のもと、授業再開。文教授会は、ロックアウト下の授業再開反対。 |
| | 28　駒場、沖縄デーに一日ストで参加。 | 4.28沖縄デー。 |
| | 1969年度五月祭、中止。 | 30　中教審答申、大学紛争収拾臨時措置法（大学法）、立法へ。 |
| 5月 | 12　駒場、2・4学期（7月から）にむけ、自主ゼミ公募。 | いざなぎ景気。 |
| | 文、3.10学生大会選出代表団と教授会第2委との定期的団交開始。学生側、学生大会決定にもとづき、卒業・進学を希望する学生に対し、教授会の適切な措置を要求。 | |
| | 19　加藤よびかけの討論集会、全共闘の妨害で流会。 | |
| | 20　駒場、代議員大会、大学立法粉砕方針、全学連復帰を可決。 | 24　政府、大学立法を国会上程。 |
| 6月 | 24　文、学生大会、無期ストを1年ぶりに解除、授業再開、大学立法粉砕のスト権確立、臨執選出、全学投票を可決。7月6日時点で支持署名、全学部生の過半数をこえる。 | |
| | 28　医、授業再開。1年4ヵ月ぶり。 | |
| 7月 | 7　駒場、新カリで2・4学期開始。 | |
| | 7　東大当局の大学改革準備調査会、総長選で覚書、12日には学内規律で二つの覚書発表。 | |
| | 14　文、授業再開。数ヵ月にわたり、全共闘の教室占拠・バリ封鎖、当局の機動隊導入のいたちごっこ。喫茶店、六義園などでの放浪授業が続く。 | 24　教育大評議会、筑波移転を強行決定。文教授会、これを認めず。機動隊常駐下、学生、移転決定に抗議行動。 |
| | 19　大学弾圧立法粉砕、7.19全東大総決起集会、安田講堂前に2000名。 | 30　大学法案、衆院本会議で強行採決。 |

| | | |
|---|---|---|
| 8月 | | 2　大学法案、参院文教委で強行採決。加藤東大総長、奥田京大学長、抗議。 |
| | | 16　文部省、大学法の対象となる紛争校66校を発表。重症校に教育大、東京外大など。それ以外の対象校に東大文学部も。 |
| | | 17　大学法施行。 |
| 9月 | 27　東大民主化行動委員会、一連の大学改革準備調査会「覚書」批判のパンフを発表。 | 5　山本義隆全共闘議長、安田講堂攻防戦を理由に、凶器準備集合罪で逮捕。 |
| 10月 | 17～19　第20回駒場祭、開催。1ヵ月たらずの準備期間で、例年より1ヵ月早く。 | 17　大学法運用（閉、廃校措置）のための臨時大学問題審議会発足。 |
| | 27　駒場、2・4学期試験開始。42生、8ヵ月遅れの12月進学見込み、43生、6ヵ月遅れの70年9月進学見込み。奨学金打ち切りの現状で、経済上、就学が困難な学生も。 | 23　東京教育大、雨宮和夫理学部自治会委員長代行を、大学移転の方針に反対する学生大会開催などを理由に退学処分。11月1日、放校処分。学生、教員、雨宮君を守る会結成。 |
| | 29　東大当局、文学部授業妨害で負傷者も出ているとして「全共闘」を告訴。 | |
| 11月 | 理、物理学科で、勉学条件の改善等で学科団交。 | |
| | 13　安保・沖縄で11.13統一ストに、東職1600人、時限ストで参加。 | 22 日米共同声明「沖縄の核抜き72年返還」。「核隠し、有事核持ち込み、米軍自由出撃」の批判。 |
| | 30　駒場、42生、進学発表。12月1日本郷進学。 | 28 「東大裁判」で初の判決。7人有罪、5人実刑。 |
| 12月 | 本郷、各学部、駒場から42生2985名をむかえ、冬学期開始。 | 日本育英会、奨学金支給再開。 |
| | 10　医、研修問題で医局員・学生・教授会による三者協議会発足へ。 | |
| | 15　文、スト実、ストライキ終結宣言「授業に介入して粉砕」。 | |

## Ⅸ　加藤改革批判、70年安保（沖縄返還闘争）（1970年）

### 1970年

| | | |
|---|---|---|
| 1月 | 14　東大当局、11.13ストを理由に、東職組合員70名余に訓告処分、東職抗議。 | 12　中教審中間報告「高等教育の改革に関する基本構想試案」、大学を6類型に分類。 |
| | 14　医教授会、教授総会と学生自治会が各階層に協議会設置をよびかけることを承認。 | |
| | 22　七学部（法、医、理、育、農、文、教養）自治会委員長、加藤執行部による一方的「改革」の中止を求め、総長と自治会の団交を要求。 | |
| | 26　理、学生大会で加藤執行部の一方的「改革」に反対決議。28日には法学生大会でも。 | |
| | 30　教官側改革委、発足。 | |
| 2月 | 3　理学部当局、理自治会の改革に関する団交要求を拒否、討論集会を提案。 | |
| | 4　駒場、学生自治会、教養学部当局と改革の基本方向、カリ改革、学部協議会の設置で協議。 | |
| 4月 | 改革委準備調査会専門委、二つの報告「東京大学と国および社会との関係」「新しい総合大学を求めて」を発表。 | |
| | 15　駒場、学生オリ委主催の自主入学式。 | |
| 5月 | 7　八学部自治委員長、加藤総長と改革委設置問題で交渉。 | |
| | 12　自治会中央委員会再建総会に8学部参加。不参加は、経、薬。68年10月以来の再建。 | |
| | 21　自治会中央委員会、加藤総長に公認を求めるも、2学部不参加などを理由に拒否。 | |
| | 22　台湾で死刑判決を受けた2名の留学生の東大復帰を求め、加藤総長、国府に要望書。 | |
| | 29～31　2年ぶりの五月祭。30日、全共闘300名、暴力行為、多数の抗議に退散。 | |
| 6月 | 15　駒場、安保条約廃棄、沖縄全面返還6.23統一行動にむけ、15日～23日の九日間スト。 | |
| | 22～23　法、理、6.23行動で2日間スト。法は政治課題での初のスト。 | 23　6.23統一集会に22万人。日米安保条約自動延長。 |

# 資料3　東大闘争の概要――「資料2　東大闘争略年表」理解のために

（文責　柴田章）

## ●学生運動の拠点としての東大と大学当局の規制

東大闘争は一九六八年（昭和四三年）から六九年（昭和四四年）にかけて展開されたが、その前後の一九六〇年代後半は、日本では、社会運動、労働組合運動、市民運動が、大きく盛り上がった時期であった。一九六七年四月、時の佐藤自民党政権に対して、「ストップ・ザ・サトウ」を掲げて、革新系の美濃部亮吉が保守系候補を破って東京都知事に当選し、革新自治体が全国にひろがっていった。なんと言っても、世界的なベトナム反戦、アメリカのベトナム侵略戦争反対の運動が高まり、学生運動は、佐藤首相の外遊反対、アメリカの原子力空母エンタープライズの日本寄港反対の運動の先頭に立っていた。東大では、六八年の五月祭（大学祭）にベトナム代表団を歓迎する催しが開かれ、東大当局の妨害をはねのけて、学生を中心に、六五〇〇〇人の人々が安田講堂前広場を埋め尽くした。空前の出来事であった。

東大は、戦争直後から、学生運動の盛んな大学、世界に名をはせた日本の学生運動の拠点でもあったが、同時に、東大当局はこの学生運動を押さえ込む姿勢をとってきた。構内では集会もビラ配りも掲示も演説もすべてきびしく制限され、学生のストライキは学生の本分に反するものとして禁止され（矢内原三原則）、戦後を通じて、多くの学生がストライキ闘争を指導したという理由で退学処分・休学処分となった。

## ●医学部無期限ストライキ

そうした中で、医学部で、卒業後の奴隷的な研修医制度の抜本的な改善を求めて、研修生と学生がスクラムを組んで、医学部教授会に要求をつきつけ、教授会が交渉に応じない中で、六八年一月末から無期限ストに突入。病院長に対する交渉をせまっていた学生とこれを阻もうとする医局員のトラブルが二月に発生すると、三月に、東大当局によって一七名というレッドパージ以来の医学部学生・病院研修生の大量処分が下された。それまで医学部研修医問題は、とかく医学部独自の問題と受け止められていたが、学生処分は東大の決定機関である評議会の議決によることから、退学処分四名をふくむ学生一二名などの大量処分によって、医学部の研修医闘争、無期限ストライキは、一気に東大全体の問題へと拡大した。処分された学生の中には、トラブルの場にいなかった学生もふくまれることがわかって、医学部教授会の横暴さが際立つこととなった。毎年恒例の卒業式は、医学部学生の抗議行動のおそれを理由に取りやめとなった。

一九六八年に入学した新一年生は、前の年、ベトナム戦争反対にかかわって一〇月の羽田闘争で京大生の山崎君が死亡したというニュースが記憶に新しいなか、東大に入ってみたら医学部が無期限ストライキ中という現実にぶつかったのである。

この医学部学生・研修医の要求は、国の制度としての研修医制度の是非が問われた問題で、国民的な関心ぬきにしては解決がむずかしい問題でもあった。六八年五月に国会で登録医制度が承認されてしまう中で、六月一五日（この日は一九六〇年六月一五日、日米安保条約反対行動で国会前で樺美智子さんが死んだ日にあたる）、医学部の一部学生が、大学本部のある安田講堂を占拠するという事態がおきた。

## ●機動隊導入の衝撃

この占拠をめぐっては、医学部の各クラスでは、医学部教授会ときちんと交渉するには「百害あって一利なし」の行動であると、占拠反対の決議を出し、全学の学生、教職員も、警察力の学内導入をまねく恐れがあると強く反対していた。学生・院生・教職員の連絡組織である七者協議会も、三月以来、連日のように、医学部闘争支援、安田講堂占拠反対、機動隊導入阻止の集会・行動をくりひろげていた。

しかしながら、まず、六月一五日の一部医学部学生による安田講堂占拠は報道で事件として取り上げられ、次には六月一七日、東大当局は秘密裏に警察力の導入を警視庁に要請、早朝、一二〇〇人の警察機動隊が本郷キャンパスに入ってきたのである。ただし、占拠した学生はすでに退去していて安田講堂はもぬけの殻で、教官の立ち会いを拒否して機動隊はキャンパス中を捜索して引きあげた。東大への機動隊導入が大々的に報道され、社会的な注目をあびたことは、言うまでもなかった。

## ●六・二〇全学総決起集会

この東大当局による警察機動隊の本郷キャンパス導入は、学生・院生・教員・職員に衝撃を与えた。講義、ゼミはそっちのけで、議論がはじまった。全学部で学生大会が開かれ、ストライキをもって六月二〇日に全学総決起集会に参加することが次々に決議された。法学部学生大会では、「学生がストライキすることに正当性はあるのか?」という厄介な議論もあって、ストには至らなかったが、午前の講義を終えて、午後の総決起集会に法学部あげて参加することが決議された。駒場の教養学部では、機動隊導入の翌日一八日に代議員大会でストライキ決議、翌一九日に全学投票でストライキ提案が可決された。こうして、六月二〇日には、法学部、薬学部をのぞく八学部がストライキを決行し、東大史上空前絶後の、一万人の学生・院生が参加する総決起集会が開かれ、「機動隊導入抗議、医学部処分白紙撤回、医学部闘争勝利、総長団交要求」をスローガンに、東大闘争が開始されたのである。東京大学が定めた学内規則によれば、ストライキは禁止、無届け集会も禁止、安田講堂前広場での集会はただちに指導者処分の対象である。しかし、六月二〇日の一万人集会の実現は、こうした当局の一方的なルールを吹き飛ばしたのであった。

また、従来、東大の教員は他学部の事柄には口を出さないという不文律が強くあったが、学生の要求に全く耳をかさない医学部教授会に対しては、他学部の教員の間で公然と批判が起き、東大当局による機動隊導入についても、多数の教員から疑問の声があがった。

## ●事態の膠着から無期ストへ

ところが、大河内総長はじめ、東大当局は、事態をどう読み間違えたのか、機動隊導入はやむをえなかった、大衆団交は大学になじまないので拒否する、といった態度に終始した。医学部教授会は、「医学部処分はすべて正当である」という長文の報告をだす始末であった。

こうした当局の対応に対して、医学部につづいて、独自の学生処分撤回に取り組んできた文学部が六月二六日に無期限スト突入。続いて、全学の半数、六〇〇〇人強の学生が属する教養学部が七月五日に無期限ストに突入。これを機に、東大闘争全学共闘会議（東大全共闘）が結成され、七項目要求実現までの全学無期限ストライキをかかげるとともに、自治会決定に拘束されずに「闘うものが全学封鎖を貫徹する」という主張をかかげ、七月二日に再び占拠した安田講堂を全共闘の根拠地に定めた。奇妙なことに、大学当局は、占拠された安田講堂のライフライン、電気、ガス、水道、さらには電話回線を止めることはなかった。

一方、夏休み中にあたる八月一〇日、東大当局は学生との交渉を一切拒否したまま、最終決定として、八・一〇告示を出し、全学生に郵送した。告示は、医学部長、病院長の辞任だけは認めたものの、機動隊導入はやむをえなかった、ストを起こした学生諸君の自省を求めるというもので、学生にとってとうてい認められるものではなかった。

六月二〇日の画期的な、八学部ストライキ、一万人の全学総決起集会をもってしても、大学当局は聞く耳をもたないのか、もう無期限ストライキでたたかう以外に、自分たちの意思をアピールし、要求を実現する道はないのではないかという気持ちが徐々に学生の心をとらえるようになる。夏休み明けの九月から一〇月にかけて、各学部の学生大会でつぎつぎと無期限ストライキ提案が可決され、一〇月一一日、唯一残った法学部の学生大会で、一四時間の討論の末、無期限ストを可決、全学部無期限ストライキという、東大始まって以来の出来事となった。

### ●全学規模での討論、自主ゼミ

無期限ストライキは、学生の意思を示す強力な手段である。と同時に、大学に登校するしばりのなくなった学生が、どのように闘争に参加するか、さまざまな模索が試みられた。なによりも、どう運動を進めるかについて、クラス、学科、教室レベルで連日、議論がたたかわされた。こうしたクラス討論、学科討論にはクラス担任の教員も多数参加している。「これほど学生と真剣に話し合ったという経験は、後にも先にも東大闘争の時だけだった」という教員は少なくない。

また、東大当局の一方的な処分、機動隊導入に対する批判は、ともすればお仕着せの、与えられるだけの教育方法への批判、研究教育内容への批判にもつながっていった。カリキュラムには学生は一切、口出しさせないという従来の慣行に対して、学生独自の自主カリキュラムの試みが多様に展開された。新しい大学教育の芽生えが、この闘争の中で生まれたと言えよう。ストライキは、単なる学生としての勉学の拒否というよりも、何をいかに学ぶべきかという問いかけをふくんでいるのである。

## ●封鎖批判と学生間の激突

東大全共闘の無期限ストライキ方針は、多数の学生に支持されたが、他方、全学封鎖戦術は、強い批判にさらされた。封鎖行動は、事件としてマスコミに注目され、占拠した施設は格好の活動拠点となり、安田講堂はさながら全国の学生運動のセンターとなった。

しかし、封鎖自体、不法占拠として警察権力介入の格好の口実となり、教員をはじめ大学関係者はもとより、広範な市民の共感を得ることはありえない。全学封鎖といった事態がひろがれば、東大が警察の制圧下におかれるであろうことは明らかで、多数の学生から、封鎖の実行は、機動隊導入抗議、医学部処分撤回をはじめとする要求実現に真っ向から逆行する行為だと、強く批判をあびた。そして、各学部での決議機関での承認なしに、勝手につぎつぎと封鎖行動がとられることに対する抗議がまきおこり、各学部学生大会で、無期限ストライキ闘争続行とあわせて、封鎖反対の決議があいついで出されようになる。

全共闘サイドは、東大の否定的な姿を強調して、自己否定、大学解体の論理を組み込んで、さらに封鎖を強行しようとしたが、これに反対する学生多数に度重ねて阻まれた。そうした対決の天王山として、一一月一二日には総合図書館封鎖、一一月二二日には東大・日大全共闘総決起集会の威力をもって全学封鎖が企図され、いずれも、これを許さない圧倒的多数の学生・教職員によって阻止された。全共闘の名の下に、同じ学生にかまわず暴力をふるうという事態に、これ以降、全共闘は、急速に支持を失っていった。

東大闘争の直接の体験者の間で、この全共闘との対決は強い印象を残しているが、東大闘争全体を見れば、クラス、学科レベルや学生大会で、膨大な議論が終始くりひろげられていたことを忘れるわけにはいかない。

## ●大河内総長辞任と加藤執行部の登場

一方、大河内総長を中心とする大学執行部がかたくなな態度を続ける中で、学生以外の院生・助手・職員・教員層も強力に運動を進めていった。理系院生自治会が全国でも例のない院生ストライキに入り、各学部の助手層も執行部批判の声明を出し、一〇月には、八・一〇告示への批判が経済学部教授会、教官有志一〇一名の共同声明などで出され、大河内総長は一〇月三一日をもって辞任するにいたる。一方、政府文部省サイドは、大学での学生運動を鎮圧するための大学法の準備を急ぎ、東大については、来年度の入試中止強要を視野において、学生の要求に譲歩するかたちでの東大の自主的解決は許さないという、強力な圧力をかけるようになる。

こうしたなかで、東大当局は、政府文部省の圧力に屈して、日大同様、徹底して学生の闘争を鎮圧して事態の終結を強行するのか、あるいは真摯に大多数の学生との交渉の場につき、事態解決の道を追求するのか、きびしい選択がせまられた。一一月に新たに選任された加藤一郎総長代行は、いろいろ迷いもあったようであるが、旧来の東大執行部に対する多数の教職員たちの批判の風を受けて、学生との交渉によって事態を打開するという道を選択した。これに呼応して、各学部レベルでも学部集会／学部団交が頻繁に開かれ、一二月二日には、加藤一郎「学生諸君への提案」で、学生との全学集会（大衆団交）開催、八・一〇告示見直し、機動隊導入反省、医学部処分撤回、新たな大学ビジョンの検討など、事態の解決につながる基本姿勢が示された。

## ●代表団の結成

学生側は、一一月から一二月にかけて、各学部で全共闘の妨害をはねのけて学生大会を開催し、学部の要求の確定ならびに全学大衆団交への代表の選出を進めていった。その頂点ともいうべき駒場の代議員大会が、一二月一三日、三〇〇〇名の学生が守るなか開催され、一〇名の代表団を選出。ここに全学の九割以上の学生を代表する、七学部代表団が成立した。年末年始、連日連夜、加藤執行部、七学部代表団の折衝が続き、一九六九年一月一〇日、秩父宮ラグビー場での七学部代表団と加藤総長代行との全学大衆団交が開かれ、本郷、駒場の防衛にあたった学生を別にして、七五〇〇人の学生・院生が参加するなかで、歴史的な確認書が取り交わされた。

## ●確認書

東大闘争について何を知っているかと中高年の人々にたずねれば、東大の学生ストライキ、安田講堂の機動隊との攻防戦、入試中止の三つくらいで、確認書と答える人はいないだろう。

この確認書は、当初の学生の要求を基本的に解決した、画期的なものと言ってよい。戦後の学生運動で、大学当局が下した学生処分を撤回したことはほとんど例がない。これだけの無期限ストライキで処分者を出さなかったことも、例を見ない。さらに確認書は、ストライキを原則禁止とした矢内原三原則の廃止にまで踏み込んだ。なによりも、大学運営の重要事項について、従来、「大学の自治＝教授会の自治」であるとして、教授会だけで物事を決めてきたこと自体が、時代にそぐわないとした上で、学生、院生、職員をふくめた全構成員の自治をめざすとしたことは、将来社会につながる理念だと言える。

大学運営のあり方でも、産学協同、軍学共同への強い反省がこめられ、この項目は最終確認書には、盛り込まれなかったが、後の東大職員組合との確認書に結実している。

こうした画期的な確認書の水準は、一時の間に合わせの交渉で達成されたものではなく、半年以上におよぶ全学をあげての議論、全共闘を支持した学生・院生・助手もふくめて、全学の真剣な討論のすえに獲得されたものにほかならない。

## ●安田講堂攻防戦

大多数の東大関係者にとって、東大の入試中止は何としてもさけたいことであった。学生にしてみれば、サークル活動、学生運動どれをとっても、新入生が入らないことは大打撃である。確認書をもとに新たな大学づくりに出発しようというときに、新入生はなくてはならない存在だ。東大入学をめざして準備してきた受験生に対しては、責任のとりようもない。

学生、教員はこぞって、確認書にもとづき事態の解決をはかり、無期限ストライキを解除して、研究教育活動を再開するために懸命の努力をつくし、あわせて入試実現を訴えた。

他方、政府自民党の本心は、学生の言い分を正面から受け止めるような確認書は認められない、東大が確認書を撤回しないならば、入試中止にして、成果を骨抜きにするというものだったにちがいない。しかし、「真っ当な確認書を結んだから入試を中止させる」というのでは、政府による大学への不当介入という世論の批判はまぬがれない。

そこに起きたのが、一九六九年一月一八日、一九日の、いわゆる安田講堂攻防戦であった。この攻防戦は一一時間にわたってテレビで実況中継され、この年の大ニュースになった。しかし、安田講堂に立てこもった者のかなりが東大以外の学生であったことは歴然としていて、この「攻防戦」は、半年間、東大闘争にかかわった大多数の東大関係者にとって、全くの蚊帳の外におかれた事件であった。一月二〇日には、催涙弾の異臭が立ちこめる中、わざわざ佐藤首相を本郷キャンパスに登場させて、「これはひどい、入試ができる状態ではない」と言わせて、入試中止は決定的となり、確認書締結による無期限ストライキの解決という成果は、報道から消え失せた。この東大入試中止プランが佐藤首相周辺で構想されたのは、安田講堂攻防戦のはるか以前だったことは、今日では明らかである。

### ●東大、大学のその後

無期限ストライキを解除し、授業・再会するにあたって、スト中に自主ゼミを試み、頻繁に教員との話し合いを経験した学生たちは、主体的な学びをめざした取り組みに着手していた。医学部での教授会と学生との合意書をはじめ、各学部で、教育内容についての意見交換が教員と学生との間で盛んに行われ、教養学部では、学生が提案するカリキュラム（テーマと講師）の単位認定が学部との間で合意され、この自主ゼミは五〇年後の今日も継続されている。

**編者　東大闘争・確認書五〇年編集委員会**
2019年1月10日、東京大学山上会館において、「〈討論集会〉東大闘争・確認書50年——社会と大学のあり方を問う——」が開催された。席上、今後の議論・検討を広め、深めるべく、東大闘争・確認書50年にかかわる証言集発行が提起され、新たに本書編集委員会を組織。34名からの寄稿を得て、本書刊行にいたった。

**東大闘争から五〇年——歴史の証言**

2019年10月5日　初版第1刷発行
2019年11月1日　初版第2刷発行

編者————東大闘争・確認書五〇年編集委員会
発行者———平田　勝
発行————花伝社
発売————共栄書房
〒101-0065　東京都千代田区西神田2-5-11 出版輸送ビル2F
電話　03-3263-3813
FAX　03-3239-8272
E-mail　info@kadensha.net
URL　http://www.kadensha.net
振替　00140-6-59661
装幀————水橋真奈美（ヒロ工房）
印刷・製本——中央精版印刷株式会社


ISBN978-4-7634-0902-7 C0036